UFO

FENÔMENO DE CONTATO

UFO - Fenômeno de contato
Por instruções de Yehoshua ben Nun
Pedro de Campos

3ª edição - Abril de 2019.

Coordenação editorial: Ronaldo A. Sperdutti
Revisão: Roberto de Carvalho
Projeto gráfico e arte da capa: Juliana Mollinari
Diagramação: Juliana Mollinari
Assistente editorial: Ana Maria Rael Gambarini
Impressão e acabamento: Edições Loyola

Dados Internacionais de Catalogação na Publicação (CIP)
(Câmara Brasileira do Livro, SP, Brasil)

Yehoshua ben Nun (Espírito)
UFO : fenômeno de contato / [por] instruções do [Espírito] Yehoshua ben Nun ; [psicografado por] Pedro de Campos da série ÓVNIS da History Channel. -- 2. ed. -- São Paulo : Lúmen Editorial, 2019.

ISBN 978-85-7813-190-6

1. Contatos com extraterrestres 2. Espiritismo 3. Objetos voadores não identificados 4. Psicografia I. Campos, Pedro de. II. Título.

19-24027 CDD-133.92

Índices para catálogo sistemático:

1. Ufologia : Fenômenos mediúnicos específicos : Espiritismo 133.92

Maria Alice Ferreira - Bibliotecária - CRB-8/7964

Rua dos Ingleses, 150 – Morro dos Ingleses
CEP 01329-000 – São Paulo – SP
Fone: (0xx11) 3207-1353

visite nosso site: www.lumeneditorial.com.br
fale com a Lúmen: atendimento@lumeneditorial.com.br
departamento de vendas: comercial@lumeneditorial.com.br
contato editorial: editorial@lumeneditorial.com.br
siga-nos no twitter: @lumeneditorial

2019

Impresso no Brasil – *Printed in Brazil*
3-4-19-2.000-7.100

UFO
FENÔMENO DE CONTATO

PEDRO DE CAMPOS
DA SÉRIE SOBRE ÓVNIS DA HISTORY CHANNEL.

INSTRUÇÕES DE YEHOSHUA BEN NUN

ÍNDICE

INTRODUÇÃO

Caro leitor, para escrever este livro, eu tive antes de descobrir coisas fantásticas – não poderia imaginar que os acontecimentos fossem assim tão insólitos. Você mesmo, no decorrer deste livro descobrirá isso. Peço apenas que não julgue o tema repentinamente, antes de conhecê-lo com mais detalhes. Primeiro é preciso tomar conhecimento dos fatos. Foram os fatos que me fizeram escrevê-lo. Mas não somente os fatos que eu mesmo presenciei, senão também aqueles que outros investigaram de maneira criteriosa e científica. Sou daqueles que acredita na investigação e no relato de pessoas sérias, honestas e em perfeito estado de sanidade mental. Por isso não considero este livro como obra de ficção, por mais fantástico que ele possa parecer a você. Depois de lê-lo, se quiser acreditar, acredite; se não quiser, não acredite. Não tenho pretensão de convencê-lo às minhas próprias convicções. Eu mesmo tive muita dificuldade para convencer-me.

Voltando um pouco no tempo, durante a minha juventude, houve uma fase em que não havia em meu cérebro um espaço sequer para considerar as coisas espirituais. A teoria evolutiva ocupava o espaço inteiro. Contudo, depois de muito pensar, observei que a teoria da evolução poderia não estar completa. E com fundamentos lógicos me convenci disso. Essa ideia se acentuou ainda mais em mim quando li as obras de Allan Kardec. Descobri nelas que um elemento espiritual poderia estar por trás da nossa evolução na Terra. Essa nova ideia aos poucos foi se acomodando em meu cérebro. Até que ganhou nele um espaço. Isso se deu porque comecei a observar melhor os fenômenos. Os efeitos físicos produzidos por eles foram responsáveis por acomodar as novas ideias em meu pensamento. Sem dúvida, esse é o preço cobrado pelos fenômenos: a nossa rendição. E depois dela, imperioso se faz estudar as leis que provocam os tais fenômenos. Não fica dúvida de que eles são de outra natureza, diferente da terrestre. Os fatos são os fatos, não há como contestá-los. Eles não deixam de acontecer somente porque alguém fica incomodado ou não gosta deles. Mas eles prosseguem, porque são os fatos. Assim, fiquei convicto da realidade do Espírito interagindo com o homem.

Mas havia outra coisa a resolver – a questão extraterrestre. Ela ainda estava longe de mim. O Universo é infinito, isso é um fato incontestável. E os mundos contidos nele também o são. Desde há muito escuto falar do fenômeno ufo. Mas confesso que por tempos isso não encontrou acomodação em meus pensamentos. Para mim, os ufos eram uma ilusão de ótica, um pensamento descontrolado ou uma impostura de alguém. Certas ocasiões, eu cheguei mesmo a pensar que tudo não passava de um processo obsessivo, em que Espíritos inferiores atuavam para desconsertar a pessoa. Para mim, eles seriam os responsáveis de tudo. Mas fiquei intrigado com os muitos relatos e comecei a investigar os fatos, para tirar tudo a limpo.

Alguns casos que fui convidado a estudar, eu acabei concluindo que era mesmo um fator obsessivo atuando na pessoa. E que algumas entidades em ação eram relativamente inteligentes, mas nocivas à pessoa. Em algumas sessões de desobsessão, isso ficara muito bem caracterizado. Embora todas as entidades fossem dignas do meu mais profundo respeito, nos diálogos ficava claro que por mais astuta que fosse ela, de alguma maneira sempre tropeçava em si mesma, fazendo fabulações que não saíam do terra a terra, com argumentações ricas em energias, por assim dizer, difíceis de definir, mas pobre em conteúdo objetivo, nada denotando da evolução que pleiteava. Alguns casos eram apenas um exagero e outros um desdobramento da alma ou uma projeção da consciência, nada mais que isso.

Em certas ocorrências, onde as testemunhas narravam o surgimento de uma nave alienígena no céu, cheguei a considerar de longe, sem observação própria, que tais fenômenos poderiam ser produzidos por Espíritos relativamente evoluídos. Mas abandonei logo essa ideia, porque os ufos materializados eram relatados como tendo dentro deles outras entidades vivas e equipamentos sofisticados, além de histórias de abdução, de exames clínicos, de implantes enigmáticos e de outras marcas físicas deixadas na pessoa ou na natureza. Observei que alguns casos estudados por pessoas especializadas estavam tão bem registrados, oferecendo uma lógica tão grande de entendimento, que os meus padrões previamente concebidos não se encaixavam ali de modo algum. Em razão disso, algo deveria ser feito.

Tais fatos exigiram de mim uma nova ótica de estudos. Passei então a considerar a hipótese extraterrestre nos avistamentos relatados. Mas não pude prosseguir muito tempo nela. As enormes distâncias interestelares a serem vencidas num curtíssimo tempo, considerando o pequeno ciclo vital das criaturas vivas, pareceram-me intransponíveis. Embora eu ainda não tenha abandonado essa teoria porque as inteligências operantes poderiam ser artificiais ou fazerem um percurso de viagem por fora do nosso espaço conhecido, na medida em que nela me aprofundei sempre faltaram os fundamentos científicos necessários para elucidar a casuística ufológica estudada. Com a ciência positiva que ela mesma se propõe usar na pesquisa, caso algum de ufo pôde ser solucionado. Restou-me então prosseguir considerando outras possibilidades, fora da ciência convencional.

Passei a examinar a hipótese ultraterrestre, a qual está embasada em uma paraciência. Encontrei nessa teoria vários fundamentos estabelecidos também no Espiritismo. Isso exigiu de mim uma reconsideração completa do que vem a ser o termo menos material, usado nas obras espiritistas, o qual define a composição de outros mundos e de outros seres inteligentes no Universo. O conceito de corpo e de mundo menos material dado pelos Espíritos está em harmonia com a teoria unificada das supercordas, dada pela Física teórica.

Afinal, a pluralidade dos mundos habitados, quer seja ela no Universo físico material (vida extraterrestre) quer seja em outras dimensões do espaço-tempo (seres encarnados em corpos menos materiais — ultraterrestres), é um dos pilares de sustentação da codificação espírita. E nós sabemos muito bem que nos planetas Marte, Júpiter, Saturno e em outros do Sistema Solar não tem vida como a nossa, não há seres inteligentes num corpo de carne e osso, nem tampouco formas esvoaçantes ou fumacinhas organizadas se deslocando no ar, as quais poderiam ser vistas pelos nossos olhos. As sondas espaciais já demonstraram isso de modo suficiente.

Assim, os acontecimentos foram surgindo aos poucos para mim. E através da mediunidade intuitiva escrevi o que me foi transmitido pelo mentor espiritual. Não tenho dúvida daquilo que recebo através da mediunidade. A minha opinião é que quando há dúvida, não se deve escrever mediunicamente. Por isso, eu demorei a fazê-lo. Tive primeiro de aprender e convencer-me. Obtive dos Espíritos mensageiros informações ufológicas difíceis de serem aceitas por mim. Por isso tive de pesquisar muito, principalmente para convencer-me. Mas não me detive apenas nessas mensagens e na pesquisa de livros, procurei conhecer outras manifestações. Conversei também com pessoas, supostamente abduzidas ou contatadas por seres alienígenas e fiz várias vigílias e pesquisas ufológicas com prática científica.

Confesso que nas conversas que tive interessei-me em conhecer a própria testemunha, sua personalidade e suas reações, além de saber detalhes de sua experiência e do grau de confiança que poderia ter sua história. Houve casos em que fiquei realmente convencido, tanto da parte moral quanto da sanidade da pessoa. Os relatos eram convincentes, mas ainda faltava algo importante – a certificação. Como obtê-la? Eu indagava a mim mesmo. De modo apenas material, isso seria tarefa quase impossível. Fiquei convicto desse obstáculo. Restou-me então uma alternativa subjetiva: indagar o mentor espiritual.

A resposta foi de que a pessoa abduzida dissera a verdade; e que a verdade não era apenas dela, mas sim fato concreto. Procurando novas evidências, dentro do possível busquei certa universalidade de informação. Entrevistei alguns médiuns espíritas que me são dignos do mais profundo respeito e consideração; os quais, incorporados, confirmaram a veracidade dos fatos. Mas não parei aí. Fui procurar fora do meu círculo comum de conhecimento outros médiuns e outros Espíritos. Houve quem dissesse nunca ter tratado de caso assim; outro apenas silenciou, alegando falta de permissão para comentar o fato; contudo, outro me deu sua confirmação. Após as entrevistas, fiquei convencido de que deveria dar ao público este livro; e por se tratar de assunto desenvolvido em consonância com os preceitos doutrinários, compartilhados por quem vivencia o Espiritismo, ele é dado aqui com o subtítulo de "*uma visão espírita da Ufologia*". Talvez este livro possa ajudar você a examinar essa outra realidade fantástica da vida.

É provável que apenas entender o tema ufológico seja fácil, mas aceitá-lo como verdadeiro talvez seja muito difícil. Não peço de modo algum que você o aceite, mas que o examine. Independente de qualquer relato espiritual, o que posso garantir a você é que pensei muito sobre a possibilidade de tudo isso ser verdade. E concluí que há chance. Do ponto de vista espiritual, ele é verdadeiro, essa a informação que obtive dos Espíritos. E não há erro doutrinário ou moral que o invalide.

Todos os fatos e exemplos apresentados neste livro são tidos como reais. São ocorrências estudadas no Espiritismo, na Parapsicologia e na Ufologia. Não me seria possível escrever esta obra fundamentado em fatos tidos como fictícios. Eu bem sei que quanto mais fantástico seja o fenômeno, mais ainda se fazem necessárias as provas para que haja crédito. Encontrei farto material de estudo e de pesquisa para suportar isso. Contudo, a fonte primária nem sempre estava expressa no material consultado, denotando ser procedente de outro veículo de comunicação. Por isso, preferi mencionar no próprio texto desta obra a fonte confiável, anotá-la em Notas de Rodapé e destacar as fontes realmente primárias nos Apêndices A e B no final deste livro, onde duas personalidades valorosas foram por mim destacadas, porque seus trabalhos me trouxeram casos valiosos, dignos de serem pesquisados, para você aprofundar estudos.

Alfred Russel Wallace e John G. Fuller foram essas expressões marcantes. O primeiro foi um cientista notável, coautor da Teoria Evolucionista e pesquisador científico do mundo espiritual, como será visto em detalhes. O segundo foi um escritor de casos inexplicáveis, daqueles que extrapolam os limites da ciência, um dos mais destacados ufólogos dos Estados Unidos, relator do famoso Caso Hill, acontecimento que abalou o mundo com a história de uma fantástica abdução. Assim como Wallace estivera em pesquisas na Amazônia, Fuller também esteve no Brasil, mas em tempos mais recentes, para pesquisar o famoso médium Zé Arigó. Ambos estão presentes nesta obra, com os seus conhecimentos, mostrados nas literaturas específicas que escreveram enquanto na vida física.

O mentor espiritual Yehoshua[1] ben Nun se encarregou de facilitar-me o trabalho de pesquisa, de inspirar-me no estudo da literatura específica, de intuir-me na redação da obra, nos assuntos e nos comentários espirituais. Seu principal objetivo é dar entendimento aos espiritualistas dos fenômenos espiritual e ufológico vividos por muitos. Quanto ao fenômeno em si, no que reporta ao espiritual, este pode ser mais bem pesquisado nas Casas Espíritas, enquanto que o ufológico, diferente do primeiro, não está em ambiente fechado, mas lá fora, no aconchego da natureza terrestre, onde pode ser notado eventualmente.

Esta introdução é apenas um panorama geral do conteúdo do livro – não cabe aqui alongar mais. Boa leitura.

Pedro de Campos

[1] Pronuncia-se "iôchúa".

1

SEMEADURA CÓSMICA DIRIGIDA

Quando se fala de extraterrestres, uma das coisas que nos vêm à mente é que eles sejam criaturas muito adiantadas, constituídos de uma bioforma semelhante à do homem; ou seja, seres de carne e osso e de aparência quase humana.

É comum pensarmos que esses viajantes do infinito deveriam vir do espaço extrassolar, oriundos de algum distrito espacial distante ou até mesmo de outras galáxias. E que viajando em suas avançadíssimas espaçonaves poderiam chegar à Terra de maneira fácil, a qual o homem pode apenas suspeitar, mas não saberia dizer exatamente como seria feito.

Sem levar em conta as predisposições humanas para entender a questão extraterrestre, a hipótese de que tais seres existam está fundamentada em duas bases distintas de sustentação: uma, a casuística ufológica; outra, a hipótese da universalidade astronômica.

A casuística ufológica verificada em vários países do globo é uma ação real, detectada através de tecnologia, mas ainda assim uma manifestação enigmática; por isso, vale a pena nos determos no transcurso desta obra, para estudá-la com mais detalhes.

A hipótese da universalidade astronômica é a outra base de sustentação, aquela que nos induz explanar o tema aqui, porque ela nos acena com a possibilidade de explorarmos novas facetas desse intrincado enigma que é o fenômeno ufo.

A teoria da universalidade está baseada na lógica. É um instrumento de que a ciência faz uso para desvendar algo enigmático, criando um cotejo racional de ideias. Essa teoria faz uso das leis naturais para realizar comparações, porque as leis da natureza podem sustentar as ideias e dar a elas um ordenamento de aceitação universal. A teoria é apenas um postulado, uma forma racional de concluir as coisas, sem que seja necessário apresentar as provas. Num curto período de tempo, com ela podemos formular hipóteses de trabalho e estabelecer uma maneira científica para atuar na busca da verdade.

De modo mais objetivo, considerando os inúmeros avistamentos do fenômeno ufo em todo o mundo, podemos cogitar com isso que os extraterrestres devem existir. E para fundamentar a existência deles de modo lógico podemos usar a teoria da universalidade.

Articulando essa teoria científica, podemos dizer, por exemplo: O nosso Sol é uma estrela da classe G e tem planetas, portanto, outras estrelas da classe G podem ter planetas; a Terra é um planeta do Sistema Solar e tem vida, portanto, outros planetas em condições semelhantes às da Terra podem ter vida; na Terra houve o surgimento e a evolução da vida, portanto, em outros planetas a vida pode ter surgido e evolucionado; a Terra tem cerca de cinco bilhões de anos e produziu vida inteligente, portanto, nas mesmas condições, planetas com cinco ou mais bilhões de anos podem ter produzido vida inteligente; a Terra, quando tiver seis bilhões de anos, poderá ter uma vida muito mais inteligente do que a de hoje, portanto, planetas com 6 bilhões de anos podem ter vida muito mais inteligente do que a da Terra hoje; o homem faz viagens espaciais e pretende colonizar outros planetas, portanto, o extraterrestre mais antigo que o homem já deve ter colonizado outros planetas. E assim por diante a teoria é articulada, abrindo um amplo panorama de estudos e de possibilidades. Com ela, o estudo fica mais lógico.

Diante da enorme quantidade de casos relatados, dando conta de que objetos voadores não identificados sobrevoam os céus, a hipótese de a Terra ter sido colonizada por uma civilização extraterrestre passa a ser, considerando-se os objetos avistados e a teoria da universalidade, uma chance a ser cogitada para estudos. Resta, contudo, fazer observações mais detalhadas, para conhecer as testemunhas, o ambiente das aparições, o teor dos contatos, os engenhos usados, o nível de moral e outras coisas mais sobre esse suposto viajante das estrelas.

Com os casos já avistados e os contatos não oficiais até agora testemunhados, uma série de informações foram registradas, mas ainda não se conseguiu chegar a uma generalização que acomodasse todos os pensamentos a respeito do fenômeno ufo.

O consenso em torno de uma ideia única até agora não foi conseguido na Ufologia. O modo de pensar diferenciado de cada grupo formou escolas de pensamento distintas, onde cada qual procura mostrar seu ponto de vista e fazer valer suas ideias. De comum, os simpatizantes dessas escolas consideram o planeta Terra como sendo um vasto campo de empreitada alienígena.

Existem duas escolas principais para explicar o assunto. Uma delas, está baseada na Teoria Extraterrestre (ET) e focaliza os mundos exclusivamente físicos para explicar a semeadura e a colonização da Terra. A outra, chamada Dimensionalista, está fundamentada na Teoria Ultraterrestre (UT) e focaliza os mundos extrafísicos, as dimensões do espaço-tempo e os universos paralelos, para fundamentar sua lógica e explicar as questões de semeadura e colonização do planeta humano.

Os adeptos da escola extraterrestre sustentam que a vida fora originada em algum planeta do Universo físico. E que de lá, ela fora trazida à Terra obedecendo a um rigoroso planejamento de cultivo. Em razão do surgimento da vida ser um fato muito controverso, cientificamente discutível, não houve consenso em torno de uma ideia única, por isso a escola derivou pensamentos distintos, formando cinco variações principais.

Um primeiro grupo de variação acredita que em algum distrito espacial distante, como, por exemplo, o de Sagitário, com muitas estrelas semelhantes ao Sol, mas bilhões de anos mais antigos, outros sistemas planetários semelhantes teriam surgido. Em um daqueles planetas distantes, a vida teria eclodido e passado do estado simples ao complexo. No decorrer da evolução, a vida inteligente teria desabrochado. A bioforma sapiente teria conseguido ali um estágio de desenvolvimento técnico difícil de imaginarmos, em razão da distância evolutiva de bilhões de anos à frente do homem. Obedecendo ao propósito moral de disseminar vida inteligente em todo o cosmos, aqueles seres teriam aportado em vários orbes do Universo, para neles fazer a formatação da atmosfera, do solo e das águas, compondo a cada passo os requisitos necessários para semearem a vida. Assim a escola explica como o povo da Terra teria surgido, dizendo que seria o resultado de uma semeadura alienígena direta e de uma lenta evolução da espécie principal.

Um segundo grupo considera que o plantio da vida se daria de outra maneira. Neste caso, seria uma semeadura indireta; ou seja, aqueles seres inteligentes de que falamos, apenas jogariam no cosmos as sementes da vida em forma de organismos simples, tais como as bactérias, para que as forças cósmicas as levassem às mais distantes paragens, até encontrarem por lá um planeta. Quando as condições para replicar a vida no orbe fecundado fossem satisfeitas, as formas vivas brotariam. E a evolução das espécies se encarregaria de formatar o ser inteligente.

Um terceiro grupo pensa de modo diferente. Considera que após a vida ter surgido da Terra, seja de uma ou de outra maneira, seres de outros planetas teriam influenciado a evolução. Essa influência teria se dado de duas maneiras diferentes. Um ramo acredita que os extraterrestres teriam influído à distância, bombardeando a atmosfera com raios cósmicos ou com outros tipos de radiação; e que uma prova disso seria a extinção dos dinossauros. Outro ramo acredita que essa interferência teria sido feita na própria Terra, através da manipulação genética e consequente elaboração das espécies vivas complexas.

Um quarto grupo de pensadores combina aspectos verificados nos três modelos anteriores. Um ramo desse quarto grupo considera que a vida sapiente é evento único. Uma vez originada em um ponto qualquer do cosmos, e após ocorrer a evolução dela até o estágio inteligente, estas entidades teriam providenciado do ponto em que elas estavam a semeadura da vida em outras partes do Universo. Um dos métodos para fazer isso seria usando a Astronomia e o bombardeamento à distância; ou seja, o planeta em condições favoráveis seria encontrado com o uso de telescópios e uma irradiação de vida seria de longe projetada no orbe, para que nele eclodisse e evolucionasse a vida. Outro ramo considera que o surgimento da vida é relativamente comum. E que a entidade evoluída faria viagens para encontrar essa vida em outros planetas; ou seja, quando um planeta com vida já na forma complexa fosse encontrado, aí então haveria uma manipulação genética intensa, como, por exemplo, transformando o macaco em hominídeo, para depois o próprio ser inteligente, num estágio já avançado, ajudar na semeadura de outros mundos do Universo; por conseguinte, um planeta jovem como a Terra poderia ter sido colonizado por várias civilizações cósmicas.

A Teoria Extraterrestre, por sua vez, foi conjecturada pelo célebre físico norte-americano Edward Condon que com ela examinou a possibilidade de uma raça alienígena chegar à Terra com naves espaciais. A hipótese extraterrestre é totalmente materialista, nada tem de religioso. A teoria tem como principal fundamento a existência de um ser inteligente material, que uma vez surgido em alguma parte do cosmos poderia viajar e influenciar a vida em outras partes. Esse caráter sólido do ser inteligente semeador de vida enfraqueceu a teoria, no sentido de ele influir diretamente na semeadura. A teoria ficou difícil de ser sustentada. Porque, assim como o homem, o extraterrestre também haveria de ter um ciclo vital. Esse período de vida, por mais longo que fosse não poderia ser tão extenso, porque a vida material não permite uma longevidade de milhares de anos, ainda que se lançasse mão de meios ultramodernos para preservação do corpo. Como não há vida inteligente nos demais planetas do Sistema Solar e como a distância entre uma e outra estrela é monumental, sendo preciso viajar milhares de anos para se alcançar o outro ponto, tais fatores deram um golpe de queda na teoria. Por sua vez, o fenômeno ufo também contribuiu para isso. Porque os ufos apresentam características incomuns. As aparições instantâneas sugerem certa imaterialidade do fenômeno. Isso enfraqueceu no meio acadêmico a teoria extraterrestre e suas quatro variações mencionadas.

Surgiu então um quinto grupo de pensadores, passando a considerar a semeadura da Terra como tendo sido realizada por inteligências artificiais. Nessa variação, a criatura inteligente seria capaz de produzir tecnologia para operar as naves em viagens interestelares. Através de inteligências artificiais, faria o processo inteiro de semeadura. Num raciocínio apenas lógico, as naves e as sondas espaciais comandadas por supercomputadores e dotadas de alta tecnologia robótica, poderiam fazer maravilhas inimagináveis, operando viagens de longuíssimas distâncias. Um simples raciocínio nos induz pensar que um ser inteligente, com milhares de anos à frente do homem, poderia operar com suas tecnologias coisas fantásticas. Com esse pensamento, algum tipo de semeadura não seria impossível. E o próprio homem poderá experimentá-la em breve, nos planetas do Sistema Solar.

Não obstante os recursos técnicos serem capazes de dar coerência à teoria extraterrestre, o caráter imaterial das aparições ufológicas fez emergir outra escola de pensamento sobre os ufos: a Dimensionalista. Esta escola nasceu com dois ramos principais para explicar a semeadura e o progresso dos seres: um dos ramos propõe uma origem física de tudo, o outro, uma extrafísica.

A Teoria Ultraterrestre de origem física advoga uma transposição da matéria; ou seja, considera uma mutação na natureza corporal do alienígena. Em tal hipótese, a inteligência evoluída, através de manipulação genética evolucionária, daria um salto para além de suas limitações tridimensionais, transmutando seu corpo físico em uma bioforma de matéria invisível. Essa teoria considera que a evolução dos seres vivos não cessa; por isso, num primeiro momento, aqueles seres inteligentes iniciais, dotados de corpo sólido, tendo percorrido uma extensa fieira evolutiva e ultrapassado de milhões de anos a evolução do homem, num segundo momento, após esse longo percurso, teriam alcançado um ponto de mutação na matéria; nesse ponto, sua forma corpórea sólida teria sido convertida em uma bioforma metafísica, como, por exemplo, a dos seres angélicos, passando a viver apenas em outra dimensão do espaço-tempo. Portanto, partindo de um sistema físico, o ser inteligente inicial teria evoluído para um sistema metafísico, deixando de ser matéria para ser apenas psiquismo, em uma bioforma de constituição invisível ao homem (ser tridimensional), mas de aspecto semelhante a ele em uma dimensão acima. O caráter imaterial das aparições provaria isso.

Se por um lado esta formulação da teoria ultraterrestre recebeu consideração, porque justifica o caráter insólito das aparições ufológicas e a reconhecida capacidade alienígena de converter energia em massa, por outro lado a teoria não explicou de modo convincente como uma bioforma extrafísica tão inteligente e de moral elevado poderia praticar abdução e fazer experiências nocivas aos seres humanos. De fato, na Ufologia há casos de morte. Em razão dessa incoerência moral, desajustada do progresso intelectual, surgiu outra variação, baseada então em outros princípios.

A Teoria Ultraterrestre de origem extrafísica já é bem antiga, mas foi somente a partir de 1960 que ganhou força, época em que os engenhos espaciais mostraram que nos demais orbes do Sistema Solar não há vida inteligente de carne e osso. Ainda que ela apresente outras variações metafísicas, a versão que damos aqui tende a englobar o pensamento de vários grupos da chamada Nova Era.

Nesta versão, o elemento psíquico seria extrafísico logo em seu início, por iniciativa de um Criador; em seguida, o psiquismo se desligaria de sua esfera criadora, para nascer no mundo físico e evoluir nele; depois de evoluído e refinado, voltaria ao mundo extrafísico de origem, para outras realizações.

Essa teoria sustenta que a vida psíquica fora originada em algum local das profundezas etéreas do cosmos, em outras dimensões do espaço-tempo. E que do mundo das partículas ela teria se irradiado na matéria sólida. Nos orbes tridimensionais o elemento psíquico teria ganhado corpo físico. Depois de evolucionar na matéria até a forma inteligente, com o advento da morte voltaria às paragens etéreas de origem, para fazer ainda outras incursões nos campos da evolução material até atingir um estado de refinamento psíquico completo. Nessa escalada, a bioforma inteligente passaria por inúmeros estágios intermediários de melhoramento, transporia o estado corporal sólido, evoluiria num estado menos material até atingir o refinamento completo e se transformaria numa entidade também criadora, com capacidade para atuar criando tanto nas esferas extrafísicas quanto nos mundos físicos. O caráter insólito do fenômeno ufo, as materializações e as experiências parapsíquicas seriam provas da existência dessa entidade inteligente, constituída de matéria invisível aos olhos do homem.

Esta versão da teoria ultraterrestre, embora seja complexa, tende a aglutinar o pensamento de várias filosofias espiritualistas. Com ela, o mundo das religiões ganha vida e a alma um sentido evolucionista, quer no aspecto moral quer no intelectual.

Embora o cárter abstrato dessa teoria possa explicar várias gradações do fenômeno ufo, é justamente esse caráter impalpável dela que mais dificulta sua aceitação.

De fato, as dimensões do espaço-tempo e os universos paralelos que dão suporte a ela são admitidos pelos cientistas apenas nos cálculos matemáticos, mas na vida prática são relegados ao plano do imaginário, porque a natureza daquela matéria invisível é tão estranha à concepção humana que parece mais um sonho de *Alice no País das Maravilhas* do que coisa real. A teoria quântica descobriu um mundo tão fantástico que os cientistas parecem se recusar a considerá-la como verdadeira.

Diante do fato tão incomum para os cientistas de que no mundo invisível a matéria esteja em outra vibração (energia), podendo talvez eclodir vida e evolucioná-la de modo raro, isso ficou tão fora dos padrões atuais de pensamento que os próprios físicos não se deram conta de que poderiam ter feito a mais fantástica de todas as descobertas. E o impacto disso ainda não foi absorvido por muitos.

Seja como for, com uma ou outra teoria os ufos continuam luzindo nos céus, aparecendo e desaparecendo, às vezes com certa frequência, outras vezes em ondas esporádicas de aparições, mas mostrando sempre que são fenômenos de contato, eventos que estão muito além da compreensão humana vulgar.

As hipóteses de semeadura e colonização da Terra que vimos anteriormente não esgotam todas as possibilidades, tantas outras existem tentando explicar a presença do homem no planeta, cada qual a seu modo. Mas, em todas elas, a palavra evolução está presente, definindo que a vida precisa avançar sempre e adquirir um estágio inteligente, para prosseguir ainda na escalada e alcançar uma condição em que a criatura passaria de algum modo a ser ela própria uma entidade criadora, conforme seu grau de desenvolvimento intelectual e de refinamento moral alcançado.

Embora haja na ideia da evolução um caráter de universalidade, o fato é que ela precisa ser mais desenvolvida. A Teoria Evolucionista não se propõe explicar a origem da vida, mas sim a grande diversidade das formas. Ela não explica de modo convincente algumas questões fundamentais. Não explica o mecanismo interno que provoca nos seres vivos a mudança de uma para outra espécie. O advento das mutações ocasionais até agora não resolveu essa questão. O mutante, por si só é evento fraco que não resiste à competição; pelas leis da seleção natural, ele morre antes de constituir espécie. A teoria não explica de modo convincente como um animal rastejante na terra se transforma em uma ave que voa liberta nos céus, cujas formas anatômicas e constituição dos órgãos são tão diferentes entre si (répteis e pássaros), ao mesmo tempo em que são tão importantes àquelas feições de vida, em especial a mutantes intermediários, fracos por natureza. A teoria evolutiva exige uma quantidade enorme de elos perdidos para explicar a passagem de uma espécie à outra, uma quantidade de indivíduos intermediários que jamais foi encontrada nos exemplares fósseis. De modo objetivo, essas questões todas ainda carecem de outros desenvolvimentos para consolidação da teoria, e mais ainda no tocante ao homem. O como o homem surgiu, se desenvolveu passo a passo e conformou um cérebro com a capacidade atual, são questões ainda distantes da exata compreensão científica.

Não obstante, parece certo que a evolução não cessa nunca. Ela, em todos os sentidos, se faz presente na humanidade, modificando as formas vivas com um mecanismo interno preciso, mas imperceptível ao homem; ao mesmo tempo em que ela se apresenta a ele em forma de uma criatura que diz ao seu intelecto: Olhe! Mudei para melhor; estou mais bonita, mais resistente, melhor adaptada.

Essa continuidade ininterrupta, conforme classificara o naturalista Alfred Russel Wallace,[1] procede de uma natureza invisível ao homem, a qual ele chamou: — Mundo espiritual.

É certo que os pontos fracos da teoria evolutiva já eram conhecidos desde a sua formulação no século XIX, e que algo mais haveria de ter por trás dela. Com certeza, esse algo mais precisava ser percebido e estudado. E de fato, os estudos iniciais para levantar o véu e mostrar o fator extraordinário que está por trás da teoria foram feitos por Wallace, ainda nos tempos de Darwin.

Caro leitor, nos próximos capítulos nós vamos seguir os passos desse espírito culto, chamado elogiosamente no final de sua vida de o Profeta da Ciência, para sabermos como Wallace obteve as provas do extraordinário mundo extrafísico que se manifestava ao homem e as associou à teoria evolutiva que culminou por eclodir a espécie *homo sapiens*. Depois, então, com o panorama de visão mais estendido, vamos retomar o assunto fenômeno ufo, para desenvolvermos ainda mais essa intrincada questão e vermos feitos verdadeiramente intrigantes.

---

[1] O *Apêndice A*, no final do livro, traz os dados biográficos e uma relação de obras de A.R. Wallace.

2

CONFRONTANDO A TEORIA EVOLUTIVA

Quando Charles Darwin[1] entrou em sua biblioteca e sentou-se para ler a correspondência do dia, ele não imaginava que estava prestes a tomar o maior susto de sua vida. Abriu uma volumosa carta vinda de longe, de Ternate, nas Molucas. Observou a assinatura no papel, era de Alfred Russel Wallace, seu colega naturalista que com ele se correspondia há três anos, desde 1855. A folha inicial do maço tinha um título sugestivo: "*A tendência das variedades para se afastarem indefinidamente do tipo original*". E estava datada de fevereiro de 1858. Darwin leu a carta com o mais vivo interesse. Ao final, desabafou:

---

[1] Charles Robert Darwin (1809-1882), célebre naturalista e filósofo inglês. No período de 1831 a 1836 esteve em expedição científica às costas da América do Sul, onde reuniu os primeiros materiais que lhe possibilitaram escrever sua famosa *A Origem das Espécies Mediante Seleção Natural*, publicada em 1859. Sua doutrina evolutiva foi popularizada como *darwinismo*, nome dado por A.R. Wallace em livro que publicou.

— É tarde! Agora já é tarde... Demorei demais....

Por um momento ficou atordoado. Enfiou a carta no bolso e saiu a caminhar. Precisava ficar sozinho, queria pensar. Debaixo da sombra das árvores, Darwin se deu conta de que transpirava muito. Ele questionava a si mesmo:

— O que fazer agora?

Durante a caminhada, sua mente voltou aos tempos de quando viajara pelo mundo à bordo do Beagle, para recolher espécies vivas e descobrir exemplares preciosos. Lembrou-se de quando retornara daquela viagem e instalara-se em Londres, para catalogar tudo e estudar as espécies recolhidas. Lembrou-se de que a partir de 1837 começara a escrever um ensaio, no qual registrara a evolução das espécies, sem terminar o trabalho. Lembrou-se de que o ensaio não houvera sido mostrado a ninguém, senão a alguns amigos íntimos.

— E agora? – ele questionava. — De que valeu a pesquisa minuciosa, a análise dos fatos e a esmerada redação das ideias?

Darwin questionava a si mesmo, perguntando de que valeu o trabalho de uma vida inteira, se um amigo teve as suas mesmas ideias e as mandou para ele em uma carta?

— Nunca vi tamanha coincidência – registrou Darwin em carta a Charles Lyell.[2] – Pois se Wallace tivesse lido o meu esboço de 1842 não teria feito melhor resumo dele. Os termos usados por ele são praticamente os títulos dos meus capítulos.

E de fato, era uma incrível coincidência.

É claro que a carta de Wallace era admirável, por isso Darwin estava desesperado. E prosseguiu dizendo ao amigo e confidente, Lyell:

— Eu deveria ter antecipado. E agora toda minha originalidade, qualquer que seja o resultado, será esmagada.

Darwin estava muito preocupado. Afinal, como poderia agora publicar seu trabalho sem que outros dissessem com maldade:

---

[2] Charles Lyell (1797-1875), notável cientista e geólogo escocês. Entre 1830 e 1833 publicou com grande sucesso a obra *Princípios de Geologia*, em três volumes, dando novo entendimento à história geológica da Terra.

— Roubou as ideias de um amigo que está longe demais para poder defender os próprios interesses.

Na semana seguinte, Darwin voltou a escrever a Lyell, mas desta vez o fez de modo aberto, relatando seus pensamentos mais íntimos:

— Sinto incomodá-lo... Trata-se de uma questão mesquinha... Se pudesse publicar de maneira honrosa..., não sei dizer se torná-la público agora seria um ato baixo e vil. Sentimentos mesquinhos passavam pela cabeça.

Ele, que havia estudado o assunto por 20 anos e não se decidira concluir o trabalho para publicá-lo, agora, com a intervenção de forças externas, estava disposto a ir adiante. Admitiu aos amigos:

— Se a honra me permitisse, gostaria imensamente de publicar os meus pontos de vista num esboço de 12 páginas ou coisa parecida.

Darwin não se satisfez em recorrer a Lyell, procurou também Joseph Hooker,[3] seu amigo íntimo, e todos se dedicaram ao caso na tentativa de encontrar a solução que salvasse a honra de Darwin e a sua primazia na formulação da teoria evolucionista.

O plano saiu. O esquema engendrado consistia em apresentar na Linnean Society de Londres, a 1º de julho de 1858, e publicar no jornal da Sociedade uma comunicação conjunta dos trabalhos de Darwin e Wallace. Seria uma demonstração de universalidade da ideia, por assim dizer, fato devidamente comprovado por Lyell e Hooker, onde ambos dariam testemunho da descoberta dos dois naturalistas, mas mostrando a anterioridade de Darwin na formulação da teoria.

Contudo, faltava uma questão a ser resolvida: o que dizer a Wallace quanto à primazia da ideia, a qual fora dada a Darwin? Depois de estudo, a questão foi solucionada pelos dois escudeiros.

[3] Joseph Dalton Hooker (1817-1911), conceituado botânico e amigo íntimo de Darwin. Tomou parte de expedições à Antártida, ao Himalaia e à Índia. Foi diretor do Jardim Botânico de Kew. Nos trabalhos de fitologia deu classificação sistemática às plantas.

Observando a correspondência de Darwin, eles notaram que havia uma carta datada de 22 de dezembro de 1857 (data anterior à carta de Wallace que era de fevereiro de 1858), e naquela missiva[4] Darwin falava a Wallace que seu trabalho forneceria *"uma grande coleção de fatos com um fim definido"*. E, por uma questão de lógica, agora, aqueles *"fatos"* deveriam ser entendidos como a *"formulação da teoria evolucionista"*. Observando somente a data de ambas as cartas, isso daria a Darwin uma comprovação de que a teoria fora formulada por ele, antes de Wallace colocá-la no papel.

Entretanto, como na correspondência Darwin também dizia que seu trabalho *"não estabeleceria coisa alguma"*, isso complicava a questão do crédito a ser dado a ele. A pergunta feita era a seguinte:

— Se não iria estabelecer coisa alguma, como então acreditar que aqueles fatos com um fim definido, mencionados na carta de Darwin, seriam mesmo a formulação da teoria?

As expressões usadas na carta davam margem a um contraditório.

Mas os escudeiros de Darwin consideraram que a solução desse impasse não estaria no campo da comprovação legal, onde as leis são bem definidas, mas sim no campo moral, onde se presumia que a ética deveria prevalecer. E ela realmente prevaleceu, porque Wallace era um homem honrado e soube se posicionar diante da questão colocada, reconhecendo a anterioridade de Darwin na formulação da teoria.

Em verdade, nas correspondências entre os dois grandes naturalistas Wallace estava interessado em saber se Darwin falaria sobre a evolução do homem, pois esse tema era motivo para ele de grandes preocupações. Já em 1858, Wallace indagava a si mesmo sobre como o homem arranjou um cérebro

---

[4] Darwin escreveu a Wallace: "Você pergunta se discutirei o 'homem'. Penso que esquecerei todo o assunto, embora admita que este seja o problema mais interessante e o apogeu para o naturalista. O trabalho que estou elaborando por mais de 20 anos não fixará nem estabelecerá coisa alguma; contudo, espero que ele tenha alguma utilidade ao fornecer uma grande coleção de fatos com um fim definido". E, de fato, em *A Origem das Espécies* Darwin nada falou do homem, falaria disso em *A Origem do Homem e a Seleção Sexual*, lançado em 1871.

tão acima de sua necessidade. Dentre todas as questões, essa era a mais polêmica. E, sobre ela, eles nunca concordariam entre si, como ainda veremos mais à frente.

Após Darwin e seus amigos equacionarem as pendências, foi Lyell quem se encarregou de informar a Linnean Society que os trabalhos de Darwin e Wallace eram uma teoria penetrante, que explicava o aparecimento e a propagação das espécies e de suas variedades no planeta. Disse achar conveniente que tais ideias, resultado da observação de fatos e comprovadas no decorrer de anos de estudos, fossem consideradas como ponto de partida para outros estudiosos prosseguirem. Isso teve boa acolhida. E finalmente a declaração Darwin-Wallace foi lida na Linnean Society. Em seguida, em uma formulação detalhada, Darwin se encarregou de dar ao público *A Origem das Espécies*, publicando-a em 24 de novembro de 1859.

Embora *A Origem* nada trouxesse da evolução do homem, ela remetia esse tema polêmico para uma conclusão apenas lógica: apontava para um progresso humano semelhante ao dos animais. Nessa época, nem Darwin nem Wallace estavam dispostos a outras divulgações sobre a evolução humana. E a questão do arranjo cerebral para transmutar o símio em *homo sapiens que* preocupava Wallace ficaria para os anos seguintes.

Com o lançamento de *A Origem*, a teoria evolutiva teve calorosa recepção nos meios cultos da vida londrina, com estudantes e cientistas se posicionando a favor, mas a Igreja e os conservadores se posicionaram contra ela, alegando heresia e falta de moral. De imediato, um forte clima de contenda aflorou na velha Europa. E a mais dramática luta do darwinismo foi travada com a Igreja.

Na Associação Britânica para o Avanço da Ciência, em Londres, logo após o lançamento de *A Origem*, os confrontos foram monumentais. E os jornais noticiavam sessões espetaculares para junho de 1860, quando tudo seria colocado a limpo para saber com quem estaria a razão: se com a Igreja, ou com a Ciência.

De fato, a polêmica fora enorme. E culminou com a monumental noite de 30 de junho de 1860, data do famoso confronto entre as figuras de Samuel Wilberforce, bispo de Oxford, e Thomas Henry Huxley, escudeiro de Darwin em debates públicos. O acontecimento fora algo parecido a um grande julgamento, talvez assim pudesse ser mais bem definido.

De um lado, estava o promotor, aquele que faria a acusação da teoria, o temível bispo de Oxford. Ele era um homem maduro, cuja experiência dos seus 55 anos de vida lhe conferia crédito público para fazer valer a posição da Igreja. Dentre os representantes do clero, Wilberforce era o mais hábil em tratar questões melindrosas. Sua liderança era reconhecida por todos. Seus opositores o chamavam de Sam, o melodramático, por ser um orador de palavras pomposas, vibrantes, sentimentais ao extremo. Era um tipo ardiloso, de pensamento rápido, daqueles que coloca as ideias com grande sentimento e ganha rapidamente o público; e, se a oratória for prolongada, ele descontrai, conversa, brinca com o público, retoma o argumento e desfere o golpe fatal, impulsionado com sentimento e forte apelo emocional, para fazer os olhos marejarem, arrancar as palmas da plateia e ganhar a causa. Em assuntos religiosos, Samuel, o melodramático, era uma sumidade, mas não nas coisas da ciência.

Do lado contrário, estava o advogado, por assim dizer, aquele que faria a defesa da teoria, o famoso biólogo Thomas Henry Huxley, apelidado por seus opositores de O bulldog de Darwin, por ser um escudeiro que estava sempre em guarda, pronto para defender e contra-atacar quando preciso fosse. Era um homem no apogeu da idade adulta. Seus 35 anos de vida eram marcados pela jovialidade e grande entusiasmo pela causa. Magro, olhos penetrantes e cérebro de raciocínio rápido, sua figura maiúscula já se tornara respeitada em debates. Houvera estudado o cérebro dos macacos e incluído o *Homo sapiens* na família pouco respeitável dos antropoides.

Sua tendência era materialista. Era um erudito da ciência e um verdadeiro mestre em réplicas. Seu princípio de raciocínio era sempre lógico, objetivo, preferia mostrar a verdade e despir a hipocrisia, não se importando se a verdade era santificada ou não. Não era um tipo político, capaz de encantar as pessoas, mas um demolidor de ideias. Era um homem adequado para o evento.

A presidência da sessão estava a cargo de quem faria a vez do juiz, sir John Stevens Henslow, conceituado botânico e geólogo, professor estimado de todos em Cambridge. Na lucidez de seus 64 anos de vida, conduziu o evento com competência e absoluta imparcialidade.

A assistência estava repleta, mais de 500 pessoas lotavam o auditório. O clero estava em peso, silencioso. Os cientistas mais famosos de Londres estavam presentes, cautelosos. As senhoras, preocupadas, agitavam os leques. As moças, graciosamente vestidas com os seus costumes de verão, buscavam outros olhares. E os jovens estudantes ditavam o tom da plateia, propensos a tomar o melhor partido e a explodir em aplausos a favor do vencedor. Todos aguardavam ansiosos.

O Bispo foi à frente, confiante e resoluto. Levantou a voz contra o "*Evangelho da vileza*", como fora classificada por ele a teoria da evolução, fazendo um discurso vibrante. Sua voz era clara. Suas ideias, fluentes. Suas comparações, sarcásticas. O Bispo lembrou o Antigo Testamento, citou passagens do Evangelho, procurou ridicularizar a teoria, destacou várias vezes o "*criou à Sua imagem e semelhança*", apelou para a conservação da moral e dos bons costumes. Embora faltasse a ele maior conhecimento científico para afrontar a teoria, ainda assim saía-se bem, mas algo mais aconteceria.

Ele discorria com absoluta segurança e parecia ter a causa nas mãos, mas de repente tropeçou em si mesmo. O excesso de confiança e a eloquência desenfreada foram sua verdadeira ruína. Estando certo da vitória, muito empolgado consigo mesmo, num desvario momentâneo o Bispo se virou para

Huxley, levou a plateia consigo, e desfechou o golpe final:

— A supremacia do homem sobre a terra; o poder da fala, o dom da inteligência que Deus lhe deu, o livre-arbítrio e a responsabilidade do homem por seus atos são inconciliáveis com a noção degradante da sua bruta origem, essa que lhe foi dada pela teoria evolutiva. O homem foi criado à imagem de Deus! E não à imagem do macaco!

A essa altura, não se ouvia sequer um respiro na plateia. Então, empolgado com a sua oratória, dando a causa como já ganha, o Bispo disparou para sua ruína:

— A propósito, senhor Huxley, a sua descendência do macaco lhe veio por parte de seu avô ou de sua avó?

Isso soou como grave ofensa. A suavidade das Escrituras desaparecera por completo para ele com esse encerramento.

Fora uma indagação grosseira, com intenção de ofender a honra dos sábios ingleses partidários das ideias evolucionistas. E ofereceu ao opositor a vantagem de uma superioridade moral sobre ele, caso o advogado soubesse aproveitar o deslize do Bispo. E o opositor soube fazer isso muito bem.

Huxley, que estava sentado perto de um ilustre cientista, bateu nos joelhos e disse baixinho:

— Finalmente, amigo, os céus o atiraram para o aconchego dos meus braços.

O homem ao lado, bem mais lento em raciocínio, não entendeu o comentário, mas entenderia logo em seguida, quando Huxley, batendo nos joelhos novamente, levantou-se calmo, foi à tribuna e iniciou sua defesa.

Após fazer uma boa preparação antes de entrar no tema propriamente dito, Huxley fez um excelente relato da teoria, mostrando ao público alguns pormenores para entendimento da evolução de todos os tipos de vida na Terra, de modo a não deixava dúvida sobre a grandiosidade da descoberta. E Huxley assim concluiu, para delírio da plateia:

— Meus amigos, a evolução das espécies é algo tão evidente..., é uma coisa tão simples..., que depois que a li, depois que pela primeira vez entendi a ideia central da evolução, pensei e disse para mim mesmo: Que estupidez não ter pensado nisso antes! Contudo, senhores, se essa questão não for tratada como ciência, se ela for tratada de maneira sentimental, como foi feito aqui hoje pelo Bispo, e se me perguntassem que escolha eu faria, dando-me a oportunidade de escolher entre descender de um pobre animal de inteligência inferior e porte vergado, que faz gestos e ruídos grotescos quando passamos; ou de descender de um homem, como esse que os senhores viram aqui hoje, agraciado com a habilidade de palavras e uma esplêndida posição dentro da Igreja, mas que usa os seus dons para desacreditar a ciência e para esmagar a honra de quem procura somente a verdade — francamente, senhores, eu paro por aqui. Não farei como ele. Não me atrevo a dizer mais...

A plateia não se conteve. Estava claro que ele preferia descender de um macaco, pois nada de mal haveria nisso, do que de um homem ardiloso, que se utilizava da emoção e da fé do povo, usando de subterfúgios para encobrir a verdade dos fatos e ofender a honra, como o fizera ali o Bispo.

A plateia não se conteve, foi ao delírio. O ruído era enorme. Uma senhora desmaiou de horror. Fritzroy, antigo capitão do Beagle, navio no qual viajara Darwin, com fervor religioso brandiu a Bíblia e com os olhos vermelhos apontou-a na direção de Huxley, desejando a ele, em alto e bom som, as labaredas fumegantes do fogo do inferno. O clero desbaratou e saiu apressado. Os cientistas sorriam eufóricos. Os estudantes davam vivas, gritavam e batiam palmas, fazendo a verdadeira festa da vitória. A comemoração prosseguiu nas ruas de Londres.

Caro leitor, não é demais dizer que a teoria evolutiva houvera vencido seu primeiro confronto com a Igreja.

No próximo capítulo vamos observar um pouco o confronto de ideias entre Darwin e Wallace, na questão de como o homem arranjou na pré-história um cérebro tão avantajado, bem acima da sua necessidade naquelas épocas recuadas.

3

COMO O HOMEM ARRANJOU UM CÉREBRO

Um antigo conceito ensina que as crenças bem estabelecidas só podem ser derrubadas por etapas. Assim, todo assunto novo é sempre visto com desconfiança, porque o novo é capaz de desbancar crenças e antigas posições confortáveis, nas quais alguém sempre julga que terá uma perda com prejuízo irreparável. Um fato novo, precisa de tempo para ser aceito.

Foi num clima assim, de insegurança e de fanatismo, que a Inquisição foi instituída, a caça às bruxas incentivada e a fogueira acesa para consumir milhares de pessoas. Contudo, após longa noite, a vida intelectual do homem recebeu feixes de luz e varreu para longe a escuridão que lhe cobria. A teoria evolutiva foi um facho científico de luz, apenas um.

Voltando mais ao passado, observamos que as Bíblias antigas traziam uma elucidação logo em seu início, no livro do

Gênesis, dando conta de que o mundo houvera sido criado no ano de 4004 antes de Cristo. Essa nota fora colocada por iniciativa de James Ussher, Arcebispo de Armagh, na Irlanda, cuja mente imaginativa procurou algo mais palpável para se agarrar, estudou detidamente os famosos "*gerou...*", retrocedeu as gerações até Adão e chegou à data primeira, na qual o mundo teria sido criado segundo sua interpretação. A partir do século XVIII, as Bíblias editadas davam aquela data como o início do mundo. Para o clero, era uma data científica. Afinal, a Bíblia era tida como infalível.

Entretanto, no princípio do século XIX, a famosa data começou a ser duramente criticada. Era impossível sustentá-la. Afinal, com ela não era possível explicar o como das novas descobertas científicas, as quais davam conta de que conchas marinhas e peixes fossilizados, datados de milhões de anos, eram encontrados em rochas, no alto das montanhas, muito além das águas oceânicas. Os religiosos não explicavam isso, eles consideravam que os fatos científicos eram apenas uma história contada por materialistas, enquanto a Bíblia era infalível.

Contudo, ao terem diante de si a teoria evolutiva, a questão das montanhas passou a ser o menor dos problemas. Se um dia elas estiveram abaixo do mar, isso poderia ser aceito como história, mas considerar o homem como ascendente do ramo primata, um parente dos macacos, isso era demais. Não dava para o clero aceitar. O crédito das Escrituras estava em jogo. Algo precisaria ser feito. Essa foi a razão de tantos confrontos.

Para suavizar os embates, alguns religiosos liberais procuraram mostrar que não havia necessidade de discussão. O reverendo Charles Kingsley, também conhecido como escritor, tentou ensinar que a teoria era apenas um conceito novo sobre a divindade, mas igualmente nobre, porque o Divino criara formas primitivas capazes de evoluírem por si mesmas, dizia. E completava, indagando:

— Isso não seria ainda mais sublime?

Essa posição do reverendo fora louvável. Mas a Igreja, como organização religiosa, assim não procedeu. Ela jamais explicou como a alma teria participado desse processo evolutivo, passando de uma espécie animal à outra, até chegar ao estádio humano e aí evolucionar, sem ficar estacionária no saber adquirido em apenas uma única vida. "Não importa o passado, o que interessa é o presente e o futuro", era esse o argumento da Igreja para escapar ao incômodo científico.

Apenas de passagem, recordamos que a explicação racional do progresso evolutivo da alma foi feita na Codificação Espírita um ano antes da divulgação da teoria evolucionista na Linnean Society de Londres, e em perfeita sintonia com ela.

De fato, em 1857, dois anos antes do lançamento de *A Origem*, Allan Kardec trazia em *O Livro dos Espíritos* a informação de que os seres vivos, uma vez gerados de modo espontâneo a partir de um germe primitivo em estado latente, seguiam no rumo evolutivo obedecendo a um processo contínuo de encadeamento até culminar no homem. Essa evolução, ensinada pelo Espiritismo, é aquela que o reverendo Kingsley pretenderia ensinar alguns anos depois, sem ser corroborado por seus pares da Igreja, a qual até hoje nada explicou da evolução da alma.

Falando sobre os seres vivos, Kardec quis saber e perguntou aos Espíritos:

— No princípio de tudo, a espécie humana se achava entre os elementos orgânicos do globo terrestre?

— Sim! – teve como resposta –, e veio a seu tempo. Foi daí que se tirou a expressão segundo a qual o homem se formou do limo da terra.[1]

Nessa pergunta e resposta curtíssimas está englobada toda a filosofia da teoria evolucionista. Os Espíritos deixam claro que o homem não fora feito do barro, isso era apenas uma força de expressão, mas sim que ele veio a seu tempo, por evolução, em decorrência de um progresso contínuo do elemento orgânico inicial, existente no limo da terra desde o princípio de tudo.

---

[1] *O Livro dos Espíritos*, P. 47.

Em uma conversa posterior sobre os animais e o homem, Kardec obteve um desenvolvimento ainda maior do assunto:

—Tudo se encadeia na natureza – disseram os Espíritos – por elos que ainda estais longe de perceber: as coisas aparentemente mais disparatadas têm pontos de contato que o homem não pode compreender no seu estado atual. Pode entrevê-los, por um esforço de sua inteligência, mas somente quando essa inteligência tiver atingido todo o seu desenvolvimento, livre dos prejuízos do orgulho e da ignorância, poderá ver claramente na obra de Deus. Até lá, as suas ideias acanhadas lhe farão ver as coisas de um ponto de vista mesquinho e restrito. (...).[2]

Além de reforçar o aspecto anterior relativo à evolução das espécies, nesta resposta os Espíritos colocaram outro componente – a inteligência do homem, que já existe há muito como máquina cerebral. Mas o homem ainda não se desenvolveu o suficiente em cultura para entender os pontos de contato entre os diversos seres vivos, em uma cadeia perfeita de ligação entre eles, na qual as leis da natureza regem soberanas, harmonizando tudo.

Na década de 1860, uma nova pergunta veio à baila. Wallace se encarregou de propô-la ao meio cultural naturalista. Ela era muito simples. Ele indagou, afirmando:

– Como foi que o homem arranjou um cérebro tão acima de sua necessidade?

Se isso pudesse ser respondido, então a história da evolução humana ficaria um pouco mais completa. Os cientistas procuraram respostas. Mas até hoje a ciência não respondeu àquela indagação de modo satisfatório.

Quando Darwin recebeu a matéria escrita por Wallace, com a questão formulada, ele ficou tão contrariado que resmungou alto, pegou uma caneta e exclamou em letras garrafais: "Não!". E sublinhou pesadamente o não por três vezes, mostrando toda sua indignação.

---

[2] *O Livro dos Espíritos*, P. 604.

Nesse tempo, Darwin preparava outro livro, *A Origem do Homem*, que complementaria o anterior sobre as espécies. Se ele e Wallace tinham posições quase idênticas quanto à evolução das espécies, no que reporta à evolução do homem divergiam num ponto capital.

Darwin via o aparecimento do homem como resultado de um prodigioso jogo de acasos, onde a natureza teria arranjado, por si só, e feito progredir todas as formas vivas, até uma delas chegar à forma humana. Para ele, o aparecimento de um cérebro avantajado no homem teria sido resultado de constante seleção sexual, concordando também na ocorrência de uma longa luta de homem contra homem e de tribo contra tribo, porque para ele somente isso poderia justificar o fato de o homem ter superado de muito a evolução dos primatas.

Wallace, ao contrário de Darwin, no caso do homem considerou que para as formas vivas saltarem ao estágio humano, algo muito especial teria de ter ocorrido.

Ele acreditava que somente um processo evolucionário dirigido, com controle externo, poderia ter formado o homem e lhe dado um cérebro avantajado. E que a principal prova desse processo dirigido estava na capacidade do cérebro, o qual era muito superior à necessidade humana naquelas épocas recuadas da pré-história.

Para argumentar, Wallace indagava como o homem arranjara um cérebro tão acima de sua necessidade naquela pré-história remota. E sua explicação era um tanto incomum; pois, para o cientista, era um verdadeiro contrassenso falar em controle espiritual externo. Mas acontece que Wallace tinha observado fatos extraordinários que corroboravam a sua teoria sobre o homem, como ainda veremos mais à frente.

Para compreender a indagação de Wallace, é preciso considerar que na evolução dos seres vivos o processo de mutação genética pode ocorrer motivado por alimentação, clima, condições imperiosas de vida e outros fatores. Como queria Lamarck,[3] a função cria o órgão. O estudo da evolução

[3] Jean Baptiste Lamarck (1744-1829), em 1809 deu ao público sua *Filosofia Zoológica*, escrevendo que as espécies somente ficam invariáveis por certos tempos.

sugeria que o órgão aparece porque houve necessidade de executar uma tarefa, apenas isso. Mas o desenvolvimento do órgão estaria na medida justa dos melhores exemplares da espécie. E não muito acima dos melhores, como era o caso do homem pré-histórico e de sua máquina cerebral avantajada.

Como naquela época os fósseis de seres humanos eram escassos, a evolução do homem foi explicada pelos darwinistas adotando-se como elo perdido os nativos de tribos primitivas. Wallace tinha vasta experiência com os selvagens. Ele houvera trabalhado anos a fio com os índios da Amazônia e da Malásia. Em razão dessas vivências, houvera abandonado a ideia de que os nativos eram de uma estirpe mentalmente inferior. Afinal, os selvagens tinham um cérebro infinitamente superior à simples necessidade de colher frutos no bosque, como realmente faziam. Para que então aquele cérebro tão avantajado?

Wallace houvera estudado também os macacos. Dentre os do ramo antropoide, ele houvera acompanhado um filhote de orangotango, chamado pelos nativos de homem da floresta, e visto que o filhote se comportava como um menino em circunstâncias idênticas:

— Brincava com paus e trapos, se balouçava no berço, gritava quando a comida não lhe agradava, assim como uma criança humana irritada – dizia.

Assim, indagou Wallace:

— Por que se desenvolveu um órgão cerebral tão superior às suas necessidades? – E completou:

— A seleção natural só poderia ter dado ao selvagem um cérebro pouco melhor que o do macaco; mas, ao contrário, o selvagem dispõe de um cérebro avantajado, equiparado ao do homem da nossa sociedade. E avanço dizendo que temos

Considerou que a girafa se exercitando para apanhar folhas na copa das árvores, com o passar das gerações conseguira adquirir um pescoço comprido, porque o uso contínuo aperfeiçoa os órgãos e o físico. Foi autor da famosa frase: "*Tudo o que um ser adquire ou perde pela influência de condições contínuas é conservado nele por herança e transmitido à sua geração seguinte*". Foi o primeiro a conceber um princípio evolutivo associado a uma ideia de herança genética, mas não convenceu ao explicar como isso aconteceria.

diante de nós um instrumento cerebral desenvolvido, a um ponto tal que vai além das necessidades do seu portador.

Considerando o extenso período da pré-história humana, Wallace contrariou ainda mais a posição de Darwin, fazendo uma colocação considerada como heresia científica. Disse ele:

— Não é possível explicar as capacidades artísticas, as matemáticas e os dons musicais somente com a seleção natural e a luta pela vida. Alguma coisa mais deve existir, um elemento espiritual desconhecido deve ter agido na elaboração do cérebro humano.

Ao escutar esta última colocação, Darwin rebateu firme:

— Se o senhor não me tivesse feito pessoalmente tais observações, eu certamente imaginaria terem sido feitas por outra pessoa. Difiro gravemente do senhor.

Embora Darwin tenha sido firme contra essa posição espiritual de Wallace, ainda assim ele não respondera a primeira questão, aquela relativa ao cérebro avantajado do homem. E a resposta convincente nunca veio.

Wallace considerou que se a evolução humana tivesse sido explosiva, por assim dizer, muito rápida em relação aos primatas, isso implicaria na existência de uma força espiritual comandando o processo.

Nos tempos que se seguiram, muitos fósseis de seres humanos foram encontrados. Os elos de ligação entre um tipo e outro de ancestral humano não foram achados. Os primatas surgiram há 65 milhões de anos. Os primeiros antepassados da espécie humana emergiram cerca de 5 milhões de anos atrás. A passagem do *Homo erectus* para o *Homo Sapiens*, comparando-se a de outras espécies vivas, fora repentina. Como se observa atualmente, o *Homem sapiente moderno* é recentíssimo: seu cérebro avantajado surgiu por volta de 200 mil anos atrás, na África; em torno de 70 mil anos esse tipo de homem é encontrado no Oriente Médio; por volta de 40 mil anos ele já se apresenta claramente na Europa com uma forma ainda bruta; e há 20 mil anos, sem ainda conhecer o arco e flecha, o homem adquire um corpo de feições graciosas, deixa a forma brutal e fica como hoje.

Portanto, como previra Wallace em sua época, a evolução do homem fora realmente explosiva em comparação a dos primatas. E o mistério do cérebro continua nos tempos atuais.

É claro que a ciência procura dar sua versão para isso, dizendo que a infância prolongada do homem e as ideias fervendo em sua mente desenvolveram a caixa craniana e a máquina cerebral. É certo que após o surgimento da razão sua capacidade de pensar aumentou muito. É certo que a revolução de ideias foi responsável por grandes avanços culturais. Não há dúvida de que o homem seja o mais novo e o mais inteligente habitante da Terra.

Mas também é verdade que a máquina cerebral do homem de hoje é a mesma da do Cro-Magnon, homem pré-histórico que sobrepujou o Neandertal e dominou a Europa há 30 mil anos. Aquele ser troglodita, sem cultura alguma, não usava mais que 1% de sua capacidade cerebral para fazer ferramentas de pedra, para caçar, pescar e colher frutos. E o homem de hoje, como já foi constatado por sábios da humanidade, não usa mais que 10% de sua capacidade cerebral. Considerando isso, ainda há 90% de capacidade cerebral instalada para ser desenvolvida no homem por meio de novas aquisições culturais. Essa capacidade cerebral tão grande a ser desenvolvida não se explica com a teoria evolutiva. Com a teoria, não haveria necessidade de tê-lo desenvolvido como hoje em épocas tão recuadas da pré-história.

Caro leitor, sob essa ótica, talvez leve ainda milhares de anos até o cérebro humano esgotar sua capacidade instalada e se ampliar novamente, de modo semelhante ao ocorrido na pré-história, quando um tipo humano superou o anterior, apresentando um cérebro maior.

Em razão disso, aqui nos cabe relembrar a indagação de Wallace: "*Como foi que o homem arranjou um cérebro tão acima de sua necessidade?*". E ele mesmo respondeu: "*Um elemento espiritual desconhecido deve ter agido na elaboração do cérebro*".

Portanto, sua origem não explicada pela teoria evolutiva parece não ser exclusiva da Terra. Parece apenas lógico cogitar que nessa empreitada teria havido uma colaboração externa, provavelmente de outras inteligências mais conscientes.

Conforme explica o mentor espiritual, irradiado na carne em sucessivas vidas, o foco inteligente foi armazenando em si todos os conhecimentos obtidos quando encarnado na espécie humana. Em razão desse conhecimento represado em muitas vidas, o cérebro extrafísico do molde espiritual foi expandindo, quer em capacidade íntima quer em cultura, e, durante o processo encarnatório, conformou na matéria sua estruturação melhorada; por isso o cérebro do homem moderno está bem acima de suas necessidades realizadoras, como observou Wallace ao estudar os selvagens, ao mesmo tempo em que está afinado com o progresso espiritual obtido pela espécie humana como um todo.

Para concluir, seria o caso de perguntarmos: Como foi que a primeira forma de vida na Terra arranjou um DNA tão complexo? Se o acaso, sem inteligência alguma, conseguiu arranjar da matéria inerte o DNA da vida, como então o homem, com seu cérebro tão avantajado e de cultura desenvolvida não foi capaz de criar em laboratório, a partir dos elementos químicos, sequer uma única forma de vida autorreprodutora?

A resposta, caro leitor, a essas duas perguntas é semelhante àquela cogitada por Wallace: um elemento espiritual mais inteligente agiu nessa elaboração, produziu o DNA complexo e as formas vivas autorreprodutoras, culminando no homem.

O cientista Wallace, como descobridor da teoria evolucionista, por lógica seria o último dos homens a levantar a hipótese espiritual para formação da espécie humana, isso poderia advogar, como de fato advoga, contra os seus próprios postulados iniciais sobre a evolução natural. Entretanto, ele assim o fez. E mais à frente ainda veremos o porquê disso, de um projeto evolutivo inteligente regendo a sinfonia da vida.

No próximo capítulo vamos observar como Wallace concebeu sua teoria durante um acesso de febre e ver outros contornos de sua descoberta.

4

DURANTE UM ACESSO DE FEBRE

Conforme o mentor espiritual, ao findar o século XIX Londres representava bem a população culta da velha Europa. As melhores academias estavam ali postadas, ofertando aos estudantes o que havia de melhor no conhecimento científico do homem.

De fato. Era um final de tarde de 1899. Fazia frio. O inverno já houvera começado. As alamedas se mostravam envolvidas por espessa neblina. O outro lado da rua não podia ser notado pelos pedestres – o nevoeiro encobrira tudo. Ladeando o edifício principal, os cafés ferviam apinhados de gente.

Dentro do teatro, local do famoso evento, juntava-se uma pequena multidão de pessoas distintas. A nata da juventude estudantil e os melhores cérebros da época aguardavam ansiosamente o famoso orador da tarde.

Uma figura majestosa de ancião adentrou o palco. Seus 76 anos estavam denunciados pelo caminhar lento, levemente curvado. Os cabelos branquíssimos e a barba comprida exigiam respeito. Os olhos serenos, atrás de um par de óculos antigo, tranquilamente observaram o público. Sua fisionomia calma revelava uma personalidade segura, cheia de experiência e sabedoria. Sua fama já corria o mundo desde há muito. E o público não o via como pessoa comum, mas como verdadeiro gênio de sua época; uma enciclopédia de conhecimento estava ali, em pé, à frente, para falar a todos.

Ele principiou uma das páginas mais belas da história científica, que ficara gravada em sua obra *The Wonderful Century*, lançada em Londres um ano antes, junho de 1898, recordando o passado e dando lampejos de sua inspiração na descoberta da evolução e seleção natural das espécies. O público inglês, contra o seu próprio estilo, talvez até motivado pelo clima de Natal que se aproximava, prorrompia estrondosas palmas em várias passagens do discurso. O orador, Alfred Russel Wallace, assim prosseguiu:

> Foi um século maravilhoso este que ora termina. E o estabelecimento da teoria geral da evolução através da seleção natural talvez possa ser considerado, no conceito vulgar ou por sua verdadeira importância, a maior de todas as conquistas do século XIX.
>
> Não obstante terem sido formuladas muitas sugestões no século XVIII, as quais vieram à luz por Buffon,[1] pelo doutor Erasmus Darwin[2] e pelo poeta Goethe,[3] cada uma delas assinalando a evolução do mundo orgânico, que sem dúvida seus autores acreditavam ter ocorrido, ainda assim nenhuma exposição da *teoria* aparecera até o princípio do século atual.

---

[1] Buffon (1707-1788), célebre naturalista e escritor francês. Escreveu a *História Natural*, em 36 vols., publicada de 1749 a 1789, obra que muito influiu na Europa para difusão do gosto pelos estudos da natureza. Deixou também, entre outras, as obras: *Teoria da Terra; Épocas da Natureza.*

[2] Erasmus Darwin (1731-1802) foi avô de Charles Darwin. Seu amor pela natureza e pelos seres vivos ficou registrado em sua obra de poeta e escritor naturalista. Charles nasceu depois de sete anos da morte de seu avô e reproduziu em si as mesmas características dele, chegando a dizer que seu gosto pelo estudo do transformismo da vida fora *"um caso de atavismo intelectual"*.

[3] Goethe (1749-1832) foi o mais notável poeta alemão, um dos maiores gênios da literatura mundial. Com estilo elegante, imaginação potente e pensamento profundo, foi precursor do evolucionismo. Ao morrer, contrariou a ideia de que tudo se apaga, dizendo: *"Vejo luz, ainda mais luz!"*. Parecia ver um mundo novo se abrindo à frente.

Foi quando Laplace[4] expôs seu ponto de vista sobre a evolução do Universo, do Sistema Solar e do planeta Terra, em sua célebre *Hipótese das Nebulosas*. E, pela mesma época, publicou Lamarck a *Filosofia Zoológica*, contendo uma completa exposição sobre o desenvolvimento progressivo dos animais e das plantas.

Essa teoria de Lamarck, porém, granjeou poucos adeptos entre os naturalistas, não somente porque ele se antecipara ao seu tempo, mas também porque as causas que ele arrolara não pareciam ser capazes de produzir as maravilhosas adaptações da vida, as quais se mostram a nós fartamente no seio da natureza.

Durante a primeira metade do século XIX (pelo fato de as terras do Brasil, da África meridional e da Austrália terem se tornado acessível aos naturalistas ingleses), os tesouros dos três reinos da natureza (mineral, vegetal, animal) foram despejados sobre nós tão rapidamente que os poucos naturalistas ficaram ocupados em apenas descrever as espécies, esforçando-se por descobrir métodos certos de classificação. Em razão desse grande trabalho, era pouco sentida a necessidade de se formular uma teoria geral, mostrando o como as espécies vêm à luz da existência.

Havia uma impressão geral de que, nesse tempo, formular uma teoria plausível era problema insolúvel, de que precisaríamos gastar outros cem anos para colecionar, descrever e classificar as espécies, antes que tivéssemos um clarão decisivo para elucidar a origem dos seres vivos.

O problema da evolução, todavia, preocupava os pensadores mais impregnados de estudos filosóficos. Os naturalistas e os homens da ciência, em sua maioria, se conservavam fiéis ao dogma de que cada espécie de animal ou de planta era uma criação distinta, admitindo-se a criação delas como totalmente desconhecidas, e quase, senão completamente, impossível de lhes imaginar o aparecimento na face da Terra.

As vagas ideias daqueles que estudavam a evolução foram primeiramente expostas de uma maneira sistemática, com muita habilidade literária e saber científico, pelo falecido Robert Chambers,[5] em seu volume anônimo, *Vestiges of the Natural History of Creation*, aparecido em 1844.

---

[4] Pierre Simon Laplace (1749-1827), escritor francês, matemático, autor da *Mecânica Celeste*, obra de fôlego composta de cinco volumes, onde tentou depurar os cálculos de Newton sobre o sistema do Universo. Foi chanceler de Napoleão Bonaparte. Conta-se que Napoleão, lendo esta obra, perguntou a Laplace o porquê de não haver nela, uma única vez, o nome do criador do Universo. O célebre cientista lhe respondeu dizendo: "*Não tive necessidade de inserir nela mais uma hipótese*". E completou: "*Supondo-se tal intelecto (...) nada lhe seria incerto, e o futuro, à semelhança do passado, seria presente aos seus olhos*". Como cientista, suas convicções eram de que o Universo tivera uma causa definida, e não indefinida como Deus.

[5] Robert Chambers (1802-1871) era escocês de nascimento, deixou vários trabalhos. O citado por Wallace foi publicado em 1844, mas sua autoria somente foi dada ao público em 1884, após a morte do autor. A obra era ousada demais para a época; e por motivos políticos o autor preferiu manter-se no anonimato, para não sofrer críticas pessoais e desgastes que pudessem derrotá-lo nos pleitos eletivos dos quais participava.

O autor passou em revista o Universo e o Sistema Solar, adotou a hipótese das nebulosas e esboçou a história geológica do planeta humano, reconhecendo haver neste uma progressão contínua das formas inferiores e superiores de vida. Em seus estudos, demorou-se naquelas feições de vida que pareciam indicar um processo natural de produção, contrário a uma origem advinda por criação particular. Com muita cautela o autor expôs a doutrina do desenvolvimento progressivo, resultante de um impulso inicial que fora dado às formas de vida, propagando-as em linhas definitivas, de geração a geração, através de novos graus de organização, vindo culminar na existência atual das plantas e dos animais superiores.

A racionalidade desse ponto de vista consolidou-se no restante do trabalho. E ficou patente como muito melhor concordava com os vários fenômenos da natureza e com a distribuição geográfica dos animais e das plantas, do que a ideia de uma criação específica de cada espécie distinta, colocadas como que já prontas para viverem na Terra.

Infere-se desse breve esboço, que não houve qualquer tentativa de mostrar o como ou o porquê das várias espécies de animais e de plantas adquirirem seus caracteres peculiares, mas sim, meramente, um argumento em favor da racionalidade do desenvolvimento progressivo de uma espécie para outra, mediante processos ordinários de geração.

O livro de Chambers era o que agora qualificaríamos de moderado ao extremo. Sério e até religioso no tom. E no aspecto religioso, calculado para desarmar a censura dos teólogos mais ortodoxos. Encontrou ele, entretanto, exatamente a mesma tempestade de oposição e a abusiva indignação que, cerca de quinze anos mais tarde, se desencadearia sobre o trabalho de Charles Darwin.

Como ilustração de qual era o estado das mentes mais elevadas nesse tempo, cumpre notar que um homem tão eminente como sir John Herschel,[6] numa reunião de sábios, em Londres, falou com veemência contra o referido livro de Chambers, por defender este uma tão grande heresia científica, isto é, a teoria do desenvolvimento das espécies.

Bem me lembro da sensação causada pelo aparecimento dos *Vestiges* e do ardoroso prazer com que li essa obra. Embora verificasse que Chambers realmente não oferecia nenhuma explanação do processo de transformação das espécies (mas trazia a perspectiva de que a mudança se efetuava — não através de qualquer meio imaginável, mas de acordo com leis conhecidas e métodos normais de reprodução), considerei o citado livro como satisfatório e primeiro passo em direção a uma teoria evolutiva mais completa e explicativa.

Causa-nos hoje o maior espanto ter sido esse primeiro passo – como sabemos – considerado uma heresia, a qual era quase universalmente condenada, por ser oposta aos ensinamentos da ciência e da religião.

[6] John F.W. Herschel (1792-1871) vinha de família alemã e era astrônomo, assim como seu pai. Esteve em viagens pela África. Deixou *Study of Natural Philosophy* e a obra *Familiar Letters on Scientific Subjects*.

Os *Vestiges* de Chambers tiveram um sucesso quase tão auspicioso quanto mais tarde teve a *Origem das Espécies* de Darwin. Quatro edições daquele livro foram esgotadas nos primeiros sete meses e, por volta de 1860, ele havia chegado à décima primeira tiragem, com 24.000 exemplares vendidos. É certo que aquela obra prestou um grande serviço, o de familiarizar seus leitores com a ideia da evolução, preparando-os, assim, para uma teoria mais completa e eficiente, a que foi apresentada depois por Darwin.

Durante os quinze anos subsequentes à publicação dos *Vestiges*, muitos naturalistas exprimiram sua crença no desenvolvimento progressivo das formas orgânicas. A seu turno, em 1852, Herbert Spencer[7] estampou um ensaio, no qual comparou a teoria da criação com a do desenvolvimento dos seres vivos, fazendo-o com tanta habilidade e força de lógica que levou à convicção todos os leitores despreocupados; mas nem ele e nenhum desses escritores sugeriu qualquer teoria definitiva do como se operava a transformação das espécies.

A primeira notícia dessa descoberta só se deu em 1858; e em conexão com ela, posso abalançar-me e fornecer uns poucos informes pessoais. Depois que li os *Vestiges*, me convenci de que o desenvolvimento das espécies se realizava por meio dos processos ordinários de reprodução. Mas, malgrado achar-se isso largamente admitido, ninguém ainda tinha exposto as várias razões dessa evidência, que a tornavam quase que uma certeza.

Esforcei-me por fazer isso num artigo escrito em Sarawack no mês de fevereiro de 1855, o qual foi inserido, em setembro do mesmo ano nos *Annals of Natural History*. Confiando em especial nos fatos observados da distribuição geográfica dos animais e da sua sucessão geológica, deduzi deles a lei, ou a generalização, de que 'cada espécie veio à luz em coincidência, tanto em local quanto no tempo, com espécies preexistentes, estritamente vinculadas entre si'; e mostrei como as afinidades, a sucessão e a distribuição das formas de vida, eram explicadas por essa hipótese, à qual não se opunha nenhum fato importante na época.

Entretanto, nesse tempo, eu não tinha ainda a concepção de como ou do por que cada ser vivo tinha vindo à existência com todas as belas adaptações à sua feição especial de vida; e, apesar de o assunto estar sendo continuamente ponderado, não me veio nenhuma luz sobre isso até três anos mais tarde, em fevereiro de 1858, por circunstâncias um tanto quanto pessoais.

Eu morava, então, em Ternate, nas Molucas, e estava sofrendo de um ataque grave de febre intermitente, a qual me prostrava por várias horas, todos os dias, com acessos sucessivos de frio e calor.

[7] Herbert Spencer (1820-1903), célebre filósofo e escritor inglês que escreveu sobre as esferas do governo, as modalidades de educação e os princípios de sociologia. Classificou as ciências e criou a filosofia evolucionista no âmbito social, destacando os aspectos morais com forte contundência; deixou várias obras importantes. É provável que Wallace se refira a um desdobramento de *A Estática Social*, livro publicado em 1850, onde mostra um equilíbrio lógico de desenvolvimento social humano.

Por ocasião de um desses acessos, quando eu novamente meditava no problema da origem das espécies, *alguma coisa* me levou a pensar no *Essay on Population* (que eu lera 10 anos antes), de *Malthus*,[8] e nos chamados reveses positivos (ou seja, guerras, epidemias, fome, cataclismos etc.), aos quais ele atribuía o fato de se conservarem mais ou menos estacionárias todas as populações selvagens. Ocorreu-me, então, que tais reveses deveriam também influir nos animais e diminuir-lhes o número; e, como os animais aumentam muito mais rapidamente do que o homem, cujo número em relação a eles é quase estacionário, claro era que tais reveses, no caso daqueles, deveriam ser muito mais poderosos, desde que haveria de ser cortado, a cada ano, um número quase igual ao aumento inteiro dos animais.

Enquanto eu vagamente pensava nisso e imaginava como isso atingiria a toda e qualquer espécie, eis que me iluminou a razão, subitamente, a ideia de sobrevivência dos mais capazes, — isto é, de que os indivíduos, retirados da vida pelos ditos reveses, deveriam ser na sua totalidade algo inferiores àqueles que lhes sobreviviam.

Então, considerando as variações que continuamente ocorrem em cada nova geração de animal ou de planta, as mudanças de clima e de alimentação e os inimigos sempre em aumento, o método integral da modificação específica tornou-se nítido para mim; e, nas duas horas de meu acesso de febre, tinha eu elaborado os pontos principais da teoria.

Nessa mesma noite grafei no papel o esboço da minha descoberta; nas duas noites seguintes, eu dei a ela redação definitiva e enviei os dois escritos, pelo correio imediato, ao senhor Darwin. Esses dois escritos foram depois reimpressos em meu trabalho *Natural Selection and Tropical Nature*.

Façamos aqui uma breve pausa no discurso de Wallace, caro leitor, para dizer, por instruções do mentor espiritual, que a este ponto já não era mais um homem que se expressava, mas um transfigurado em espírito. Uma alma nobre se levantava do corpo, elevando-se para além das vulgaridades de seu tempo, querendo deixar à posteridade o testemunho de como ocorrera consigo o fenômeno de inspiração, que o levara à grande descoberta do século XIX.

Durante a febre que tivera, seu espírito fora arrebatado a uma atmosfera de luz e sublimidade, digna de sua própria elevação, para nas alturas receber da espiritualidade maior as impressões

[8] Thomas Robert Malthus (1766-1834) foi pastor protestante, cuja fama correu o mundo quando divulgou sua hipótese sobre o crescimento excessivo da população do mundo. A obra de Malthus era inexata, mas a frase *"reveses positivos da vida"* deu a Wallace a ideia do como ocorria a evolução; ela foi a alavanca de que ele precisava para formular sua Teoria Evolutiva, a qual encaminhou depois a Darwin para uma opinião.

de que precisava para cunhar a sua Teoria da Evolução, a qual depois nada exigiu por ela, nem mesmo sua autoria.

Os relâmpagos de inspiração que lhe vinham à mente deram origem a quatro mil palavras de explicações e argumentos, grafados em cerca de vinte laudas de papel, perfazendo um volumoso maço de correspondência que ele encaminharia a Charles Darwin.

Darwin, por sua vez, era também uma alma de elite, vibrava na mesma sintonia de Wallace e procurava dar consistência final ao próprio trabalho, iniciado anos antes. A carta de Wallace fora o estímulo de que ele precisava para finalizar seu trabalho, com certeza de exatidão.

Naquela conferência, as palavras de Wallace soavam à plateia como música. Para alguns, talvez elas fossem uma profecia da ciência, porque levantavam o véu da natureza para mostrar toda nudez da evolução das espécies. Com a plateia atônita e de olhos presos em sua majestosa figura, Wallace assim prosseguiu:

> Contava eu que a teoria fosse para ele tão nova quanto o fora para mim próprio, porque através de carta, Darwin me informara que se achava empenhado num estudo destinado a mostrar de que maneira as espécies e suas variedades diferem umas das outras, acrescentando o seguinte: '*Meu trabalho não fixará nem estabelecerá coisa alguma*'. Com isso, imaginei que ele não traria nada tão novo. Por conseguinte, fiquei surpreendido quando soube que ele houvera realmente chegado à mesma teoria que a minha. E isso muito antes, em 1844, ano em que a houvera terminado, detalhado as minúcias e mostrado o manuscrito para sir Charles Lyell e sir Joseph Hooker.
>
> Em virtude de recomendação desses sábios, a minha monografia e os suficientes extratos do trabalho de Darwin foram lidos em sessão da Linnean Society, em julho do mesmo ano (1858), quando a *Teoria da Seleção Natural ou da Sobrevivência dos Mais Capazes* pela primeira vez foi dada ao mundo. Porém, ela mereceu ali pouca atenção, até que aparecesse o grande livro de Darwin, marcando época, no final do ano seguinte (1859).
>
> Podemos calcular um tanto melhor a grandeza do livro de Darwin, considerando a profunda mudança da opinião pública educada, a qual ele rapidamente causou. Antes que tal obra surgisse, nem Lamarck, nem o autor das *Vestiges*, tinham sido capazes de produzir na opinião culta qualquer impressão patente.
>
> A verdadeira ideia de desenvolvimento progressivo das espécies, formando outras espécies, era tida como heresia por homens de pensamento elevado e liberal, como, por exemplo, sir John Herschel e sir

Charles Lyell; este último sábio havia até declarado, nas primeiras edições de sua grande obra, que os fenômenos geológicos eram 'fatais à teoria do desenvolvimento progressivo'.

O mundo científico e literário, em uníssono, opôs-se violentamente a tais teorias. E descreu totalmente da possibilidade de virem elas a ser estabelecidas. Era tão velho o costume de considerar as espécies vivas criações particulares e a maneira de seu surto como mistério dos mistérios, que passara a ser encarado não somente como presunçoso, mas também quase ímpio, o indivíduo que ousasse confessar ter levantado o véu do que era tido em conta como o maior e mais indecifrável dos segredos da natureza: a evolução das espécies.

Qual é, entretanto, o estado da opinião científica e literária nos dias que correm? A evolução é agora universalmente aceita, como um princípio demonstrado. E nenhum escritor culto, mesmo que de médio destaque, um só que eu saiba, haverá que declare não acreditar nela. Isto, sem dúvida, é devido em parte ao colossal trabalho de Herbert Spencer; mas para um leitor das obras deste, há, provavelmente, dez para a de Darwin; e o estabelecimento da *Teoria da Origem das Espécies por meio da Seleção Natural* é exclusivamente da autoria de Darwin.

O livro de Darwin, corroborado pelos que lhe sucederam, estabeleceu tão firmemente a doutrina do desenvolvimento progressivo das espécies, através de processos ordinários de multiplicação e variação, que, por ora, creio eu haver apenas um naturalista vivo que a ela põe dúvida.

O que era uma grande heresia para sir John Herschel, em 1845, o que era o mistério dos mistérios até à data do livro de Darwin, tornou-se, agora, conhecimento comum a qualquer jovem inteligente de escola e a qualquer adulto atualizado, que ainda leia os jornais. A única coisa discutida hoje em dia é, não o fenômeno da evolução, o qual todo homem lúcido admite, mas meramente se as causas alegadas por Darwin são suficientes, ou não, para explicar, por si mesmas, o evoluir das espécies, ou precisam ainda de ser suplementadas por outras causas, conhecidas ou ainda ignoradas pela ciência.

Decerto, tão completa mudança da opinião educada, num assunto complexo e de tão árdua dificuldade, nunca se viu produzida antes, em tão curto espaço de tempo. Ela não somente eleva o nome de Darwin ao nível do de Newton, como também o trabalho daquele será sempre considerado um dos maiores, senão o maior, dentre as produções científicas do século XIX, não obstante haver sido este século muito enriquecido pelas grandes descobertas, em cada uma das especialidades didáticas da física.[9]

Com essa conferência, Wallace dera ao público os principais lances de sua descoberta: a Teoria Evolucionista.

---

[9] WALLACE, Alfred Russel. *The Wonderful Century*. Cap. XIII, *Evolução e Seleção Natural*, London, G.N. Morang, 1898, pp 135-142. Também reproduzido parcialmente na primeira trad. bras. de *Viagens pelo Amazonas e Rio Negro*, Companhia Editora Nacional, Brasiliana vol. 156, Porto Alegre, 1939, em notas biográficas iniciais.

5

A CHAVE DA EVOLUÇÃO NA TERRA

Conforme observamos anteriormente, se por um lado Wallace reconhecera a anterioridade de Darwin na formulação da teoria evolutiva, por outro lado, Darwin assim se expressou de público quanto a Wallace:

— Vós sois o único homem que até hoje conheci, o qual persistentemente faz injustiça a si mesmo, e que nunca a si pede justiça.

Estas palavras falam por si mesmas, elas mostram o conceito que Darwin tinha de Wallace.

Embora tivessem ambos descoberto, cada qual a seu tempo,[1] e divulgado em conjunto a teoria evolucionista, não

[1] Em janeiro de 1863, o amigo de Wallace e seu companheiro de viagem ao Brasil, Henry Walter Bates, estimulado por Darwin, publicou em Londres *O Naturalista no Rio Amazonas*, dando conta da viagem que fizera ao Brasil. Após ler o livro, Darwin escreveu um comentário elogioso sobre ele e publicou o trabalho, o qual foi posteriormente inserido no livro de Bates. Ao ler o *Prefácio* escrito por Bates, Darwin tomou conhecimento das intenções de Wallace já nos idos de 1847. Bates, ali informa: "O plano da viagem era colecionar produtos naturais, dispondo das duplicatas em

obstante a grande amizade que os unia na ideia comum, entre eles havia, como já dissemos, um ponto capital de divergência.

Enquanto Darwin considerava que o homem deveria ser incluído no rol dos demais seres vivos quanto ao modo de seu aparecimento na Terra, Wallace, porém, observando a anatomia e o sistema nervoso do *Homo erectus*, chegara à outra conclusão e divulgava:

— Uma força superior, agindo de modo espontâneo por meio de leis naturais e universais parece ter guiado o desenvolvimento da espécie humana para uma direção certa e um destino especial.

Nos ensaios *Contributions to the Theory of Natural Selection*, produzidos em 1870, Wallace sugeria em linhas gerais:

— O progresso do homem parece não ter avançado inteiramente pela evolução natural. Diferente do desenvolvimento dos animais, o homem parece estar sujeito a outras forças.

Esse pensamento de Wallace permaneceu durante toda a sua vida e avançou ainda mais em direção ao extraordinário.

Observando os fenômenos espirituais, nos quais era comum a materialização de Espíritos, na medida em que tais fatos se repetiam e era estudado em laboratório por outros cientistas de renome, Wallace passou a considerar a vida espiritual como a chave principal para compreensão adequada do surgimento e da evolução do homem.[2]

Ele considerava que se o Espírito ao encarnar forma o próprio corpo, então, na evolução das espécies, haveria de ter-se outro componente, o espiritual, o qual precisaria ser estudado pela ciência. Para ele, como era fascinante estudar esse outro componente, essa alma de natureza rara, longe do clima místico e dogmático das religiões constituídas.

Após 1880, em seus estudos, ele indagava a si mesmo:

Londres para cobrir despesas, além de acumular fatos; como dizia Wallace, em uma de suas cartas, 'era para resolver o problema da origem das espécies', assunto que muito havíamos debatido em nossas conversas e correspondências".

[2] Para conhecer em detalhes a *Teoria Evolucionista Espiritual*, que mostra o surgimento da vida, o aparecimento do homem e seus avanços progressivos até as primeiras civilizações, leia *Colônia Capella: a outra face de Adão*, Lúmen Editorial, deste autor.

— Esse ser imponderável, essa individualidade distinta da do médium, a qual se materializa e se faz concreta a mim e a todos, esse ser chamado Espírito, quem o teria produzido?

Na resposta a essa questão, sem que ele pudesse evitar, tomava vulto em sua mente de cientista a figura de um Criador. Então, ele prosseguia em seu íntimo:

— E a evolução do Espírito, como se processaria?

Vinha-lhe na mente a resposta:

— Vivendo e revivendo múltiplas situações.

E onde isso se daria? Ele perguntava, e ocorria-lhe a intuição:

— Na Terra e em outros mundos do infinito.

Como seria essa vida em outros mundos? Ele prosseguia indagando. Então lhe fluía no íntimo:

— Em certos mundos, a vida é semelhante à existente na Terra; em outros, ela é tão diferente que seria inconcebível ao homem; e em outros ainda, a vida é espiritual.

Tudo transitava em seu pensamento como intuição, mas seu cérebro de cientista pedia provas concretas.

A essa altura, a alma sensível de Wallace passou a considerar o fato espiritual não só como a chave para entender a vida na Terra, mas também em todo o cosmos. Porque se deparar com o fato extraordinário frente a frente, como ele o fizera por muitas vezes, é algo tão marcante quanto encontrar o próprio caminho de Damasco, do qual não há como se desembaraçar sem arrojar o pensamento ao ponto onde a ciência humana ainda não alcança: à outra dimensão do espaço-tempo.

Em seu livro *The World of Life*, Wallace dissera:

— Deve existir um mundo invisível do Espírito, que faz com que ocorram mudanças no mundo da matéria; e a evolução deste planeta deve receber orientações e ajuda de fora, de inteligências superiores e invisíveis, às quais o homem é suscetível enquanto ser espiritual. Além disso, essas inteligências provavelmente existem em séries graduadas de evolução acima de nós. Parece apenas lógico concluir que o infinito seja, até certo ponto, povoado por uma série infinita de seres em diversos graus, cada grau sucessivo com poderes mais e mais superiores quanto à organização, ao desenvolvimento e ao controle do Universo.

Wallace havia pressentido a solução do formidável mistério da evolução quando disse que *"a Terra deve receber ajuda de fora para que ocorram mudanças no mundo da matéria"*. E que essa ajuda deveria vir de seres que detêm o controle do Universo.

Apenas num relance, porque mais à frente ainda veremos isso em outros detalhes, quando Wallace observou a materialização de criaturas espirituais à sua frente, ele não teve dúvida de que seres daquela natureza devem presidir a evolução das espécies vegetal, animal e humana no ambiente terrestre.

Àquelas bioformas inteligentes em estado fluídico precediam criações absolutamente sólidas. Eram protótipos extrafísicos constituindo um molde de vida em torno do qual se condensavam os átomos formando entidades aparentemente vivas. As criaturas vindas do nada se postavam ali, na frente de todos, e se movimentavam às vezes com a rapidez do relâmpago.

Essas formas materializadas, observadas detidamente por Wallace, reproduziam de modo acelerado uma bioforma sutil já previamente viva em outro mundo. Em poucos segundos emergia uma plastificação quase humana, que a natureza terrestre nada mostra possuir de análogo, pois não gera os seres vivos de um modo como aquele.

Materializavam-se ali entidades dotadas de células, de órgãos funcionais e de aparelhos complexos. Eram seres extrafísicos que de modo acelerado se convertiam em algo sólido e de vida aparente. Quem quer que fosse o criador daqueles simulacros, atestava ter um poder fora das leis naturais conhecidas e muito superior a tudo que o homem conhece.

Outras vezes, no ambiente, surgiam fenômenos luminosos. Era comum surgir do nada uns glóbulos luzentes que se moviam por toda parte. Crookes, cientista amigo de Wallace, descreveu-os nos seus *Fatos Espiritas*[3], dizendo:

---

[3] CROOKES, William. *Fatos Espíritas*. 5 ed. Rio de Janeiro, Federação Espírita Brasileira.

— Vi um corpo sólido, luminoso por si mesmo, mais ou menos do tamanho e da forma de um ovo de perua, flutuar sem ruído através do quarto, erguer-se por momentos mais alto do que qualquer dos assistentes poderia fazê-lo, e em seguida descer suavemente sobre o assoalho. Esse globo ficou visível, por uns 10 minutos. E antes de desaparecer bateu três vezes na mesa, com ruído semelhante ao de um corpo sólido.

Não se tratava apenas de uma aparição, mas de algo produzido por seres inteligentes, com os quais se podiam estabelecer comunicações por sinais luminosos. Os glóbulos saltavam de um lado para outro até estacionarem por sobre a cabeça de diversas pessoas.

Para melhor experimentar, Crookes prefixou um número de pulsos luminosos para a palavra Sim e outro para Não. Em seguida, fez perguntas e obteve respostas através do espocar de clarões luminosos, que se reproduziam no ar bem diante de si, e no meio dos quais ele inseria a mão sem se queimar. O reverendo Stainton Moses, professor da University College School de Londres, viu de 30 a 40 de essas bolas luminosas saírem do chão e passarem por sobre a mesa, dando fortes pancadas. Essas bolas de luz também eram frequentes na presença do médium D. D. Home, conforme testemunhou Lorde Adare, que as viu em quantidade por sobre o assoalho, ora na cor azul ora esverdeada, e ao tocarem os assistentes produziam estampidos como se tivessem descarregando eletricidade. Essas centelhas indefinidas pareciam pequenas línguas de fogo. Crookes, com toda a sua autoridade de físico-químico, declarou que tal luminosidade era inimitável, impossível de ser comparada a qualquer fosforescência artificial conhecida. Quando pousada num objeto, deixava nele um traço luminoso característico. Essas luzes estranhas quase sempre vinham acompanhadas de um odor fosforoso, algo semelhante a ozônio, substância de forte poder bactericida. E temperatura ambiente baixava uns três graus, deixando as pessoas frias. Essas aparições, constatadas inclusive por outros cientistas de nomeada, levaram Wallace a dizer que inteligências superiores e invisíveis governam as ações do homem, obedecendo a leis cósmicas muito distantes da compreensão humana.

Entretanto, como cientista, as cogitações de Wallace quanto à vida em outros mundos eram bastante exigentes. Seria preciso considerar coisas cientificamente válidas.

Em seus estudos, para existir vida em outros orbes alguns pressupostos teriam de ser admitidos. A criação particular, ou seja, a de origem religiosa, que coloca seres inteligentes já formados para habitarem os planetas, isso seria algo inadmissível pela ciência. A teoria evolucionista explica com muita propriedade que tal fato nem mesmo acontecera na Terra. Em outros orbes, algo de racional também deveria ter acontecido. Portanto, para pressupor a vida inteligente em outros planetas, seria imperioso admitir a evolução gradativa das formas, além de outros pré-requisitos.

Para o naturalista, a visão prática do biólogo deveria prevalecer nas avaliações. Em razão disso, Wallace contrariava os astrônomos de sua época, os quais consideravam a existência de vida em outros mundos sem observar os pré-requisitos necessários ao surgimento dela naquelas paragens.

Para a vida existir em outros planetas haveria de se considerar três fatores: primeiro, a existência de grande quantidade de mundos em condições geológicas favoráveis à germinação da vida; segundo, a eclosão da vida através da geração espontânea por elementos químicos; terceiro, a evolução das formas vivas através de um encadeamento dos seres, no qual a vida inteligente prosperasse como decorrência do progresso de organismos vindos do mais baixo nível.

Com essas pré-condições, a vida nos demais orbes do Sistema Solar estaria muito prejudicada, porque as condições de proximidade daqueles orbes ao Sol são muito diferentes das da Terra, fato que os levaria a uma condição atmosférica adversa, difícil para a vida eclodir e prosperar até um patamar inteligente. Wallace divulgou isso em seu trabalho *Man's Place in Universe*, em 1903. E quatro anos mais tarde, em 1907, fazendo uma crítica literária na qual interrogava – *Is Mars Habitable?* Wallace daria a público seu parecer de que, nas condições cientificamente esperadas, Marte não poderia ser habitado como a Terra; e que provavelmente nem sequer micróbio haveria naquele planeta.

Anos antes, em meados da década de 1870, em Londres, todo homem bem informado conhecia as obras do pesquisador francês *Allan Kardec,*[4] codificador do Espiritismo, cujos livros estavam sendo traduzidos para o inglês pela senhorita Anne Blackwell. E colocados à disposição da Associação Nacional Britânica Espírita, fundada em 1873. Em suas obras, Kardec informa:

— Todos os orbes do Universo são habitados. Cada globo tem de alguma sorte a sua população própria de Espíritos encarnados e desencarnados, alimentada, em sua maioria, pela encarnação e desencarnação dos mesmos.[5]

E Kardec cita alguns planetas do Sistema Solar, afirmando que o espírito está ali encarnado. Naturalmente que no caso desses planetas, o conceito de vida e a encarnação neles devem ser algo diferente do ordinariamente considerado pelo homem.

Em razão dessas referências de vida alienígena feitas por Kardec, sob as instruções dos Espíritos codificadores, seria lógico perguntar: Como podem ser habitados todos os mundos do Universo, se as pré-condições necessárias à vida não existem em todos eles? Como pode haver vida inteligente em Marte, Júpiter e demais planetas, se não há neles os preceitos necessários para eclodir a vida? Por que tais afirmativas foram aceitas por Kardec?

---

[4] Allan Kardec. Pseudônimo do professor Hippolyte Léon Denizard Rivail (1804-1869), codificou a Doutrina Espírita com as obras: *O Livro dos Espíritos* (LE-1857), *O Que é o Espiritismo* (QE-1859), *O Livro dos Médiuns* (LM-1861), *O Evangelho Segundo o Espiritismo* (ESE-1864), *O Céu e o Inferno* (CI-1865), *A Gênese* (G-1868), *Revista Espírita* (RE-1858-1869) e permitiu a compilação de *Obras Póstumas* (OP-1890).

[5] *O Céu e o Inferno*, parte 1, cap. 3, item 17. Também em *O Livro dos Espíritos* perguntas 55 e 188.

Conforme os pressupostos de Wallace, na visão do cientista que busca a prova material em tudo, embora fosse ele um espiritualista por excelência, a vida inteligente naqueles orbes seria algo impossível de comprovar em seu tempo. Para a ciência, talvez Kardec se antecipasse e a ideia que fizera da composição daquilo que chamou "*corpo menos material*", habitante daquelas esferas, teria ainda de ser desenvolvida para melhor análise.

Os anos passaram e o século se foi. Quando Wallace desencarnou, dois meses antes de completar noventa e um anos, levou consigo o entendimento de que uma vida inteligente, constituída de carne e osso, não poderia existir nos demais planetas do Sistema Solar. E hoje podemos afirmar, com certeza científica, que ele estava certo em estabelecer os três requisitos fundamentais, necessários ao surgimento da vida e à sua evolução, nos moldes como nós a conhecemos na Terra.

Com efeito, a vida naqueles planetas não poderia ser material como a da Terra. As informações que os Espíritos deram a Kardec ainda precisariam de um século e meio para melhor entendimento. Atualmente, a explicação científica quanto à existência de um mundo quântico em outras dimensões abre amplas possibilidades para cogitação daquele tipo de vida registrado por Kardec. E a farta casuística ufológica nos dá sinais de que ela possa existir de fato. Mas, caro leitor, quanto a isso nós não vamos nos antecipar. Adiante ainda veremos em detalhes essa forma de vida menos material e os fenômenos de contato que ela provoca, dando mostras efetivas de sua existência incomum.

No próximo capítulo vamos observar melhor o elemento espiritual de que tanto falava Wallace em seus trabalhos.

6

CONFERÊNCIA EM SÃO FRANCISCO

Tudo estava ainda em seu início, conforme o mentor espiritual – o Espiritismo era então um campo novo de experiências intrigantes, um evento fantástico com o qual se poderia entrar em contato com inteligências do além-vida.

As primeiras práticas espíritas surgiram nos Estados Unidos e ganharam terreno rapidamente nas altas classes da velha Europa, onde sérias experiências apenas começavam a ser feitas. Embora em alguns países a Igreja parecesse saudosa da antiga Inquisição, porquanto deixara de sacrificar seres humanos nas fogueiras, mas continuava usando-as para queimar livros em praça pública, repudiando o novo entendimento dado à existência da alma, ainda assim todos ouviam falar de Espiritismo e queriam saber mais sobre ele.

Na segunda metade do século XIX, o Espiritismo era tido como uma doutrina filosófica e uma ciência experimental, e não como uma religião constituída. O fenômeno espírita vinha do experimento prático, por isso se falava dele em todos os locais, inclusive nos templos religiosos e nas igrejas. Os pastores e os sacerdotes foram os seus estudiosos e aliados de primeira hora; para eles, era preciso conhecer melhor a alma de que tanto pregavam a existência. Afinal, a prática espírita era uma novidade palpitante, com a qual todos poderiam lidar e talvez, quem sabe, numa sessão, contatar um ente querido que partira para a outra vida, a mesma ensinada pelas religiões.

Com o posterior surgimento de *O Evangelho Segundo o Espiritismo*, a doutrina se revestiu de caráter religioso, para não mais abandoná-lo. Não é uma variante religiosa com alguma forma de culto estabelecido. No sentido filosófico, o Espiritismo pode ser considerado uma religião,[1] porque está livre das amarras da matéria, fundamenta-se em elos de fraternidade e comunga da crença em Deus para fazer o bem e evoluir.

Mas o caráter experimental do Espiritismo fez com que os cientistas o estudassem com método adequado, para tentarem trazer a verdade à tona. Surgiu então um novo conceito sobre o futuro da alma após a morte. E esse conceito contrariou o das religiões cristãs constituídas, pois deu à alma um caráter evolucionista, algo diferente do ensinado pela Igreja.

Diante disso, o povo fazia uma pergunta simples:

— É verdade que os mortos voltam e se comunicam com o homem?

Muitos queriam saber mais sobre o fenômeno. E melhor ainda ele fosse testemunhado por alguém de fora do clero, por um cientista de valor, como seria o caso na palestra da tarde.

O Templo Metropolitano, na cidade de São Francisco, Califórnia, abrigava uma plateia ansiosa, aguardando o início da conferência. O final da tarde apenas começara. Era domingo, 5 de junho de 1887. O orador, uma figura brilhante no meio científico – Alfred Russel Wallace. Mas, desta vez,estava ali para falar de um tema intrigante:

---

[1] *O Espiritismo é uma Religião?* Kardec respondeu a essa pergunta na *Revista Espírita*, edição de dezembro de 1868.

— Meus amigos – principiou o orador – eu tive um irmão com quem passei sete anos, isso foi logo no início da minha vida adulta, na Inglaterra. Ele já morreu há mais de quarenta anos. Esse meu irmão, antes que eu fosse morar em sua companhia, tinha um amigo em Londres, cujo nome era William Martin. Eu não sabia que o prenome daquele amigo dele era William, porque meu irmão sempre falava dele como Martin; nada mais eu sabia, além disso. Mas meu irmão já está morto há quarenta e quatro anos. E eu posso dizer que o nome de Martin nunca, de modo algum, veio à minha mente creio que nos últimos vinte anos. Contudo, há pouco, no inverno passado, em dezembro de 1886, quando eu estava em Washington assistindo a uma sessão espírita, das muitas que tenho participado e visto pessoas recebem mensagens escritas num papel, em uma dessas ocasiões eu recebi, para minha surpresa, uma mensagem nestes termos: '*Eu sou William Martin; escrevo em nome do meu velho amigo William Wallace, para lhe dizer que, em outra ocasião e quando puder, ele se comunicará contigo*'. Senhores, eu estou absolutamente convicto de que somente outra pessoa, aqui na América, conhecia o nome do meu irmão ou sabia da amizade entre ele e Martin, e essa pessoa era outro irmão meu, de nome John, morador aqui na Califórnia, muito distante de Washington. Além dele, estou certo de que ninguém mais na América teria possibilidade de ter conhecido tanto um nome quanto outro. O médium que recebera a mensagem, nada sabia disso. Portanto, essa mensagem do além-vida foi para mim uma das mais extraordinárias provas da identidade de um Espírito e de sua volta após a morte.

Façamos aqui uma pausa, caro leitor, para ressaltar que Wallace não era um homem superficial. Ele era um cientista de valor. Em razão de ter estudado os fenômenos espíritas e de ter constatado com métodos científicos a realidade dos fatos, ele considerou que aquelas bioformas espirituais teriam influído decisivamente no surgimento da espécie humana na Terra.

Além disso, Wallace era uma pessoa sensível e cautelosa. Certa ocasião, visitando a região do Amazonas, onde aportara em 26 de maio de 1848, Wallace ficou terrivelmente abalado quando seu irmão mais novo, Herbert, contraiu febre amarela e desencarnou na cidade de Belém do Pará, no Brasil, em junho de 1851, no esplendor de seus vinte e dois anos. Catorze anos mais tarde, em 1865, numa sessão espírita, Herbert se comunicaria com ele, dando informações daquele funesto acontecimento. Mas Wallace ainda assim permaneceria cauteloso, esperando novas comunicações para comprovar o fato. Anos depois, nos Estados Unidos, em Washington, ele receberia a comunicação narrada, mostrando a ele que os mortos voltam para contar a história.

Como homem estudioso, a perda do irmão não o impediria de prosseguir as viagens e pesquisar as espécies. Após retornar à Inglaterra, aonde chegara a outubro de 1852, Wallace partiu então para a Malásia, em 1854, permanecendo naquele arquipélago até a primavera de 1862. Foi pensando nessa viagem que ele disse à sua plateia:

— Durante os meus oito anos de viagens pela Malásia, tomei conhecimento, em ocasiões esparsas, através dos jornais, das estranhas realizações dos espiritualistas, na América e na Inglaterra, algumas das quais me pareceram por demais selvagens e exageradas, não denotando ser outra coisa senão alucinações do cérebro. Outras realizações, porém, me pareceram estar tão bem autenticadas que não pude entendê-las de modo algum; mas concluí, como a maioria das pessoas no princípio, que tais coisas deveriam vir de uma impostura ou, então, de uma ilusão ou doença mental do ser humano.

Wallace se referia a casos estranhos, sobrenaturais, difíceis de serem aceitos por aqueles que não os vê. Uma das primeiras experiências de Wallace em sessões espíritas ocorreu em Londres. Ele assim a descreveu para a plateia:

— Em setembro de 1865, eu comecei uma série de visitas à senhora Mary Marshall. Onde foram observados vários fenômenos notáveis. Todos nós vimos uma cadeira, sobre a qual certa conhecida do dono da casa assentara-se, suspender-se sozinha no ar. Depois disso, quando a mulher voltou ao piano, onde estivera tocando, sua cadeira voltou a se levantar novamente. Depois de essa elevação ocorrer por três vezes, a cadeira ficou parada no assoalho, sem elevar-se. O dono da casa, então, segurou a cadeira e constatou que somente com grande esforço podia levantá-la. Ficou claro para nós todos, que uma força substancial e invisível, a qual nós desconhecemos, houvera erguido a pesada cadeira. Outro fenômeno interessante também aconteceu ali. Eu pessoalmente recebi uma comunicação. Em particular, tive o cuidado de evitar fornecer ao médium qualquer indicação que pudesse influir no resultado da mensagem. O Espírito comunicante falou corretamente. No início, disse o lugar onde meu irmão morrera: '*Pará*'; depois, o nome cristão dele: '*Herbert*'; e, por fim, a meu pedido, o nome do nosso amigo comum, que nos viu pela última vez: '*Henry Walter Bates*'. Naquela sessão, o nosso grupo de seis pessoas visitava a senhora Marshall pela primeira vez. Ela nada sabia de meu irmão. E as informações dadas estavam absolutamente corretas.

Wallace foi muito cuidadoso ao divulgar para a plateia o conteúdo daquela mensagem, porque o Espírito comunicante fora seu irmão Herbert, desencarnado no Brasil.

Em 14 de março de 1874, por meio da senhora Guppy, médium que possuía faculdades de efeitos físicos, Wallace recebeu uma comunicação, aparentando vir de sua mãe, Mary Anne, desencarnada anos antes. Ela informava, através de batidas, que tentaria aparecer numa das chapas fotográficas, a ser tirada no estúdio de Hadson.

O fato de um morto aparecer numa chapa fotográfica era algo invulgar. Pouco antes, em 1872, as fotografias do espírito de Hudson tinham causado enorme interesse na Inglaterra. E desta vez, a expectativa também era grande.

Foram batidas três chapas. Na terceira delas, Wallace identificou claramente sua mãe. Na foto, com a lente de aumento, observou-se um impressionante traço característico, inequívoco do rosto dela. A chapa foi também apresentada a seu irmão John, morador na Califórnia, que ao vê-la reconheceu a mãe. Não restou dúvida da identidade do Espírito e de sua capacidade em sensibilizar a chapa fotográfica, sem ao menos ser visto pelas pessoas presentes.

Em 1875, alguns anos antes da conferência em São Francisco, como resultado de suas pesquisas, Wallace houvera registrado em *On Miracles and Modern Spiritualism* aquilo que estava prestes a dizer à sua plateia da noite. Ele prosseguiu:

— Há alguns anos, eu era um materialista tão convicto, que não admitia em absoluto a existência do Espírito, nem qualquer outro agente do Universo que não fosse energia e matéria. Os fatos, entretanto, são coisas marcantes. A minha curiosidade foi primeiro aguçada por alguns fenômenos singelos, mas inexplicáveis, que se produziam em casa de família amiga; o desejo de saber e o amor à verdade me forçaram a prosseguir na pesquisa deles. Os fatos tornaram-se cada vez mais certos, cada vez mais variados, cada vez mais afastados de tudo quanto à ciência moderna ensina e de todas as especulações da filosofia dos nossos dias; por fim, os fatos me venceram. Eles me forçaram a aceitá-los como fatos, muito antes que eu pudesse aceitar a explicação espiritual sobre eles. Nesse tempo, não havia em meu cérebro um lugar no qual isso pudesse se acomodar. Mas então, pouco a pouco, devagar, um lugar se fez nele, não por uma opinião preconcebida ou teórica, mas pela ação contínua de um fato sobre outro, dos quais ninguém poderia se desembaraçar de maneira diferente.

Aqui é preciso ressaltar que na época da conferência de Wallace já era comum haver manifestações através de mensagens escritas e faladas, de fotos enigmáticas com rostos de figuras não presentes na hora da batida das chapas, de movimentação repentina dos ponteiros do relógio, de fenômenos físicos intrigantes, como levitação de cadeiras e até de seres humanos. Mas o fenômeno mais intrigante era o de materialização. Todos queriam saber mais sobre isso. E Wallace atendeu. Ele contou:

— Naquele dia estavam comigo o pastor Stainton Moses e o conhecido cientista senhor Wedgwood, cunhado de Charles Darwin, quando celebrei minha primeira sessão com Monck. Era uma tarde ensolarada de verão e tudo aconteceu em plena luz do dia. Depois de uma curta conversa, Monck, que estava vestido com seu costumeiro hábito clerical negro, pareceu cair em transe; ele ficou então de pé, alguns passos à nossa frente, e depois de uns instantes, apontou para o lado e exclamou: '*Olhem!*'. Vimos aí uma tênue mancha em seu casaco, no lado esquerdo. A mancha, aos poucos, tornou-se mais brilhante; então pareceu ondular e estender-se para cima e para baixo, num lento movimento de vai e vem; até que, gradualmente, tomou a forma de uma coluna de névoa, que ia do ombro de Monck até os pés, estendendo-se junto ao corpo. Eu me encontrava a uns dois metros e meio de Monck quando uma forma apareceu. Ele continuava em estado de transe. Poucos minutos mais tarde, brotou da sua roupa uma leve fumaça branca, na região do peito; a densidade da fumaça aumentou; as manchas brancas moveram-se no ar e se expandiram, subindo do solo até à altura de seus ombros. A nuvem branca foi se separando gradualmente do corpo de Monck, o qual, passando a mão entre seu corpo e a nuvem branca, disse de novo: '*Olhem!*'. Aí a nuvem se afastou dele uns três metros, então ela se condensou aos poucos e plasmou a forma de uma mulher toda vestida com roupas brancas e flutuantes. Esse processo de formação sólida da figura amortalhada fora visto por nós em plena luz do dia. Então Monck levantou o braço e deu uma leve pancada no móvel. A figura fez o mesmo, ouvindo-se o som de palmas. Finalmente, a forma materializada se aproximou do médium e começou a dissipar-se. Outra vez voltei a observar o movimento da matéria branca. E toda ela voltou ao médium da mesma maneira que dele brotara.

Monck chegou a aplicar seus dons também para fazer curas. Em razão disso, passou a ser chamado de doutor Monck. Não obstante ter feito muitas curas, sua fama não era das melhores, em razão das apresentações públicas que fazia, cobrando ingresso para ganhar algum dinheiro e sobreviver.

A seu turno, enquanto Monck fazia suas apresentações na Inglaterra, no outro lado do Mar do Norte, em junho de 1875, seis anos após o falecimento de Allan Kardec, fora instaurado na França o célebre *Procès des Spirites* (Processo dos Espíritas).

O processo havia sido movido em Paris, pelo Ministério Público, para julgar o médium americano Alfred Firman, o fotógrafo francês Édouard Buguet e o redator-chefe da *Revista Espírita*, Pierre-Gaëtan Leymarie, acusados de impostura na obtenção, na venda e na publicação de fotografias de Espíritos.

Nesse processo, Wallace foi citado pelo doutor Lachaud, advogado de defesa de Leymarie, que o qualificou como um dos mais notáveis cientistas da época; e disse ao tribunal que Wallace havia aderido às ideias Espíritas porque elas não eram uma fraude. Mas isso não seria suficiente para livrar seu cliente, Leymarie, o qual fora considerado responsável solidário da impostura e condenado a um ano de prisão. O *Processo dos Espíritas*[2] tivera enorme repercussão em Londres.

No ano seguinte, em 1876, Wallace seria chamado a depor no tribunal londrino, numa certa acusação de impostura que pairava sobre Monck, ocorrência na qual Wallace não estivera presente. Ao tribunal, ele daria testemunho do que vira nas

---

[2] LEYMARIE, Madame P-G. *Processo dos Espíritas*. Rio de Janeiro, Federação Espírita Brasileira, 1975. No ano de 1891, em Paris, Leymarie, prosseguindo no ramo editorial, publicaria a obra *Les miracles et le spiritualisme moderne*, de A. R. Wallace, mostrando ao povo francês as experiências do cientista. E no ano seguinte, em 1892, o jovem cientista francês Charles Richet (depois prêmio Nobel de medicina e fisiologia em 1913), durante o Congresso Internacional de Psicologia Experimental, em Londres, diria que “existe de fato um psiquismo oculto; e que homens tão proeminentes do mundo inteiro não seriam enganados de modo tão grosseiro”, conforme ficou registrado nos *Annales de Sciences Psychiques*, Paris, dezembro de 1892.

sessões em que ele próprio realizara com Monck. Mas, ainda assim, o médium seria condenado a três meses de prisão.

A 1º de outubro de 1876, o médico e médium americano Dr. Henry Slade, de passagem pela Inglaterra, seria acusado de impostura pelo professor Ray Lankester.

O caso Slade fora então a julgamento na Bow Street Police Court. Dentre as testemunhas de defesa arroladas, o juiz admitiu o depoimento favorável de Wallace, o qual se declarou convencido da legitimidade das faculdades do médium. Mas outros fatores fizeram o juiz condenar Slade a três meses de prisão. Apelando da sentença, o médium obteve absolvição.

A 6 de janeiro de 1869, por insistência de Wallace, o físico John Lubbock, presidente da Sociedade Dialética de Londres, e seu vice-presidente, o biólogo Thomas Henry Huxley – o mesmo que houvera afrontado nove anos antes o bispo de Oxford –, instalaram um comitê composto de 33 cientistas, divididos em seis comissões, com o propósito de um estudo científico para aniquilar de vez as superstições.

Iniciou-se então uma série de estudos criteriosos, sobre os fenômenos espíritas, cujos resultados seriam surpreendentes para a comunidade científica da época.

Wallace participou ativamente de uma das seis comissões instaladas, levando consigo o jovem cientista William Crookes.[3] Mas a materialização ainda não tinha sido observada na Sociedade. Esse fenômeno somente seria estudado em 1873, quando Crookes estaria à frente das experiências oficiais.

---

[3] William Crookes (1832-1919) foi notável cientista inglês, proeminente físico-químico, descobriu o tálio, fez estudos de astronomia geral, foi membro diretor das principais instituições científicas da Inglaterra. Começou a observar ocasionalmente alguns fenômenos espíritas em 1864, sem se profundar. Em 1867, após a morte de seu irmão mais novo, vitimado de febre amarela, interessou-se em frequentar sessões espíritas. Em junho de 1869, por indicação de A.R. Wallace, iniciou pesquisas com a médium Mary Marshall. A partir daí, pesquisou vários médiuns: Henry Slade, D. D. Home, Kate Fox, Florence Cook e mais uma dezena de outros. Escreveu várias obras, dentre as quais: *Experimental Investigations on Psychic Force*, Gillman, Londres, 1871; *Researches on the Phenomena of Spiritualism*, Burns, Londres, 1874. A FEB publicou *Fatos Espíritas*, uma coletânea reduzida da obra, na qual mostra os estudos divulgados nos jornais *Quarteley Journal of Science* e *The Spiritualist*. Em 1917, dois anos antes de seu desencarne, declarou no *The International Psychic Gazette*: *"É absolutamente verdadeiro que uma conexão foi feita entre este mundo e o outro"*.

Ainda assim, mesmo sem a materialização, após realizar 50 sessões de Espiritismo científico, no mesmo ano de 1869 a Sociedade divulgou os resultados parciais, que diziam:

— Os corpos pesados se elevam no ar (seres humanos em certos casos) e aí ficam por algum tempo, sem suporte visível ou tangível. Os movimentos podem produzir-se em corpos sólidos, sem contato material, por meio de uma força desconhecida até o presente, agindo a uma distância indeterminada do organismo humano e completamente independente da ação muscular; força essa que deve ser submetida a um exame científico mais profundo, no intuito de se conhecer a sua verdadeira origem, a sua natureza e o seu poder.

A divulgação desse resultado na Sociedade Dialética de Londres estourou como uma bomba. Ele era tão extraordinário que alguns membros da agremiação – aqueles que nada viram, porque nada experienciaram e não faziam parte do Comitê de cientistas experimentadores –, declararam-se em total desacordo com as conclusões, preferindo ficar com o antigo lema: Não pode ser..., então não é!

Com efeito, devemos observar que muitos estudiosos naquelas épocas não estavam preparados para entender o extraordinário (e ainda hoje a situação parece se repetir). Façamos aqui uma breve reflexão.

Depois de tantas sessões de materialização, realizadas no decorrer de quase uma centena e meia de anos, ainda paira descrença nos cientistas que nada viram, como também nos religiosos conservadores que nada aceitam.

O cientista, por sua vez, precisa ele próprio experimentar para crer, enquanto que o religioso precisa perder a indisposição e o preconceito para experimentar.

É preciso notar, inclusive, a incoerência do religioso conservador que fala da existência da alma e (sem que o queira) é corroborado pelo pesquisador que comprova a real existência dela. Cientistas como Wallace, Crookes e outros mostraram que o Espírito do além-vida se comunica e se manifesta, produzindo fenômenos físicos. Então, para surpresa geral, aquele religioso que há pouco advogava fervorosamente a existência da alma, passa a negá-la, adotando posição semelhante a do materialista, passa a não aceitar a prova dada pelo pesquisador e a demonstração de vida dada pelo próprio Espírito. Esse religioso prefere ficar com sua mística interior e fecha os olhos ao fato concreto, atribuindo o fenômeno insólito à ação da mente humana (quando não a Deus ou ao diabo), em uma atitude que denota indisposição e preconceito para entender o fenômeno espiritual. A prova de que o Espírito vive no além-vida, de que trabalha, de que tem responsabilidade e evolui, passa a ser para ele um dos maiores incômodos, um estorvo a mais em sua concepção religiosa, porque nega os seus postulados dogmáticos e atrapalha o seu prosélito.

Não é demais concluir disso que enquanto o despreparo permanecer no homem, o Espírito pouco poderá fazer para convencê-lo de que além desta vida, outra maior se desenrola em dimensões imponderáveis do espaço-tempo, como denotam as inúmeras manifestações espirituais.

Quanto ao cientista que nega a existência do Espírito e prefere ficar com a teoria de que é a própria mente humana que produz os fenômenos extraordinários, isso seria abordado na conferência em São Francisco. Wallace disse à sua plateia:

— Nunca houve um assunto que tanto se falasse em ridículo quanto as chamadas aparições de mortos e mesmo de vivos desdobrados, quer essas aparições tenham sido vistas por uma ou por muitas pessoas. A imaginação, a fraude e a loucura eram explicações tidas como suficientes. Mas, examinando-se bem essas aparições, verificou-se que elas eram verídicas e objetivas; conforme o grande número de provas disponíveis, inclusive aqui nos Estados Unidos, em Nova York, na American Society for Psychical Research, desde a sua fundação, em 1885. A hipótese dessas aparições como sendo produto do subconsciente humano ainda não foi claramente explicada. Essa teoria, tão incômoda quanto ininteligível, é muito bem aceita por aqueles que não querem admitir a ação de seres desencarnados, porque eles consideram isso algo não científico. É o caso de perguntarmos: Por que seria isso menos científico do que qualquer outra hipótese que sirva para explicar outros fatos? Eis o que nunca nos foi demonstrado de modo inteligente. Os pretensos fatos tidos como impossíveis, aos poucos são reconhecidos como fatos reais. Pouco a pouco chegam provas de que o mundo científico tem incorrido em erro, negando fatos sob o pretexto de que eles contrariam as leis da natureza. Muitas vezes nos dizem que devemos esgotar todas as causas conhecidas antes de recorrermos às causas desconhecidas para explicar os fenômenos. Admito perfeitamente essa opinião. Mas não percebo que ligação ela possa ter com a questão dos fenômenos em si. Em outras palavras, dizer que os fenômenos provêm do subconsciente humano, com a sua massa enorme de informações hauridas não se sabe de onde, com o seu caráter distinto, a sua moralidade inferior, as suas mentiras insistentes, não é senão uma explicação apenas teórica, assim como é a ação de um morto realizando o fenômeno. De modo algum podemos considerar o subconsciente humano como causa conhecida, denominá-la uma hipótese científica e declarar que a dos Espíritos seja anticientífica. Isso é se colocar entre as pontas de um grande dilema. Os fatos são os fatos. Eles estão aí para serem estudados de modo científico. É isso que tenho feito em todo meu trabalho de pesquisa.

Alfred Russel Wallace encerrou sua conferência em São Francisco aplaudido de pé pela plateia, porque o povo tem uma sensibilidade íntima para entender o fenômeno espiritual quando ele se apresenta, sem outros preconceitos, principalmente quando estudado e divulgado por homens e cientistas de valor.

No próximo capítulo, vamos observar com mais detalhes o processo de materialização de Espíritos, para depois, em conexão, falarmos da teleplastia alienígena.

7

ECTOPLASMIA

De todos os fenômenos conhecidos e cientificamente estudados, o mais insólito e espantoso deles e a ectoplasmia, também chamado de materialização. Embora esse fenômeno tenha sido estudado nos últimos 150 anos por cientistas famosos, ainda assim o fato é tão fantástico que quem nunca viu uma ectoplasmia encontra enorme dificuldade para aceitá-la como fato verdadeiro.

Esse mesmo obstáculo de aceitação ocorre quanto ao chamado fenômeno ufo, que vamos tratar aqui em pormenores e no qual a materialização também está presente.

O propósito do mentor espiritual nos argumentos que virão é mostrar a materialização produzida por inteligências de além do planeta humano, quer seja ela produzida por Espíritos (ectoplasmia), quer seja por seres alienígenas (teleplastia).[1]

Devemos ressaltar que a materialização está tão fora das ideias comuns que o leitor poderá questionar a si próprio, perguntando se tudo não passa de ficção. Entretanto, não se trata disso, mas sim de uma realidade fora do senso habitual, verdadeiramente fantástica.

Os primeiros fenômenos de materialização espírita datam da década de 1850, mas o seu estudo criterioso somente foi iniciado vinte anos depois, por volta de 1870. A partir daí, os casos foram numerosos. Em quase todos os países da Europa os fenômenos foram verificados e prosseguiram até o início da Segunda Grande Guerra. No Brasil, o estudo da ectoplasmia foi intenso, mormente em meados do século XX. Hoje, esse evento é considerado raro, difícil de ser realizado nas Casas Espíritas.

A ectoplasmia de formas humanas é uma ocorrência magnífica. Ela se produz no Espiritismo em condições tais que qualquer teoria de fraude, ilusionismo ou alucinação não tem como prosperar, torna-se insustentável diante dos fatos.

Por ter estudado com cuidado a ectoplasmia, Alfred Russell Wallace, em 28 de março de 1893, escreveria uma carta a Alfred Erny, contando o episódio de materialização que presenciara anos antes, logo após ter lançado seu livro *On Miracles and Modern Spiritualism.*

Wallace relata que o médium Eglington era um moço de fisionomia inglesa inconfundível, trajava-se quase sempre de terno escuro, o qual contrastava vivamente com sua pele clara, dando-lhe destaque expressivo.

Nas sessões de Espiritismo, Eglington possibilitava a materialização do espírito Abdulah, uma figura oriental com cerca de um metro e oitenta de altura, nariz aquilino, olhos

[1] Materialização é termo genérico. Quando produzida por Espíritos, ocorre em razão de uma doação de ectoplasma do médium, por isso é mais bem definida em Parapsicologia com o termo Ectoplasmia. Quando produzida por seres alienígenas o mentor espiritual emprega o termo Teleplastia, diferenciando-as pelas características do fenômeno, do fluido diferenciado e do transporte empregado pelo ufo para plastificar a forma.

negros, barba comprida e características físicas de um homem da Índia; vestia traje oriental todo branco e um largo turbante na cabeça. Disse Wallace:

— Sei que o Espírito que toma o nome de Abdulah aparece materializado sem que se possa imaginar que nisso exista fraude. Em certa ocasião, eu o vi numa casa particular, onde Eglington realizava uma sessão em presença de vinte pessoas. Num canto da sala, onde se reuniam os assistentes da sessão, suspenderam uma cortina e Eglington sentou-se atrás dessa cortina. Ele não podia se mover dali sem ser visto por todos os assistentes. Abdulah apareceu. Estava todo trajado de branco, com sandálias e um largo turbante. Adiantou-se para mim até à distância de uns trinta centímetros e pude examiná-lo, pois apenas baixáramos a luz. Depois, num repente, a forma seguiu e desapareceu por detrás da cortina, a qual encobria Eglington trajado de preto, em estado de letargia, reclinado na poltrona. Logo que Eglington despertou, resolveu-se que tudo no recinto deveria ser examinado, para sabermos se não teria ali qualquer coisa com o que ele pudesse disfarçar-se. Essa desconfiança parece não ter agradado muito ao médium, mas ele aceitou a proposta feita. Eu e dois amigos fomos escolhidos para proceder a tal averiguação. Examinamos primeiro as paredes, o tapete e outras coisas mais no lugar onde se achava Eglington; depois, conduzimo-lo a um dormitório onde ele se despiu completamente. Todas as peças do seu vestuário passaram pelas nossas mãos e foram cuidadosamente examinadas. Não se encontrou absolutamente nada. O turbante, as sandálias, a túnica branca tinham desaparecido.

Com a realização desse exame minucioso, a possibilidade de fraude fora totalmente afastada. Constatou-se que a aparição fora real. E Wallace concluiu:

— Eglington realizou tantas sessões em condições indiscutíveis, e tão grande era seu poder como médium, que me parece impossível cometer ele a estupidez de empregar barbas postiças e roupas de gaze, as quais logo seriam facilmente descobertas. Sem dúvida que existem falsos médiuns; mas quem tem a pretensão de desmascarar os verdadeiros médiuns, esse só consegue uma coisa: provar a sua ignorância.

O leitor deve considerar que a forma materializada é apenas um simulacro do corpo humano, e não um corpo de carne e osso,que realmente vive. Trata-se de uma aparência tão intensa da matéria carnal que quem a vê pode ter a ilusão de estar vendo uma figura humana real. Vamos observar isso em mais detalhes.

O agente espiritual, responsável pela ectoplasmia, tem condições de fazer uso do corpo do médium para materializar sua própria constituição perispiritual, quer na forma de um corpo inteiro quer na de partes dele; ou seja, uma cabeça, um busto, uma mão. A aparência da forma símile é tão perfeita, que se alguém der apenas uma rápida olhada nela, pode não perceber diferença alguma e tomá-la por uma pessoa humana normal.

De fato, trata-se de uma condensação efêmera, um agênere de outra natureza que se forma repentinamente na Terra. Esse agênere formado pode apresentar um olhar quase vivo e uma expressão inteligente. Pode exprimir sentimentos como alegria e tristeza: fala, sorri e chora. Mas pode também não demonstrar emoção alguma, como se fosse destituído de sentimentos. Sua constituição é tangível e resistente ao toque. Pode ter todas as formas corporais, como cabelos, pelugens, unhas. Caminha com certa desenvoltura. Estranhamente esse agênere apresenta batimentos cardíacos, pulsação e temperatura, sugestivos de trânsito sanguíneo, além de hálito e respiração aparentemente normais. De modo insólito, por algum tempo pode ingerir e desmaterializar alimentos.

Contudo, detendo-se a atenção no simulacro intrigante, nota-se que ele não é humano, mas que existe nele algo de estranho e incomum. Seus modos são outros bem diferentes, parece participar ao mesmo tempo deste e do outro mundo.

Tem um olhar vaporoso e penetrante, não apresentando a nitidez da vista humana. Sua voz tem uma entonação de fundo, um timbre quase metálico, semelhante ao som acústico de computador. A linguagem é concisa e quase sempre sentenciosa. Ao surgir, provoca uma sensação de surpresa e ao mesmo tempo de temor. Certas vezes, a figura parece ser imóvel como estátua, mas num repente pode tornar-se ligeira como o vento. Seu corpo pode levitar com facilidade e desfazer-se no ar com a rapidez do relâmpago. Uma materialização permanente desse simulacro não foi conseguida nas sessões, mas sim a duração da forma por apenas algumas horas.

O fantasma materializado apresenta consistência e peso específico. Nas experiências que realizou em laboratório, William Crookes pesou a médium Florence Cook, uma mocinha com idade de 17 anos que possibilitava a materialização do espírito de Katie King, e constatou que a médium antes da ectoplasmia pesava 51 quilos. Logo após o Espírito se materializar, a médium passou a pesar 25 quilos. Seu corpo diminuiu de densidade, ficando flácido e murcho, mas manteve quase o mesmo volume. A massa de 26 quilos retirada do corpo de Florence dera origem à forma de Katie, um símile de mulher com corpo de aparência madura e bem mais volumoso do que o da médium, mas de peso muito inferior. Observaram-se, então, duas figuras bem distintas, uma humana e outra um símile condensado, ambas de aparência humana, com pesos diferentes e caracteres individuais distintos, não deixando dúvida de que eram duas entidades diferentes.

A materialização chega a tal grau de perfeição que se o evento não fosse presenciado no ato, se a duração da forma não fosse efêmera, com rápida dissolução dela na frente das testemunhas, talvez essa formação corporal que não é gerada por mulher, essa carne que não é carne, essa imitação quase perfeita de ser humano talvez fosse tomada como tal.

Antes de iniciar o processo de materialização, o local onde o médium fica confinado, em estado de letargia, transforma-se num verdadeiro laboratório do mundo invisível, onde entidades do além-vida montam aparelhos extrafísicos e armazenam fluidos necessários ao evento. Verifica-se no local uma acentuada queda de temperatura. Quem de fora entra, experimenta uma ligeira sensação de frio.

A principal matéria-prima usada pelos Espíritos é o fluido vital, emanado em abundância do organismo do médium, mas outras energias também são empregadas, recolhidas que foram de outros mananciais da natureza e de assistentes postados dentro do recinto da sessão.

Esse fluido, em seu estado original, é sutil e totalmente invisível; mas na medida em que as reações químicas procedem, ele se transforma em uma nuvem opaca, algo vaporosa, podendo transformar-se numa névoa cinzenta ou de outras gradações.

A reação química se processa podendo exalar no ambiente algo semelhante à ozona, um gás incolor com cheiro estranho de água oxigenada, até o fluido se converter em substâncias condensadas, plenamente tangíveis. Outros odores também podem ser identificados, como o de formol ou o de fósforo queimado. Mas a reação química pode ser também inodora.

A substância gerada durante o processo possibilita sensação táctil, lembrando os filamentos pegajosos e úmidos de uma teia de aranha (há certa semelhança com o chamado cabelo de anjo, conhecido na Ufologia), mas de diâmetro maior, semelhante ao da medula espinhal de um boi.

Nas sessões de materialização, o ectoplasma se revelou sensível à incidência da luz comum, dissolvendo-se rapidamente ao influxo dela. A luz intensa funciona como solvente do fluido vital materializado. Mas o fantasma condensado foi capaz de resistir bem à ação de energias menos intensas, como a luz branca fraca, o vermelho, os raios infravermelhos e outras emanações de pouca energia.

A transposição do fluido do médium, para a forma perispiritual da entidade a ser materializada, é feita geralmente com a pessoa em estado de letargia. Nessa condição, o corpo espiritual do médium se desprende de seu corpo carnal, deixando livre a carne para outra entidade nela mergulhar.

Então o Espírito errante, depois de incorporado no médium, liga-se ao aparelho mediúnico através de canais sutis. Ao sair do aparelho corporal, ainda permanece a ele vinculado, por meio dos canais que ligara semelhante a condutores sutis, por onde fluirá o ectoplasma que dará origem à forma materializada do Espírito.

Nesta condição, agora fora do corpo, o Espírito, ao sorver o fluido vital mediúnico, ao comandado de outros operadores da esfera espiritual envolve-se nessa química sutil e, por sua vontade, provoca nela uma transmutação insólita, baixa a vibração do fluido e converte as partículas-tronco altamente moldáveis pelo pensamento, em uma forma molecular tangível, similar ao seu próprio corpo perispiritual. Surge então o simulacro condensado, filho do aparelho mediúnico, forma efêmera com todas as características corporais já descritas.

Contudo, ao término da sessão de ectoplasmia, o farto material retirado do médium precisa ser restituído a ele de modo adequado, sob a pena de graves consequências.

Na dissolução da forma condensada, operação esta realizada cuidadosamente pela espiritualidade superior, o ectoplasma deve retornar ao corpo do médium por processo similar inverso, na mesma quantidade extraída e no estado puro original, para dar ao corpo a mesma vitalidade de antes e não contaminá-lo com elementos estranhos que poderiam atacá-lo com infecções, caso fossem transferidos a ele. A baixa resistência do organismo poderia redundar em caso fatal. Os Espíritos responsáveis pela ectoplasmia encarregam-se de fazer a operação completa, de modo a garantir a total integridade do médium.

Feita a restituição do fluido, eventuais resíduos das reações químicas são aproveitados pela espiritualidade na geração de outras substâncias, como fragrâncias aromáticas no ar ou fertilizantes espalhados na terra. E tudo volta ao que era antes, sem deixar vestígio da materialização realizada.

Finalizando, observamos que o fenômeno de ectoplasmia não está limitado a moldar somente o perispírito humano. Os Espíritos podem promover também a moldagem instantânea de outros seres do além-vida, tais como animais mamíferos, aves, peixes, insetos, plantas e outros.

Cada caso de materialização requer o emprego de técnica adequada. E os fluidos usados variam segundo cada espécie de vida. Substâncias físicas existentes na Terra, como, por exemplo, a linfa, o sangue, o leite, os espermas, os óvulos dos mamíferos, os ovos das aves, as ovas dos peixes, os casulos, as seivas vegetais, os extratos minerais quando enobrecidos de micro-organismos pelo Espírito motor, estão todos impregnados de força vital própria, partículas de energia necessárias à produção de fenômenos físicos.

No próximo capítulo, vamos considerar um pouco a materialização de seres alienígenas e a de suas naves.

8

TELEPLASTIA: FENÔMENO DE CONTATO

O general Moacyr Uchôa,[1] anos antes das notáveis experiências que teve no caso Alexânia, onde seres alienígenas deram efetivas demonstrações de poderem aportar à Terra sem antes fazer qualquer contato oficial com as autoridades, teve também inúmeras experiências com materialização de Espíritos. Mas o caso presenciado por sua esposa foi algo

[1] Alfredo Moacyr de Mendonça Uchôa (1906-1996) foi general do Exército Brasileiro, professor da Academia Militar de Agulhas Negras, escritor e pesquisador de casos insólitos. Relacionou-se com brilhantes cientistas estrangeiros na investigação do fenômeno ufo. Estudou Teosofia, Espiritismo científico e Parapsicologia, tendo escrito o livro *Muito Além do Espaço e do Tempo*. Contando com médiuns de sensibilidade, em sua residência pesquisou as materializações do padre Zabeu e de outras entidades, tendo com isso escrito o livro *Além da Parapsicologia*. Praticou mediunidade de desdobramento, realizando emancipações conscientes da alma. A partir de 1967 teve a missão de investigar o fenômeno ufo na Fazenda Vale do Rio do Ouro, município de Alexânia, em Goiás, de propriedade de Wilson Plácido Gusmão, onde presenciou um dos mais notáveis casos da Ufologia brasileira; reuniu farta comprovação, com fotografias, gravações, relatos de testemunhas e publicou os livros: *A Parapsicologia e os Discos Voadores*; e, *Mergulho no Hiperespaço*.

um tanto distinto das ectoplasmias realizadas em ambiente fechado. Ele conta em *Além da Parapsicologia*[2] que as condições ocorrentes eram outras bem diferentes das materializações espirituais.

Naquela época, o general residia num apartamento do 4º andar, localizado na Avenida Ari Parreiras, no Icaraí. Seu genro, o tenente Paulo Mascarenhas, residia no 2º andar do mesmo prédio.

No apartamento do tenente, como é comum acontecer a todos, um dia queimou a resistência do chuveiro. E alguns dias se passaram sem que o conserto fosse feito. Numa certa manhã, bem cedo, a jovem senhora Ana Maria, esposa do tenente Mascarenhas e filha do general Uchôa, conversou vivamente com o marido para ele providenciar o tal conserto.

Nesse mesmo dia, um fato extraordinário viria acontecer, para surpresa de todos. Às 10 horas da manhã, de modo inesperado, no apartamento do general, lá no 4º andar do prédio, bateu à porta um moço, aparentemente comum.

Quando a senhora Regina Uchôa atendeu à porta, o rapaz logo perguntou:

— É aqui a casa do tenente Mascarenhas?

— Não! – exclamou Regina. — É a da sogra dele. O que o senhor deseja?

— Eu sou o eletricista... – respondeu o rapaz.

— Bem, então vou chamar a sogra dele para atender... – acrescentou Regina.

E realmente chamou a dona Ena Uchôa, sogra do tenente, que de imediato atendeu o rapaz e lhe disse:

— Vou buscar a chave para ir lá embaixo, no 2º andar, com o senhor.

Ao voltar trazendo a chave, dona Enita teve uma surpresa: o rapaz não estava mais à porta. De imediato, ela pensou que talvez ele tivesse se antecipado e descido até o 2º andar, para ali esperar por ela.

Ao descer até aquele andar não o encontrou. Então foi até o térreo, falou com o porteiro, que ficou admirado e apreensivo.

[2] UCHÔA, A. Moacyr. *Além da Parapsicologia*. Brasília, Ebrasa, 1969.

Afinal, ele estivera ali o tempo todo e não vira o tal rapaz. Não havia muito que fazer, senão esperar. Afinal, o porteiro poderia ter se distraído, ou então o rapaz ter entendido algo errado.

Assim ela fez. Esperou... Esperou... E esperou ainda mais. E nada... O moço não voltou e ninguém do tipo dele foi achado no prédio. O tal rapaz havia sumido! E sem passar pela portaria.

Quando o tenente Mascarenhas chegou, dona Ena contou a ele o caso. Então o episódio ficou ainda mais intrigante, porque o tenente não tinha contratado eletricista nenhum. E estava surpreso com o acontecimento.

Foi aí que o tenente Paulo Roberto Uchôa, filho do general, pediu à sua mãe para descrever o tal eletricista. Dona Ena deu todos os detalhes que pôde. No final, o tenente Uchôa, num tom enigmático, considerou:

— Sabe Mascarenhas! À exceção da palidez que se referiu mamãe, todos os demais traços característicos fazem lembrar bem aquele soldado do 3º RI, eletricista e muito seu amigo. Quem sabe se ele, vendo a sua preocupação com o chuveiro, não veio consertá-lo?

Com essa observação, Mascarenhas, de modo discreto, teve uma sensação de absurdo, porque o tal soldado, a quem o tenente Uchôa se referia, havia se licenciado em janeiro de 1963 e, no mês seguinte, fora brutalmente assassinado. Agora, em julho do mesmo ano, cinco meses após o trágico incidente, eles estavam ali se lembrado dele, pelo estranho episódio do chuveiro.

A família trocou ideias sobre o caso, mas nada pôde concluir na ocasião. Então, em outro dia, o tenente Uchôa trouxe do quartel quinze fotografias, no meio das quais estava o soldado 1100, o suposto rapaz visitante.

Dona Ena não conhecia o tal soldado, jamais o tinha visto. Quando lhe mostraram as fotografias, ela não teve dúvida, apontou e disse:

— Foi este, que esteve aqui!... – e acertou com precisão absoluta o soldado 1100, em meio a vários outros que estavam na fotografia.

Tanto Enita como Regina tinham conversado com o "agênere do quartel" – um Espírito errante que, sensibilizado pela preocupação do tenente Mascarenhas, viera consertar o chuveiro.

A entidade, sem passar pela portaria, sorveu ectoplasma de algum médium, supostamente de uma das duas senhoras ou talvez do porteiro, e materializou-se em local apropriado. Ao bater à porta da família, apresentou-se como eletricista que de fato era enquanto vivo, para um enigmático conserto de chuveiro, mas não pôde se manter ali materializado por longo tempo, em razão da insuficiência de ectoplasma, de luminosidade e organização espiritual que pudesse operar o processo por tempo maior.

Em suma, o Espírito não teve autorização da hierarquia que lhe era superior para ficar mais tempo materializado, mas mostrou aos Uchôa que a vida continua em outro círculo da existência.

É certo que as condições ali eram bem diferentes daquela sessão organizada de ectoplasmia que vimos anteriormente. Por isso o simulacro, embora tivesse a aparência de um ser humano, ainda assim não pôde continuar no ambiente e desapareceu.

Caro leitor, em razão das dificuldades para obter a materialização de Espíritos, operação esta que requer preparação e condições especiais, surge assim uma pergunta inevitável: Como então se materializam em plena luz do dia os alienígenas e suas naves?

A resposta a essa questão é complexa. Mesmo porque é preciso considerar a existência de diversos tipos alienígenas, cada qual com sua evolução específica.

O nosso propósito aqui é mostrar, com auxílio do mentor espiritual, apenas um tipo de teleplastia produzida por seres corpóreos de outra dimensão do espaço-tempo menos material que a terrestre, das muitas dimensões existentes nas profundezas etéreas do cosmos, mas procurando no enfoque mostrar certa generalização, por assim dizer.

No que concerne aos Espíritos, os de grau menor somente podem realizar a ectoplasmia quando autorizados por outros de maior hierarquia. Para realização dela, os médiuns e os assistentes do evento são selecionados com rigor, e não são admitidos atos de inferioridade para obtenção de fluidos. Não há mutilação nem morte de animais, pois os Espíritos superiores têm sempre um grande respeito à vida. Como ainda veremos mais à frente, essa mesma ética não se atribui aos seres alienígenas do tipo Cinza.

Contudo, outras civilizações do espaço, diferentes da do tipo Cinza, operam grandes tecnologias no mundo extrafísico para realizarem a materialização.

Conforme instruções espirituais, para visualizar melhor o processo de teleplastia usado pelos alienígenas seria preciso fazer aqui um raciocínio similar à geração humana, partindo de uma célula-tronco.

Essa minúscula célula, encerrada na câmara de gestação, desenvolve-se passo a passo, até autoformatar-se num ser humano completo, cuja aparência ao nascer nada tem a ver com aquela pequena forma inicial de quando era uma célula-tronco. Essa célula se multiplica, transforma-se e dá origem a vários tecidos de linhagens diferentes, conformando, pouco a pouco, todos os órgãos e sistemas do corpo.

Algo semelhante a isso acontece com as partículas-tronco, fluidos sutis existentes no material genético coletado pelas entidades (principalmente as do tipo Cinza), seja esse material colhido de vegetais, de animais ou de seres humanos. Elas são as células-tronco em forma de energia genuína, com a qual tudo se forma em uma existência temporária.

A teleplastia do ser alienígena se dá com essas partículas sutis especializadas, unidades funcionais que vibram numa dimensão acima daquela das células. A nave alienígena, qual câmara de metamorfose, converte as partículas-tronco e plastifica o corpo ultrafísico da entidade, materializando-o para operar na crosta por tempo curto e com certas perdas funcionais.

Dentro do ufo existem condições engenhosas para se realizar essa operação mesmo durante a luz do dia, ainda que de modo relativo, porque todo fluido vital é sensível a certos tipos de radiação, a qual atua sobre ele como solvente.

A teleplastia da nave, a seu turno, ou seja, a materialização do ufo no ambiente terrestre é um fenômeno de contato produzido pelo alienígena. A nave, em seu interior, tem aparelhos conversores que se utilizam de um substrato eterizado de partículas extrafísicas, previamente extraídas da natureza terrestre, para transmutar o engenho em substância sólida.

Esse substrato eterizado de que falamos, quando expandido pelo engenho, conforma uma nuvem incomum cujas partículas sutis envolvem a nave e provoca nela uma transmutação insólita, uma queda quântica em direção ao átomo, e convertem a nave sutil num similar físico de matéria terrestre.

Num repente surge o engenho materializado, resistente à luz de modo relativo, conforme o demonstram as aparições físicas, as quais se dão na maior parte à noite, numa condição de luminosidade em que o substrato da teleplastia é mais resistente.

Em termos simples, exceção feita à nave-mãe que opera de modo integral e com dispêndio maior de energia, uma pequena nave materializada é mais um módulo conversor do que um engenho de deslocação, embora possa ser ambos; sem ela, a criatura poderia não voltar à sua dimensão, perecendo na Terra.

Compreende-se assim que primeiro a nave se prepara, para depois a criatura ser materializada. Sob a atuação do engenho, a entidade pode se desmaterializar com facilidade, mas um acidente com a nave dificultaria o processo de reversão para retorno do alienígena à sua esfera de origem.

Desta maneira, em linhas gerais, entende-se o *modus operandi* dos alienígenas e algumas de suas limitações, conforme entendimento do mentor espiritual.

A seu turno, todo processo de materialização envolve transformação de fluidos em substâncias físicas. Em razão disso, ela gera alguns resíduos. Certos resíduos podem ser encontrados fisicamente, assim como o foram os chamados "*cabelos de anjo*".

O cabelo de anjo é uma estranha substância fibrosa, de cor branca, semelhante a uma teia de aranha. É emanado dos ufos durante o processo de teleplastia. O ufo costuma pairar no céu e soltar os "cabelos", os quais caem por terra e se desfazem com facilidade. Em razão de esse esvaecer, a coleta torna-se difícil.

Amostras colhidas na Nova Zelândia e pesquisadas na Rússia pelo físico L.V. Kirichenko e outros especialistas, revelaram uma substância gelatinosa, com cheiro desagradável e sem radioatividade. Constatou-se que ela não tem origem natural ou artificial, e não se assemelha a qualquer material fibroso conhecido. Esse exame mostrou uma substância semelhante ao ectoplasma espiritual, também pesquisado pelos especialistas.

Contudo, outras amostras colhidas em região diferente, na cidade italiana de Florença, por um estudante de engenharia que teve o cuidado de colocá-las num tubo de vidro esterilizado, após analisadas pelo Dr. Canneri, diretor do Instituto de Química Analítica da Universidade de Florença, revelaram um material com notável resistência às forças de tração e torção; a análise espectrográfica denotou boro, silício, cálcio e magnésio; apenas como hipótese, o material estaria classificado na escala microquímica dos vidros borossílicos. E esse material seria diferente do obtido nas ectoplasmias, sugerindo uma procedência distinta do material anterior examinado na Rússia.

Em razão disso, a hipótese de existir civilizações extraterrestres no Universo tridimensional foi muito considerada. E, com efeito, porque as provas físicas conseguidas até hoje (como, por exemplo, os cabelos de anjo, as sinalizações nas telas de radar, o exame do espectro luminoso tirado dos filmes –

de onde se deduz os materiais que em uma reação de queima produzem a mesma luminosidade –, as fotografias, as marcas no chão, os sinais radioativos e ainda outras evidências físicas) são fatos que impedem os cientistas de considerarem o fenômeno ufo como algo subjetivo, oriundo do psiquismo humano, da alucinação ou algum tipo de neurose.

Embora o cabelo de anjo não seja conhecido de modo suficiente, ele é uma prova física que pode ser examinada em laboratório. Novas amostras precisam ainda ser colhidas e examinadas, para melhor conhecimento desse material.

Não obstante essas evidências do fenômeno ufo, instruções do mentor espiritual dão conta de que se trata de efeitos físicos e resíduos durante o processo de teleplastia, onde as reações da química sutil se fazem presentes na densidade terrestre.

Não se trata de seres e coisas tridimensionais que se fazem invisíveis em algum ponto do espaço para se tornarem sólidas depois na Terra, mas sim de seres e coisas de outras dimensões do espaço-tempo que se tornam temporariamente sólidas para operarem na densidade terrestre.

São seres inteligentes vindos de esferas menos materiais, de universos paralelos, entidades diferentes do círculo espiritual terrestre que se fazem presentes na crosta com seus ufos, mostrando sua existência ao homem num fenômeno de contato.

A humanidade ainda não aprendeu a se comunicar com elas. As limitações científicas do homem, suas fobias e seus preconceitos culturais, ainda constituem barreiras que impedem a comunicação natural. No futuro, sem tempo marcado, ela será realizada, quer seja por canais mentais quer por tecnologia. A própria entidade se comunicará e dirá por si só a que veio.

9

TELETRANSPORTE PELOS BURACOS DE MINHOCA

Certa feita, o médium Gilberto Ferreira Júnior, incorporado pelo espírito Pena Branca, durante uma sessão de curas em que a entidade pretendia usar de fluidos vitais da natureza, levantou as mãos como se estivesse pegando algo invisível do ar. Depois baixou as mãos e colocou-as de frente uma da outra, fazendo uma de concha e outra de pinça. Uma mão fazia sobre a outra, movimentos como se estivesse misturando algo invisível. De modo incomum, produziu-se no ambiente um pequeno rumor de folha seca, como se a folha estivesse quebrando e sendo amassada nas mãos do médium, mas sem nada visível nelas. De imediato penetrou no ar um aroma, um cheiro de mato natural, que lembrava certa planta medicamentosa. Fui convidado pelo Espírito a identificar a fragrância. O médium aproximou suas mãos do meu rosto. Não havia nada nelas, senão um forte aroma de cânfora. O Espírito explicou-me que aquilo fazia parte do tratamento.

Fiquei curioso: Seria perfume artificial? Indaguei a mim mesmo. Em seguida, sem sair do lugar, o médium levantou as mãos novamente para colher do ar outros fluidos. Não tocou em nada. Não havia nada visível ali, nem perto, observei bem. Ele lidou com as mãos da mesma maneira de antes. E, como antes, estava apenas a meio metro de distância de mim. Aí então o ambiente se encheu de outro perfume. Era um aroma que lembrava o frescor das matas. O médium, então, aproximou novamente suas mãos para eu observar e sentir o aroma delas. Ele não tocara em nada. E não havia nada visível nelas. De modo raro, o forte perfume de cânfora, que impregnara suas mãos há pouco, agora dava lugar ao suave aroma de alfazema. Não restou dúvida, presenciamos ali dois fenômenos paranormais distintos: um de sensação auditiva (som de folha amassada); e outro de sensação olfativa (primeiro o perfume de cânfora e, depois, o de alfazema, quer no ambiente quer nas mãos do médium).[1]

Durante o fenômeno de ectoplasmia, roupas e objetos usados pela entidade espiritual podem ser materializados do nada, por assim dizer, num fenômeno de metafanismo.[2] Mas o comum é que esses objetos sejam apenas transportados pelo Espírito, que os retira de um local e os coloca no recinto do evento, através de um hiperespaço, onde a entidade a ser materializada toma posse deles para compor a indumentária.

A essa teleportação é dado o nome de apport; ou seja, objetos transportados de fora para dentro de um local fechado. Vamos ver isso em mais detalhes.

Em setembro de 1981, a revista Ziran Zazhi publicou que pesquisadores chineses levaram a efeito na República Popular da China uma série de experiências fantásticas. O assunto foi muito comentado, porque era a primeira vez naquele país que algo tão fora do comum era obtido em laboratório.

---

[1] Evento assistido pelo autor Pedro de Campos, a 19 de junho de 2004, na Fundação Lar, Luz e Caridade Dr. Frantz Müller, Av. Charlotte Szirmai, 1300, Mairiporã, São Paulo.

[2] Metafanismo. É um termo genérico empregado para definir o aparecimento e o desaparecimento supranormal de coisas ou de indivíduos. Essa terminologia é mais empregada para definir um evento de criação paranormal; e não para um fenômeno de transporte daquilo já existente em outros locais do mundo físico.

O resultado dos ensaios era algo que beirava o inacreditável, difícil mesmo de saber o como seria possível realizar aquilo. Mas práticas semelhantes já haviam sido levadas a efeito em laboratórios de outros países, com resultados similares.

Todos os cuidados necessários à realização da experiência foram tomados. Para evitar qualquer possibilidade de fraude, os agentes psicocinéticos escolhidos foram dois meninos, Ping e Chang.

De fato, observando a obra *Espírito, Perispírito e Alma*,[3] a qual descreve parcialmente a experiência efetuada, vemos ali registrado pelo doutor Hernani G. Andrade[4] que numa caixa devidamente lacrada, os cientistas colocaram aparelhos radiotransmissores, os quais funcionavam através de energia armazenada (pilhas). Outra caixa, também lacrada, mas vazia, fora colocada num canto da sala, para onde os microtransmissores deveriam ser teleportados por ação da força de pensamento dos dois meninos.

Os sinais de rádio, emitidos pelos microtransmissores colocados dentro da caixa, eram captados por equipamento eletrônico postado na sala, o qual assinalava na tela os sinais transmitidos.

Observou-se que os sinais de rádio sofriam flutuações de intensidade, chegando a desaparecer completamente da tela, por um tempo mais ou menos longo, toda vez que o radiotransmissor desaparecia da caixa. Contudo, as ondas voltavam a reaparecer na mesma intensidade toda vez que o

---

[3] ANDRADE, Hernani Guimarães. *Espírito, Perispírito e Alma*. 7ª ed. São Paulo, Pensamento, 1998.

[4] Hernani Guimarães Andrade (1913-2003), brilhante cientista espírita brasileiro. Foi engenheiro civil, formado pela Escola Politécnica da USP. Trabalhou na Prefeitura Municipal de São Paulo, na Companhia Siderúrgica Nacional e na Standard Eletric. Foi professor da Escola Técnica de Volta Redonda. Em 1963, fundou o Instituto Brasileiro de Pesquisas Psicobiofísicas (IBPP). Pesquisou ocorrências paranormais e coordenou cursos de Parapsicologia. Foi membro da American Society for Psychical Research e relacionou-se com brilhantes cientistas. Colaborou com o Dr. Ian Stevenson, da Universidade de Virgínia, e com o prof. Hemendra Nath Banerjee na pesquisa de memória extracerebral. Catalogou inúmeros casos sugestivos de reencarnação e de poltergeist. Colaborou com o escritor de ufologia John Fuller na pesquisa de fenômenos de cura espiritual pelo espírito do Dr. Fritz, através do médium José Arigó. Foi escritor de Espiritismo científico, traduzido para o inglês e o espanhol; deixou 16 livros.

radiotransmissor voltava ao mesmo sítio em que estava, ou, então, era teleportado à outra caixa no fundo do laboratório, sendo ali captado através de aparelhos.

Quando as ondas desapareciam por completo, os autores da experiência admitiram que os objetos passassem do estado de "existência" para o de "não existência".

Contudo, após um lapso de tempo, no qual as ondas desapareciam por completo, elas voltavam à tela de modo incerto, apresentando uma "flutuação" de intensidade. Isso parecia corresponder a um estado de "transição" do sinal, como se fosse dado um salto no ar de outro espaço antes do reaparecimento completo da onda na tela, sinalizando a total transposição dos objetos para a outra caixa.

Na teleportação, durante a enigmática viagem pelo espaço, período este em que as ondas desapareciam por completo da tela e os microtransmissores não estavam em caixa alguma, outros equipamentos montados no laboratório registraram que eles continuavam a consumir eletricidade das pilhas.

Isso veio demonstrar que eles não pararam de funcionar um só instante, mesmo durante a enigmática passagem de uma para outra caixa. Portanto, ficou demonstrado que a teleportação não interrompia o funcionamento dos transmissores, apenas a captação de ondas no espaço tridimensional sofrera interrupção.

Ao final da experiência, os pesquisadores concluíram que houve a real passagem dos objetos de uma caixa para outra, mas através de um estado excepcional da matéria, totalmente indefinido. Esses fatos vieram mostrar que, durante *apport*, não se confirmara a hipótese de desintegração e rematerialização dos objetos, porque o consumo ininterrupto de energia demonstrou o contrário.

Em razão do afastamento daquela hipótese, surgiu a seguinte pergunta: Se não se desmaterializou, como então a matéria passou através da matéria? Seria preciso explicar melhor como os radiotransmissores atravessaram a barreira material das caixas.

Caro leitor, a resposta definitiva para essa questão ainda está muito distante de ser dada. Mas existem duas teorias plausíveis para explicar o caso. A primeira delas nós vamos dar aqui, a qual se aplica a seres vivos e a objetos inanimados. A segunda, trataremos no capítulo seguinte, a qual se aplica a partes de um corpo vivo e a objetos inanimados.

Atualmente parece mais viável e harmonioso admitir a passagem de objetos e de seres vivos por fora do nosso espaço, por onde eles poderiam sair de um local fechado e entrar em outro, levados a transporte através de uma quarta dimensão de espaço, sem desintegração alguma da matéria, como se tivessem entrado em um portal conversor.

No mundo de três dimensões, uma reta representa a distância entre dois pontos; saindo de um ponto para se chegar a outro, teríamos de percorrer a reta inteira. Num mundo de quatro dimensões isso não aconteceria, os pontos extremos dessa reta se curvariam, formando uma espécie de arco, como uma alça de xícara, permitindo assim a nossa passagem de um extremo a outro somente dando apenas um pulo na alça.

O portal conversor seria o vazio da "alça de xícara", funcionaria como um canal de ligação entre a terceira e a quarta dimensão. Um corpo material, envolvido num turbilhão de fluidos especiais, sofreria no portal uma alteração rara e passaria à outra dimensão, podendo dali voltar após um lapso de tempo.

A teoria do portal conversor é simples de ser entendida. E pode ser comparada à teoria dos buracos de minhoca.

Neste caso, o portal conversor seria semelhante a um buraco de minhoca. Mas em vez de estar postado na terra ele estaria no ar, por assim dizer. Por esse portal seria possível entrar em outra dimensão, viajar por fora do nosso espaço quase sem gastar tempo e reentrar na Terra em outro sítio, assim como os microtransmissores.

Para entender isso basta recordar que uma minhoca cava um orifício na terra, adentra nela cada vez mais e desaparece completamente da nossa visão; ela viaja descrevendo uma alça e volta à superfície em outro local. Assim, a minhoca viajou por dentro da terra, sem ser notada por nós, fez lá uma curva e voltou à terra em outro sítio. Quem não viu o trânsito da minhoca, pode compreender que ela viajou e saiu em local diferente. Assim também aconteceria no caso de uma porta para outra dimensão.

Nos tempos atuais, alguns físicos estão divulgando a existência de dimensões alternativas, outros espaços paralelos ao nosso onde a matéria vibraria com mais intensidade, formando outros mundos. A Terra e os orbes do universo físico estão todos postados num espaço de três dimensões. Além desse espaço, a ciência fala hoje na existência de outros com várias gradações, chegando a onze dimensões e até mais. Nessas dimensões, outros mundos de matéria rarefeita poderiam ser acessados através de portais de ligação.

A teoria dos buracos de minhoca está em sintonia com as experiências do cientista alemão J.K. Friedrich Zöllner. De fato, ele após constatar em laboratório a teleportação de objetos sólidos e a materialização de Espíritos, concluiu que tais ocorrências provam a conexão entre este mundo de três dimensões e outro mundo diferente da Terra, postado numa quarta dimensão de espaço, onde vivem seres inteligentes com capacidade superior à do homem, capazes de operar fenômenos insólitos no ambiente terrestre.

Em vez de desmaterializar seres vivos e objetos funcionais em operações que provocariam um espalhamento de energias com difícil recomposição de cada uma delas para tudo voltar ao estado original das coisas, aqueles seres se utilizariam de uma quarta dimensão de espaço para mergulharem corpos sólidos num portal de conversão e transportá-los num hiperespaço, sem desmaterialização, até o local desejado.

Pensando em termos científicos, a hipótese de Zöllner se nos afigura como racionalmente plausível e vem corroborada por experimentos de laboratório, dos quais o caso chinês é apenas um exemplo.

A propalada quarta dimensão do espaço-tempo, onde a matéria passaria através da matéria sem desmaterializar, foi tratada pelo professor Zöllner em seu livro *Provas Científicas da Sobrevivência – Física Transcendental.*[5]

Em seus experimentos, o notável cientista procurou mostrar que o nosso espaço está embebido em outro espaço de maior número de dimensões, compondo tudo um hiperespaço onde seres de matéria mais refinada são capazes de transitar e provocar fenômenos, conforme ele constatara em laboratório.

Retornando aos pesquisadores chineses de quem falávamos, eles ainda fizeram outros experimentos notáveis. Nas mesmas condições já descritas, colocaram dentro da caixa dois relógios, sendo um mecânico, movido a corda manual, e outro eletrônico-digital; e também colocaram na caixa várias moscas-de-frutas – *drosophilas* –, acondicionadas plenamente vivas.

Para surpresa geral, nada constituiu obstáculo à teleportação. Todos os experimentos foram teleportados para a caixa vazia, posicionada no outro canto do laboratório.

Durante o tempo em que o teletransporte fora realizado, os relógios continuaram funcionando sem qualquer interrupção e a marcação das horas fora idêntica, tanto no mecanismo de corda quanto no digital eletrônico.

As moscas, por sua vez, estavam plenamente vivas e assim permaneceram por vários dias, não apresentando alteração alguma na sua longevidade vital.

Nos casos verificados, uma explicação muito plausível para elucidar a teleportação é a hipótese de Zöllner, que dissera:

— É a transferência de corpos através de um hiperespaço de quatro dimensões.

No próximo capítulo ainda vamos observar outros desenvolvimentos deste assunto. E vamos analisar uma segunda hipótese de teleportação, para melhor entendimento desse intrincado fenômeno.

---

[5] ZÖLLNER, J.K. Friedrich. *Provas Científicas da Sobrevivência, Física Transcendental*. 6ª ed. Sobradinho, Edicel, 1996.

10

UM SER HUMANO NA QUARTA DIMENSÃO

Em dezembro de 2003, enquanto esperávamos o início de uma entrevista onde íamos falar de Ufologia e Espiritismo, escutamos um caso deveras intrigante, contado por uma pessoa digna de nossa confiança, a qual nós poderíamos chamar aqui de confrade X, no intuito de resguardar os particulares do caso.

O confrade X nos relatou um fato incomum, que nos servimos aqui apenas como cenário para outros desenvolvimentos. O episódio teria se passado com um amigo dele, nas dependências de um Centro Espírita. O relato dava conta do seguinte:

— Uma jovem senhora estava para dar à luz. O marido queria ver, de todas as maneiras, o parto da esposa. Mas como ele viajava muito, dizia sempre a uma entidade do Centro Espírita que gostaria de ser avisado quando a hora do nascimento chegasse. Certa ocasião, estando em viagem, o Espírito lhe comunicou que deveria voltar rapidamente para casa, porque a hora estava próxima. Dito e feito. A criança nasceu e ele assistiu o parto que tanto queria ver. Mas cometeu a indelicadeza de não aparecer mais no Centro, para agradecer o Espírito. Passaram-se meses. Certa ocasião, ele e a esposa voltaram ao local onde a entidade incorporava. Considerando que muito tempo se passara até então, para remediar, disfarçou o seu atraso e em tom de brincadeira disse ao Espírito: '*Veja como a criança já está grande e bonita, eu a trouxe aqui para batizar!*'. A entidade retribuiu no mesmo tom, porque num piscar de olhos faria um fenômeno intrigante. O Espírito, de modo também descontraído, não deixou por menos e disse: '*Ah, é! Para batizar? Então me dê aqui a menina*'. A entidade incorporada pegou a criança no colo e logo em seguida, como num passe de mágica, a menina simplesmente desapareceu nos braços do médium, para total espanto dos pais. Não havia o que fazer na hora. O pai e a mãe apenas ficaram ali olhando, de boca aberta, paralisados. A criança sumira! Com o extraordinário desaparecimento da menina, uma sensação de absurdo pairou no ar. Mas não deu muito para os pais raciocinarem. Logo em seguida, após um curto lapso de tempo, a menina reapareceu nos braços da entidade incorporada, como se o corpo tivesse entrado subitamente no nosso espaço ou caído do céu. Aí o contentamento foi geral. Os pais voltaram a sorrir e se exortaram com a volta da menina. Mas, logo em seguida, assim que o impacto emocional foi desfeito, de modo intrigante eles notaram algo diferente na criança. A mãe, reparando bem na filha, viu que a menina voltara com o vestido do avesso, e espantou-se: '*Como aconteceu isso?*', foi a pergunta imediata. Eles não tiveram resposta alguma da entidade, apenas o fato ficou registrado para ser pensado depois.

Caro leitor, não havia de modo algum, durante o curto desaparecimento da criança, tempo suficiente para a pessoa mais rápida do mundo inverter o vestido e colocá-lo na menina. Parecia que o tempo, no local onde ela fora levada, corria diferente do nosso; ou seja, a velocidade para fazer as coisas ali era muito mais eficiente que a nossa.

As hipóteses de hipnose, ilusão e outras do gênero não lograram êxito. Somente a atuação de seres inteligentes invisíveis, operando numa escala de tempo diferente da nossa, em uma velocidade muito superior e com refinamento de técnica, poderia justificar o episódio do vestido.

A pessoa que passa por uma situação como essa fica espantada, de boca aberta. E procura imaginar o que teria acontecido à criança ao desaparecer. Teria ela sentido dor? Para onde teria sido levada?

A resposta parece apenas lógica, porque não havia relatos de choro, de marcas no corpo ou de algum tipo de anestesia. É claro que não houve dor nem outra anomalia qualquer. Exceto o vestido que voltara do avesso, de resto tudo estava em perfeita ordem. A criança nada tinha de anormal.

Mas, seguramente, para algum local a menina fora levada, caso contrário não teria desaparecido. Aquilo não fora hipnotismo nem alucinação, o vestido do avesso era uma prova incontestável do fato verdadeiramente ocorrido.

Se voltarmos nossa atenção ao passado, vamos ver que experiências levadas a efeito por médiuns poderosos, revelaram que objetos físicos desmaterializados, quando da volta deles, apresentavam uma temperatura elevada, a qual denunciava grave alteração térmica nas moléculas. Seguramente, a menina não havia passado por uma desmaterialização dessas. Ela, na volta, não apresentava queimaduras no corpo.

Se houvesse ocorrido a desintegração e recomposição do corpo físico, molécula a molécula, célula a célula do corpo todo, a criança teria de ter sentido dor; somente um agênere não sentiria dor. Mas a criança é um ser gerado de mulher, uma pessoa de carne e osso e não um agênere. Se não sentiu dor nem tampouco morreu, parece apenas lógico que não houve desintegração corporal alguma, embora houvesse a desaparição momentânea da criança.

Observando a codificação espírita, nela verificamos registros de que é possível tornar invisível um corpo humano, mas isso não significa desmaterializá-lo, desintegrando as células do corpo. Há de se ter em conta que sem a semente não há planta. É preciso de algum modo manter a semente íntegra, com todos os seus fluidos vitais, para poder reconstituir o corpo inteiro depois. Caso contrário, a forma reconstituída seria apenas um simulacro efêmero, de relativa duração, e não na verdade um corpo humano de carne e osso, com uma vida inteira pela frente.

O corpo vivo, envolvido num manto de ectoplasma, pode ficar oculto à vista e passar para outra dimensão, através de um raro portal conversor, como já vimos. Nesse estado, embora invisível, ainda assim ele não está desmaterializado.

Concluindo, segundo instruções do mentor, em uma figura de palavra poderíamos dizer:

— O Espírito, quando se materializa, provoca uma espécie de 'congelamento' de partículas no seu próprio corpo espiritual. Uma queda de vibração do ectoplasma dá forma ao agênere, emoldurando o perispírito e plastificando sua forma. O dissolver desse simulacro não causa prejuízo algum ao Espírito motor. Contudo, na desintegração material de um corpo vivo, aconteceria o contrário, haveria uma espécie de 'evaporação' do fluido vital, uma perda completa da vitalidade. Por conseguinte, sobreviria a morte. E não foi isso que aconteceu à criança: a menina passou para outra dimensão sem desintegrar e voltou muito rapidamente, conservando o corpo intacto. Ela fora levada pelo Espírito motor a um local onde o tempo parece estar parado em relação à velocidade, assim o vestido pôde ser retirado e colocado do avesso, em demonstração de como se opera rápido naquela dimensão da vida. Fora, realmente, um batismo diferenciado, aquele contado pelo confrade X.

Façamos aqui uma pausa, para falarmos da passagem da matéria através da matéria, da segunda teoria que deixamos pendente de explicação no capítulo anterior, a qual se aplica a objetos inanimados e a pequenas partes de um corpo vivo, segundo nos informa o mentor espiritual, e com a qual é possível entender a transmutação insólita das massas.

Há de se considerar que os Espíritos podem desmaterializar e rematerializar de modo integral coisas físicas, tais como: mesas, roupas, caixas, objetos funcionais, paredes, telhados, calcificações, abscessos, tumores, natureza morta (flores, plantas) e outros.

Com a transmutação insólita de barreiras físicas, os corpos vivos e os objetos sólidos podem ser levados a longas distâncias por seres inteligentes de outras esferas além da Terra. A Teoria da Massa Espiritualizada, por assim denominar, pode explicar esse fenômeno e dar a ele melhor entendimento.

Devemos considerar que todas as coisas físicas são compostas por moléculas. As moléculas formam a massa rígida da matéria. Essa massa, sob a ação dos Espíritos, pode ser espiritualizada; ou seja, a estruturação de suas moléculas pode sofrer um deslocamento interno, de modo a ampliar os espaços intermoleculares. As moléculas, ao se afastarem umas das outras, abrem espaços entre si e aumentam de tamanhos. Nessa condição, um objeto deslocado, com as moléculas assim dissociadas, penetraria através das paredes e as ultrapassaria com facilidade.

O processo de expansão da massa consiste em o Espírito aplicar na matéria um fluido próprio, de natureza extrafísica. Sob a ação desse fluido espiritual, a massa se dilata e aumenta sua estrutura, prolonga seus espaços internos e abandona o estado sólido, sem perder as características originais. Elevada ao estado etérico, a massa assume um ponto de máxima difusão, um estado de fluido ampliado que se espalha em proporções enormes. Nesse estado, amplamente difuso, ela se infiltra no espaço intramolecular das barreiras sólidas. Assim pode ultrapassar paredes e qualquer obstáculo físico, podendo ser transportada a longas distâncias. Embora em estado difuso, suas partículas componentes formam feixes, mantendo uma trama fluídica com a mesma forma de antes, ou seja, um duplo etéreo equivalente ao objeto físico original.

A essa forma etérea do objeto inerte, algo semelhante ao perispírito das formas vivas (modelo organizador biológico), chamamos aqui de campo organizador molecular. Trata-se de um arquétipo sutil, um protótipo do objeto que se conserva num estado fluídico. Esse molde sutil, sob a ação do Espírito motor, diminui os espaços intramoleculares por contração das partículas, aglomera-se numa metamorfose indescritível e volta a ser o que era tomando a mesma forma física anterior.

Para ilustrar a Teoria da Massa Espiritualizada podemos citar a descrição feita pelo Dr. Schwan em *Teleplasma und Telekinesis*, a qual o cientista Ernesto Bozzano comenta em *Fenômenos de Transporte*[1] e destaca a existência de provas fotográficas. Nas experiências realizadas com a senhora Marie Volhart, o Dr. Schwan comenta:

— Se algumas vezes a médium dizia ter sentido sobre sua cabeça uma pedra ou uma ferradura [materiais em estado de *apport*], sem que, fisicamente, nada houvesse ali, a fotografia mostrava, ao contrário, a presença [etérea] do objeto designado. Quando se ouvia o barulho de um objeto atirado sobre a mesa e, por conseguinte, julgava-se que o transporte houvesse chegado, a realidade não mostrava isso, porque ele não era encontrado senão alguns minutos depois, isto é, o tempo necessário para ser materializado.

Por esta descrição, notamos que pouco antes da materialização a fotografia conseguiu pegar o duplo etéreo do objeto, seu campo organizador molecular; ou seja, pegou apenas o fantasma, sem condensação sólida, suficiente para sensibilizar a chapa fotográfica, mas não a vista humana. Todavia, Bozzano faz ainda observações e comentários num outro seguimento, diz ele:

Se a fotografia revelava a imagem do objeto transportado, essa imagem não poderia ser a representação do objeto tal

---

[1]BOZZANO, Ernesto. *Fenômenos de Transporte*. São Paulo, FEESP, 1982.

como existia naquele momento, tendo-se em conta que, achando-se ele no estado de difusão fluídica, deveria aparecer na foto em proporções relativamente enormes. Assim sendo, deveria inferir-se que a imagem impressa na chapa fotográfica era a da trama astral do objeto transportado, quer dizer, da forma arquétipo sobre a qual se precipitaram, de maneira repentina, as moléculas que constituem o objeto transportado no momento de sua rematerialização.

Aqui é preciso ressaltar que a fotografia não sofre alucinação. Os objetos estavam ali no local, mas num estado extraordinário, numa forma de transição, num conteúdo ainda etéreo, numa condição singular que antecede o estado sólido durante um processo de materialização. Apenas de passagem, destacamos que alguns ufos podem ser fotografados sem estarem visíveis, embora o clarividente os possa ver.

No exemplo dado, a prova fotográfica assume importância capital para comprovar a Teoria da Massa Espiritualizada. Contudo, devemos ressaltar que essa teoria se aplica a objetos físicos, inertes, mas não se aplica aos seres humanos, gente de carne e osso, cujos corpos, de modo integral, não se desmaterializam, embora possam mergulhar num hiperespaço e desaparecer da vista humana, como acontecera à menina do caso confrade X.

Em se tratando de Ufologia, o desaparecimento de seres humanos é algo que ocorre com frequência relativa. Mas, às vezes, em casos raros, é definitivo. Embora no evento que vamos relatar não se tenha observado qualquer objeto voador atuando, nem tampouco a atividade de Espíritos, este caso suscitou interesse em razão de seu caráter insólito, fato que desafiou todo raciocínio lógico para elucidação. Não foram poucos os que investigaram o caso, o qual foi amplamente divulgado pela imprensa em vários períodos após a sua ocorrência.

Em 23 de setembro de 1880, numa tarde calma, um rancheiro de nome David Lang, morador do condado de Sumner, no Tennessee, Estados Unidos, atravessava o campo de seu sítio quando desapareceu na frente de várias pessoas. O juiz Augusto Peck e seu cunhado tinham acabado de chegar de charrete à propriedade, e foram testemunhas do caso.

O dia estava claro, havia luz intensa. David caminhava de modo alegre e descontraído. Ao ver a jovem esposa olhando para ele e os filhos, George e Sarah, brincando no jardim, ele apertou o passo para encontrá-los. Já havia percorrido uns 50 metros e estava a pouca distância da família quando, num repente, simplesmente o homem desapareceu na frente de todos.

Na verdade, para quem não presenciou o episódio, o caso é difícil de ser aceito como verdadeiro, mas aconteceu em frente à família e à outras testemunhas, as quais ficaram atônitas. Na hora chamaram o xerife. Várias buscas foram feitas, mas não havia muito onde procurar. O terreno por onde passara David foi examinado com o máximo cuidado. Não havia razão alguma para o homem desaparecer daquele jeito. Mas o fato é que ele desaparecera.

A única pista sugestiva que restou foi a vegetação do local toda amarelecida, num diâmetro irregular de uns cinco metros, em torno de onde David estivera, como se naquele círculo tivesse caído um foco de energia intensa, algo capaz de apenas secar a vegetação, nada mais.

Em algumas partes o solo foi cavado e examinado com cuidado, a vegetação amarela foi rigorosamente analisada, mas nada... Nada foi encontrado. Não havia resto algum do homem. Ele não queimou, não evaporou e não desintegrou de modo visível. Ele, simplesmente, desapareceu.

Passaram-se anos. Em 1931, cerca de 50 anos depois, Sarah Lang, filha de David, concedeu uma entrevista à revista *Fate*, um periódico popular nos Estados Unidos, especializado em pesquisas psíquicas e em outros campos limítrofes da ciência. Naquela matéria, escrita por Stuart Palmer, Sarah disse que em abril de 1929, após o desencarne de sua mãe, recebera uma mensagem psicografada de seu pai. Ela contou ao escritor:

— Agora mamãe e papai estão juntos no além-vida, depois do pesadelo de anos e anos de separação.

Ela entregou-lhe a mensagem psicografada e tudo foi publicado na época. Contudo, cerca de 100 anos após esse acontecimento, alguns pesquisadores procuraram reabrir as investigações do caso, mas o tempo decorrido e os pseudônimos utilizados na narração do jornalista, para resguardo das pessoas envolvidas, comprometeu a reconstituição. Não foi possível confirmar o episódio. Observou-se que opiniões contrárias em casos intrigantes como esse nunca deixaram de existir, mas isso também nunca impediu os fatos de acontecerem.

Quem estudou o caso David Lang, considerou-o como fora do comum e muito sugestivo para comparar casos atuais de desaparecimento. Sob a ótica das duas teorias anteriormente mencionadas (uma neste e a outra no capítulo anterior), vamos fazer uma reflexão do tema.

A primeira das teorias considerava "a passagem de seres vivos para uma quarta dimensão" e o retorno ileso deles para o nosso espaço tridimensional (caso das moscas-de-frutas e da menina do caso confrade X); a segunda considerava "a passagem da matéria através da matéria", decorrente de uma operação chamada Massa Espiritualizada, onde a coisa inerte poderia desmaterializar e ser rematerializada, apresentando na volta um calor excessivo e grave alteração nas moléculas. Em síntese, na primeira hipótese o ser vivo poderia retornar; na segunda, não haveria possibilidade de retorno, sobreviria a morte, em razão das alterações moleculares no corpo.

Examinando o caso David Lang, vemos que o homem não voltou. Se fosse a primeira teoria, ali teria se aberto, repentinamente, por ação inteligente oculta, um portal de entrada à quarta dimensão. Por esse portal o homem teria saído do nosso espaço, como que sugado por algo estranho, mas ainda assim poderia voltar pela ação da mesma inteligência motora. Mas não foi isso que sucedera, porque ele não voltou e a relva ao seu redor ficara subitamente amarela, denunciando ter havido ali um calor estranho, característica esta da segunda hipótese. Portanto, o mais sugestivo é que o homem fora desmaterializado, e nessa condição seu corpo não poderia sobreviver, devido à grave alteração molecular, irresistível a qualquer ser vivo terrestre.

11

ABDUÇÃO E MORTE

As duas teorias mencionadas ajudam a esclarecer um pouco o intrigante fenômeno ufo. O conhecimento delas nos dá uma visão diferenciada para tentarmos entender o extraordinário, onde o relato da presença do ufo está associado ao invulgar desaparecimento da pessoa humana.

De fato, a noite de 21 de outubro de 1978, em Melbourne, na Austrália, foi palco de um acontecimento tão incomum que até hoje o caso suscita reflexões e controvérsias.

O incidente envolvia um jovem piloto, de nome Frederich Valentich. Ele levantou voo no aeroporto de Moorabbin, às 18h19 do sábado, tendo em mãos um avião monomotor modelo Cessna 182. A bordo só havia o piloto, ninguém mais.

Com seus 20 anos de idade, Valentich não poderia ser um piloto experiente. Embora estivesse habilitado para voar e apresentasse prática satisfatória em voos diurnos, no período noturno aquele seria o seu primeiro voo. E como ainda veremos, seria também o último.

O Comando de Operações Aéreas da Austrália presumiu que o incidente acontecera em alguma parte do estreito oceânico de Bass, supostamente entre a ilha King e as terras litorâneas da Austrália. Os meios de comunicação de todo o mundo deram ampla divulgação do acontecimento. Afinal, o caso era enigmático demais para ficar restrito somente ao local do evento. No Brasil, a revista *OVNI Documento*, abril de 1979, trouxe o caso.

A princípio nada se falou de ufos. E se não fosse uma gravação de seis minutos mostrando a conversa entre o piloto e a torre de comando, o incidente ficaria por conta de uma desorientação do jovem comandante da aeronave, ainda que seu avião não fosse mais encontrado. Mas a hipótese de desaparecimento do monomotor por ação de um ufo não pôde ser descartada, porque o registro da conversa mostrava isso.

Quando a tal gravação veio a público, todos notaram que algo extraordinário havia se passado no ar. O diálogo entre o piloto e a torre de comando, em Melbourne, era tão incomum que a teoria dos ufos encaixava-se no caso por si só.

A conversa nos remete àqueles minutos finais, dando-nos a ideia do drama vivido pelo piloto, momentos antes do súbito desaparecimento da aeronave.

A noite estava limpa e clara. Às 19h06, 47 minutos após a decolagem do monomotor, o piloto vê algo estranho lá em cima e chama a torre de controle, querendo ser informado sobre o objeto que estava vendo no ar. Então ele pergunta à torre:

— Está havendo algum tráfego aéreo na minha área, abaixo de 5.000 pés?

— Negativo! – respondeu o comando de operações em terra, e confirmou:

— Não resulta tráfego aéreo.

— Parece que tem uma aeronave de grandes proporções voando abaixo de 5000 pés – diz o piloto.

— Que tipo de aeronave? – pergunta a torre.

— Ela tem quatro luzes brilhantes, parecem ser de pouso – explica o piloto.

Após uma breve pausa, o piloto prossegue:

— A aeronave acaba de passar por cima de mim, a cerca de 1.000 pés de altura.

Valentich observava sobre ele uma aeronave fazendo um voo esquisito. Ele sabia que não é correto um engenho grande como aquele baixar da altura de 1.500 metros e passar por cima de um avião pequeno, um monomotor como o dele, à altura de apenas 300 metros. Isso poderia ser indício de uma emergência da aeronave. A torre também achou estranho tal procedimento e perguntou:

— Confirma uma aeronave de tamanho grande?

— Afirmativo! – respondeu o piloto, para em seguida emendar uma pergunta:

— Existem ao redor aviões da RAAF [Real Força Aérea Australiana] voando na mesma velocidade minha?

— Negativo! – informou a torre, e solicitou:

— Confirma que não identifica a aeronave?

— Afirmativo! – confirmou o piloto.

Estava claro que Valentich tinha diante de si um objeto voador não identificado, um ufo de tamanho grande, o qual a torre não conseguia captar nos instrumentos de radar. E o piloto acrescenta:

— Melbourne, ele está se aproximando de mim vindo do leste. Ele parece estar fazendo uma brincadeira. Está voando a uma velocidade que eu não sei avaliar.

O ufo se aproximava de um modo tal e numa velocidade de viagem que não permitia ao piloto fazer qualquer avaliação técnica. Em razão disso, a evolução do ufo parecia apenas uma brincadeira. Após uma pausa de três minutos, Valentich fez outro comentário, ainda mais insólito:

— Avião..., mas isso não é um avião! – exclamou. — É....

A transmissão nesse momento pipocou, foi interrompida.

— Poderia descrever a aeronave? – insistiu a torre.

— Ela está agora me ultrapassando em voo. Tem uma forma alongada. Não consigo identificar mais do que isto... Agora está vindo em minha direção. Mas parece estar estacionária... Eu estou orbitando! E a coisa está orbitando também, em cima de mim. Ela tem uma luz verde e uma espécie de luz metálica do lado de fora.

O piloto falou mais algumas palavras e concluiu dizendo à torre que o objeto tinha desaparecido no ar.

— Confirme que desapareceu – rapidamente disse o comando em terra.

— Afirmativo! – confirmou o piloto.

Mas ainda assim, Valentich pensou que a coisa poderia ser um avião militar desconhecido dele, e perguntou à torre:

— Vocês conhecem o modelo de aeronave que eu estou avistando?... É militar?

— Não existe tráfego militar na área – respondeu a torre, de imediato.

Seguiram-se então os momentos finais do incidente, onde o piloto informava à torre algo muito grave:

— O meu motor está tossindo e falhando – disse em tom de preocupação.

— O que você pretende fazer agora? – quis saber a torre, sem poder instruir o piloto.

— Eu pretendo prosseguir minha viagem para King Island – respondeu ele. Mas em seguida, informou:

— O avião desconhecido está agora pairando acima de mim.

Após está informação, seguiu-se um período prolongado de ruído metálico e a torre perdeu contato com o monomotor. Foi o último informe do piloto. O avião nunca mais seria encontrado.

Anotada a ausência de chegada do voo, previsto para aterrissar às 19h28 no aeroporto de King Island, o Comando Aéreo da Austrália procedeu a uma rigorosa busca do avião, tentando desvendar o enigma.

A noite estava clara. As condições meteorológicas eram excelentes. Uma ligeira brisa de noroeste era acompanhada de visibilidade ilimitada. O Cessna estava equipado com salva--vidas e um feixe de rádio para transmissão de sobrevivência em caso de queda. Nenhum sinal foi captado vindo desse feixe.

No dia seguinte, domingo, foi visto uma mancha de óleo na água, a 18 milhas da costa. Uma embarcação foi lançada para chegar ao local e examinar se era mancha de óleo ou combustível de avião. Aquilo que de início se pensava ser os destroços do avião, não passava de caixotes e de sacos plásticos flutuando à deriva. Nada daquilo tinha a ver com o aparelho desaparecido. Os pais do rapaz, o senhor e a senhora Guido Valentich, nunca mais souberam nada do filho.

Diante desse caso insólito, algumas indagações nos vêm à mente:

— Quais os fatos desse incidente dão mostras de que a teoria dos ufos não é apenas uma teoria? Sendo mais fácil levar uma pessoa ou um avião pousado em terra, por que fazê-lo em pleno voo? Piloto e avião foram desmaterializados ou entraram em outra dimensão? Por que o piloto não foi devolvido? Que defesa tem o homem contra esse tipo de agressor? Por que realizar um evento como esse?

Caro leitor, essas perguntas são pertinentes e as respostas exigem reflexão.

Inicialmente o piloto avistara uma nave de grandes proporções, a qual voava de um modo diferente dos engenhos terrestres e numa velocidade tal que não pôde ser avaliada por ele. Depois, o piloto constatou que aquilo não era um avião: a nave tinha uma forma alongada, com luzes verdes e uma enigmática luz metálica por fora; voava rápido, mas logo em seguida era capaz de pairar sobre o avião, ficando ali estacionária.

A nave alienígena parecia misturar-se com o meio-ambiente, pois não era captada pelo radar da torre de comando. As telas de radar mostravam que além do monomotor não havia ali nenhum outro avião, nem civil nem militar. O monomotor não tinha qualquer arma de defesa e o local do voo estava totalmente ermo, parecendo adequado para algum tipo de experiência alienígena.

A gravação feita pela torre deixou claro que o piloto tinha sobre si um objeto enorme, o qual lhe alterava o voo de modo raro. A nave alienígena provocava certa atração magnética que perturbava a trajetória do avião, produzindo nele um movimento orbital, como se estivesse envolvido por uma redoma. O próprio ufo também orbitava e algumas vezes ele desaparecia da visão do piloto.

A seu turno, o magnetismo da nave interferia na transmissão de rádio do avião, a ponto de interrompê-la em certos momentos. No final da transmissão, o motor começou a tossir e a falhar, denotando sintomas característicos da proximidade do ufo. Em seguida, o objeto pairou sobre o monomotor, o rádio fez então um ruído metálico e tudo ali desapareceu misteriosamente: piloto, avião e ufo. Nada mais foi encontrado. Restou apenas a gravação da conversa.

Numa breve pausa para recordar o passado, vemos que após a Segunda Grande Guerra, quando os ufos começaram a aparecer com mais intensidade em várias partes do globo, informações valiosas vieram à tona. O trabalho das forças armadas, dos órgãos oficiais de governo e dos cientistas qualificados, possibilitou a compreensão de novos ângulos da questão. Áreas[1] estratégicas foram formadas em alguns países. Vários depoimentos de testemunhas, regressões em

[1] A existência da Área 51 desde há muito é dada como certa no meio ufológico, mas apenas recentemente foi confirmada oficialmente pelas autoridades. Sua localização é o leito seco do lago Groom, a 150 quilômetros de Las Vegas, estado de Nevada, EUA, próxima à Base Nellis da Força Aérea. Nas proximidades há indicações alertando o público de que "*Força mortal poderá ser utilizada*", caso haja penetração. Trata-se de um espaço retangular não estabelecido em mapa, onde há ali instalações militares construídas a partir de 1955. Outras informações dão conta de ter ali uma pista de pouso com 80 quilômetros de extensão (ufos não usam pista de pouso). E de ter nas montanhas certas construções internas, para desenvolvimento estratégico de vários tipos de energia (nuclear, hidrogênio, plasma solar, eletromagnetismo), e de tecnologia aeroespacial (foguetes, espaçonaves, sondas, satélites, estações, protótipos de ufos, camuflagens). Acredita-se que trabalhem ali cerca de 2.000 pessoas e que seja o local onde naves e corpos de alienígenas estejam guardados. Tem-se que países adiantados também tenham uma área 51 para desenvolvimento de tecnologia estratégica.

estado hipnótico, evidências paranormais, provas filmadas, estudos fotográficos, exames de espectrometria, ondas de rádio, radiações eletromagnéticas, áreas de aterragem e resíduos no solo foram aos poucos constituindo um importante banco de dados sobre os ufos. Imaginava-se que esta base científica seria capaz de idealizar um modelo teórico de ufo com novos materiais e novos propelentes, talvez impulsionado com energia do vácuo, movendo-se quiçá por uma quarta dimensão de espaço e sob um regime de comunicação por telepatia.

Embora isso possa parecer ficção científica, foi pensando assim que alguns países desenvolveram novas tecnologias e sua Área 51 própria, por assim dizer, porque a melhor maneira de entender os ufos seria tentando construí-los, quando, para superar dificuldades, todas as ciências seriam articuladas, visando dotar a engenharia de novos recursos, inclusive os de ordem metafísica.

Constatou-se no passado que o aparecimento do ufo quase sempre vinha acompanhado de estranhos efeitos físicos, os quais foram classificados inicialmente como sendo de quatro tipos: os efeitos mecânicos, os eletromagnéticos, os fisiológicos e os parapsicológicos. Vamos observar rapidamente cada um deles.

Os Efeitos Mecânicos interferem na natureza e deixam marcas no solo, galhos quebrados, resíduos de queima, mato amassado, vegetação amarelecida, sinais enigmáticos nas plantações.

Os Efeitos Eletromagnéticos provocam alterações no fornecimento de energia, perturbações no funcionamento dos sistemas de comunicação dos aeroportos, interferência nos motores, nos aparelhos de rádio e de televisão, no sistema elétrico de veículos, no funcionamento de relógios e de bússolas.

Os Efeitos Fisiológicos provocam no corpo do ser vivo paralisia temporal, arrepios, coceiras, garganta seca, sonolência, dificuldade respiratória, tontura, problemas na vista, queimaduras, cicatrizes, fobias, confusão mental, choque emocional, alteração no comportamento, infecções, redução nas defesas do organismo, podendo levá-lo a óbito.

Os Efeitos Parapsicológicos se apresentam provocando na pessoa certo aguçamento para realização de fenômenos extrassensoriais, tais como telepatia, levitação, teletransporte, desprendimento da alma, captação de energias e irradiação delas para realização de curas.

A ocorrência desses fenômenos físicos parece denotar o interesse alienígena em interferir nas coisas inertes da terra, nos seres vivos, nas atividades e na tecnologia do homem. No caso exclusivo do piloto australiano, o objetivo parece apenas lógico: conseguir algo em benefício do próprio alienígena.

Naturalmente que para abduzir o ser humano e seu avião em pleno voo são necessárias técnicas e operações muito mais complexas do que fazê-lo enquanto no solo. A experiência alienígena nesse caso seria muito mais intensa e haveria como constatar a performance dos engenhos em pleno voo.

Contudo, o progresso da tecnologia humana, fabricando armas e aviões sofisticados, tornou essa operação perigosa. Os alienígenas sabem disso e procuram fazer observações e experiências com aquilo que lhes oferece risco menor. No caso em questão, o alvo escolhido fora o monomotor, mas nós poderíamos encontrar ainda outras dezenas de casos, cujo *modus operandi* revela-se semelhante esse.

Tendo em mente as duas hipóteses dadas no capítulo anterior que poderiam causar um desaparecimento, fica claro que no caso do piloto australiano não houve a passagem para uma quarta dimensão – tudo fora desmaterializado. E, nesta hipótese, o avião, por ser coisa inerte, poderia voltar (num processo reverso e com certas perdas funcionais, em razão do aquecimento das moléculas e da complexidade de funcionamento do conjunto), mas o ser humano não, pois a carne não suportaria o calor na transmutação da matéria. Como vimos, na desmaterialização haveria morte. Por certo, o alienígena hostil sabe que cometeu um crime e, se o avião fosse devolvido, sem o piloto, a prova do delito seria ainda mais consistente.

A defesa humana contra esse elemento hostil pode ser idealizada por medida apenas lógica: o agressor, num certo momento, tem necessidade de se fazer físico para realizar os seus intentos, nesse instante fica vulnerável e é suscetível às ações convencionais de defesa do homem.

Mas é preciso ressaltar que nem todos os alienígenas dão mostras de serem hostis. O tipo em questão é dos mais inferiores; ou seja, embora tenha substancial avanço científico, ainda opera com limitação técnica e imperfeição moral. Ainda que as defesas contra ele sejam convencionais, o melhor sempre é manter uma atmosfera de calma e uma postura de moral elevado, fazer o contato e esperar que ele mesmo informe a que veio. As ações posteriores do homem seriam decorrentes desse contato inicial.

Num caso enigmático como o do piloto relatado, que levou à morte um jovem rapaz, haverá sempre quem considere o evento apenas um voo acidental que terminou no fundo do oceano. Mas o homem reflexivo haverá de considerar outras possibilidades, dentre as quais a que mencionamos.

Conforme parecer do mentor espiritual, as criaturas intrusas protagonistas do incidente Valentich pouco progrediram na escalada de progresso moral. Se fossem da Terra e pudessem ser aprisionadas, por certo haveriam de responder pelo crime, segundo as leis humanas vigentes. Como não são deste orbe nem tampouco foram capturadas, certamente responderão à justiça Divina, cujas leis universais de causa e efeito tratam de renovar todas as criaturas em débito, sem exceção, seja em que esfera for do cosmos.

Contudo, a origem do mal provém da imperfeição do Espírito; e a Terra é uma escola destinada à educação daqueles ainda em estágio pouco adiantado, bem como à expiação dos culpados por um passado delituoso. Neste caso, o contato entre Espíritos de índole duvidosa produz reciprocamente desgraças e castigos mútuos. Antigas ligações antagônicas, entre o indivíduo da Terra e os povos do espaço, podem ser reativadas. Nada acontece por acaso. Vínculos pretéritos se estreitam e determinam as causas presentes, dentre as quais estão tragédias e incidentes, como, por exemplo, o verificado com o piloto Valentich.

12

TELEPORTAÇÃO DE ANIMAIS

Quando experiências de aparecimento e desaparição de coisas são feitas em laboratório, tudo ali pode ser cientificamente controlado. Mas na rotina diária da vida há casos que ocorrem de modo enigmático, sem qualquer controle da situação e sem explicação de como acontecem. Na verdade, são fatos tão extraordinários que parecem produzidos por criaturas invisíveis.

Recentemente, numa Fazenda localizada a nordeste do estado de Utah, nos Estados Unidos, casos verdadeiramente insólitos aconteceram. A *revista UFO*, uma publicação brasileira das mais conceituadas, em seus números 97 e 98 trouxe a matéria completa, *O Caminho de Skinwalker*, de autoria do jornalista norte-americano George Knapp.

Ele conta o estranho caso de desaparecimento de quatro touros, animais bravios e agitados, pesando quase uma tonelada cada, que foram teleportados do curral em que estavam para dentro de um pequeno trailer de metal.

Desde 1994, quando comprara a Fazenda, o proprietário e seus familiares vinham observando uma série de acontecimentos fora do comum. Certa vez, o dono notou que uma parte do pasto tivera o capim amassado, formando no solo três círculos perfeitos, com diâmetro de três metros cada. Era algo inexplicável. Porque na Fazenda não tinha equipamento para fazer tais marcas no chão.

Depois disso, a família começou a ver nos céus coisas estranhas. Um objeto, parecendo um veículo, levantou voo do pasto, sobrevoou as árvores e lentamente foi embora, sem fazer qualquer ruído. Não se soube o que era aquilo.

Em outra ocasião, a esposa do fazendeiro viu pairar um estranho objeto em forma de disco, silencioso, rodeado de luzes piscantes, a uns 7 metros acima de seu carro. Era algo insólito, mas as coisas extraordinárias não pararam aí.

Dias depois, a família viu estranhas nuvens estacionárias no alto, perto da propriedade. E de modo raro, dentro delas havia luzes fazendo pirilampos e estampidos como os de árvore de natal sonorizada. Os vizinhos também passaram a ver aquelas coisas e o espocar estranho de luzes. Nos céus apareceram aparelhos em formato de disco e uma nave enorme, em forma de charuto.

Mas o pior de tudo para os proprietários era a constante perda de animais, que gerava prejuízo, instabilidade emocional e fazia a família considerar vantajosa a venda da Fazenda.

Certa feita, em abril de 1996, quando passava diante do curral para ir à cidade fazer compras, ao ver ali quatro touros fortes e saudáveis, os melhores reprodutores que tinha, o proprietário ficou preocupado. Ele comentou com a esposa que caso houvesse a perda de um daqueles touros, a exemplo do já ocorrido com 14 animais do rebanho, eles teriam um grave problema financeiro, difícil de ser resolvido sem vender a Fazenda.

Na verdade, mal sabiam eles o que os aguardava. Parecia até que alguma entidade invisível, com intenção maldosa, escutara a conversa do casal ou lera os seus pensamentos na intenção de lhes pregar uma peça. O temor do proprietário, revelado à esposa, seria reavivado em seguida.

Não havia se passado mais que uma hora, quando eles voltaram da cidade trazendo as compras. Quando o dono foi ao curral ver os touros, teve uma surpresa desagradável – os touros haviam sumido!

Todos na Fazenda se embrenharam numa busca incessante dos animais. Procuraram em tudo, até nos locais mais difíceis. E nada. Os touros tinham mesmo desaparecido. Foi aí que o proprietário cismou de dar uma olhada dentro de um velho trailer, estacionado num canto do curral.

Na verdade, esse era o último dos lugares em que qualquer vaqueiro iria procurar por touros desaparecidos, mas em razão do ambiente ali estar estranho, o dono resolveu fazer isso. E foi até lá.

O trailer de metal tinha apenas uma porta, a qual estava fechada com cabo de metal grosso, nitidamente trancada. Nada poderia entrar ali. Mas sua intuição dizia para abrir o trailer. Ao abrir a porta, o fazendeiro ficaria chocado.

— Os quatro touros estavam dentro do trailer, vivos e quietos, espremidos como sardinhas em lata – relatou o fazendeiro.

Ao gritar à esposa, dizendo que os havia achado, contou ele:

— Os animais pareciam despertar de um estado de torpeza e começaram a se jogar uns por cima dos outros, como loucos.

O cientista Colm Kelleher, administrador do National Institute for the Discovery of Science — NIDS (Instituto Nacional para Descoberta da Ciência), entidade que passara a investigar os fenômenos na Fazenda, considerou:

— Não havia nenhuma maneira de alguém conseguir colocar aqueles animais dentro do trailer – e prosseguiu, dizendo:

— Já seria bastante difícil colocar apenas um deles ali dentro, o que dizer então de quatro animais?

De fato, seria potencialmente impossível pôr quatro touros sadios e lúcidos naquele reboque. E a única entrada do curral para o trailer estava fechada com cabos. O fazendeiro acrescentou:

— Ainda havia teias de aranha intactas no lado de dentro da porta, quando abrimos, o que mostrava não ter sido aberta antes.

Caro leitor, esse é um caso típico de Teleportação de Seres Vivos por fora do nosso espaço, por outra dimensão, realizada por entidades inteligentes. Também aqui a hipótese de Zöllner (transferência de corpos através do hiperespaço de quatro dimensões) é a mais viável e harmoniosa para se considerar.

Caso ainda mais intrigante aconteceu em 1967, no estado do Colorado, Estados Unidos. Isso foi divulgado no final dos anos 60 por vários meios de comunicação.

Nelly, filha de um rico fazendeiro da região, tinha um belíssimo equino de raça indígena, com pelos brilhantes e uma marca branca inconfundível na pata dianteira. A imprensa deu ao belíssimo animal o nome de Snippy.

Nelly gostava de todas as manhãs fazer o cavalo galopar nos campos da Fazenda de seu pai. E em 6 de setembro daquele ano, após uma cavalgada matinal, Snippy fora deixado à vontade no pasto da Fazenda, para voltar ao estábulo sozinho, no final da tarde, como estava habituado a fazer todos os dias.

Acontece que naquela tarde o cavalo não voltou e a dona ficou preocupada, mas imaginou que o animal talvez tivesse encontrado outro para fazer o par e ficado por lá perambulando, como é normal acontecer aos animais. Passaram-se dois dias e nada. O Snippy não aparecia e a preocupação de Nelly aumentou ainda mais, a ponto de ela não se conter e sair à procura do animal. Procurou em todos os lugares na Fazenda. Entrou no meio da manada, foi aos bebedouros, subiu e desceu colinas. E nada...

Foi então que Nelly ordenou aos vaqueiros para também procurarem o animal. A busca se deu por toda parte. E Snippy finalmente foi achado fora das terras da Fazenda, a quilômetros de onde fora deixado pela dona.

Na verdade, o animal não estava passeando pelas campinas e nem havia encontrado nenhum outro para um par amoroso. Seu destino houvera sido bem trágico. Estava morto. E de um modo tão estranho como ninguém tinha visto antes. Aquilo não fora um acidente. Todos estavam certos disso.

O cavalo estava estendido de lado. A cabeça e os flancos do pescoço estavam descarnados, parecia ter sido raspado a navalha. Mas, estranhamente, os ossos expostos da coluna vertebral e da cabeça apresentavam todas as ligações, mantendo a conformação anatômica do esqueleto exposto. Os olhos estavam no lugar e o restante do corpo, abaixo do pescoço, apresentava-se intacto, inclusive com toda a pele.

Examinando melhor o animal, observou-se que a carnificina fora recente, a matança houvera ocorrido poucas horas antes. Pairava no ar um odor estranho, de alguma química desconhecida. A cabeça e o pescoço do cavalo tinham sido descarnados com precisão cirúrgica. A linha de corte era precisa em volta do pescoço, delineando uma reta quase perfeita, e por toda sua extensão apresentava um serrilhado no couro, lembrando o efeito cauterizador de um bisturi a *raio laser*. De modo extraordinário, não havia uma gota de sangue no local. Com efeito, aquela fora uma cirurgia incomum. Em razão disso, tudo começou a ser visto em detalhes.

As coisas ficaram ainda mais enigmáticas quando se verificou que a grama, em volta ao corpo do animal, estava toda amarelecida, queimada de modo suave, e apresentando resíduos de algo como uma espécie de óleo.

Em razão dessas evidências, o policial William Webb, que atendeu a ocorrência, notou que as pegadas de Snippy desapareciam de repente, como se ele tivesse entrado naquele local vindo de cima. Usando um contador *Geiger*, o policial constatou que o entorno do animal apresentava forte radiação. E recomendou a Nelly deixar o cavalo onde estava, sem mexer, ao menos por alguns dias, até que uma nova medição indicasse não ter mais radiação, evitando o perigo de alguém se contaminar.

Todos contavam que nesse meio tempo os abutres teriam resolvido a questão. Mas isso, estranhamente, não aconteceria. Três semanas mais tarde, Snippy ainda se achava da mesma maneira, sem alteração alguma; ou seja, os abutres e outros animais não se interessaram de modo algum em fazer o repasto, e nem sequer chegavam perto.

Funcionários do Departamento de Higiene foram chamados ao local. O veterinário achou aquilo muito estranho, pois não é comum que aves de rapina rejeitem tanta comida. Além do que, o corpo do animal, em vez de estufar, parecia estar um tanto murcho, diferente do que seria natural.

Para melhor entender aquilo, seria preciso fazer a autópsia no cavalo. Nelly fora consultada e concordou com a recomendação do veterinário do Departamento.

Para acompanhar o caso, foi chamado ao local o médico Dr. John Altshuler, professor assistente de hematologia e patologia clínica da Universidade do Colorado, entidade responsável para investigar um caso como aquele. O animal foi removido para Alamosa, no Colorado, e a autópsia foi realizada. Aí então a surpresa foi maior.

Embora o cavalo estivesse sem cabeça, o restante de seu corpo estava ainda intacto. Não apresentava incisão alguma no dorso, na barriga e em outras partes.

Os especialistas abriram o animal. Aí o espanto foi geral. Houve uma sensação de absurdo. O interior do corpo estava absolutamente vazio: coração, pulmões, estômago, fígado, rins, baço, intestinos e demais órgãos tinham desaparecido como por encanto. Não havia abertura no corpo do animal que pudesse dar vazão às vísceras. Até o cérebro, dentro da caixa craniana, não fora encontrado.

Os peritos concluíram que estavam diante de uma obra cirúrgica simplesmente inexplicável. O autor da façanha não agira de modo conhecido pela ciência, nisso todos estavam de acordo.

Em razão dessas evidências, as investigações prosseguiram na Fazenda, com outra equipe especializada do governo. Todas as pessoas dali foram ouvidas. Várias delas disseram terem visto estranhas bolas de fogo sobre o terreno da Fazenda, no dia em que o cavalo desaparecera.

O juiz Charles Bennett, uma das testemunhas do caso, disse:

— Observei nitidamente três globos luminosos atravessarem o céu da Fazenda emitindo um som ligeiramente perceptível. Na ocasião, não dei importância alguma ao fato, mas depois da morte misteriosa do Snippy e do desaparecimento mais misterioso ainda de suas vísceras, para mim não ficou dúvida: foram alienígenas que executaram o serviço com aquela perfeição. Penso que o animal deveria ser desconhecido para eles e quiseram, assim, estudar sua anatomia.

Caro leitor, com a descrição realizada, nota-se que o Caso Snippy fora diferente do anteriormente relatado – Caso dos Quatro Touros –, porque há nele duas atividades distintas: uma, a teleportação do animal para uma localidade a quilômetros de distância; outra, o "*asport*"[1] misterioso das vísceras do cavalo, levadas de dentro dele, sem cortá-lo, para local ignorado, supostamente para estudos, conforme ponderou o juiz Bennett.

As observações anteriores, as quais davam conta de que: a vegetação estava amarelecida e o local apresentava radiação; o estado do corpo do animal era invulgar, sem vestígios de sangue e sem vísceras em seu interior; o corte no pescoço do cavalo fora serrilhado e de alta precisão, algo que até mesmo as mãos de um hábil cirurgião com bisturi a *laser* e equipamento moderno teriam dificuldade em fazer; as testemunhas tinham avistado objetos voadores não identificados

---

[1] *Asport*. No Caso Snippy, essa palavra é a que designa melhor o "*sumiço das vísceras do animal*", por isso foi empregada. Trata-se de uma terminologia de origem francesa, não muito usada, proposta no século XIX para designar o transporte paranormal de um objeto de "*dentro para fora*" de um ambiente fechado; enquanto a palavra o *apport*, por sua vez, significa "*de fora para dentro*". O termo *endopport* ficou reservado para definir o transporte paranormal de um objeto "*de fora para dentro do corpo humano*".

no local, ou seja, globos luminosos atravessarem os céus no dia em que o cavalo desaparecera; em suma — todas essas evidências vieram reforçar a Teoria dos Ufos, deixando outras hipóteses enfraquecidas.

Em razão dos métodos empregados (científicos tanto quanto possíveis), as evidências ali foram estudadas e as ideias preconcebidas, afastadas. Os fatos observados falaram por si sós. Os profissionais que estudaram o caso Snippy, no próprio local do evento, não puderam deixar de fora a Teoria dos Ufos, porque ela se apresentava como a mais sugestiva de todas para elucidação.

Mais tarde, alguns ufólogos que investigaram o caso de modo aprofundado, disseram que a Fazenda era de propriedade de Harry King e de sua esposa Agnes. E que Nelly fora o cognome da senhora Berle Lewis, filha do casal.

O Caso Snippy foi tão substancial que o professor, Dr. John Altshuler, corrigindo os dados da imprensa, disse depois que o animal era uma égua da raça Appaloosa, com três anos de idade, chamada Lady.

A partir desse episódio, o médico passou a pesquisar mutilações de animais nos Estados Unidos e a participar de reuniões ligadas à Ufologia, tornando-se um dos maiores especialistas no assunto.

No próximo capítulo, vamos ver mais de perto a teleportação de objetos, fato que explica um pouco, por analogia, o desaparecimento das vísceras de Snippy.

13

IMPLANTE ALIENÍGENA

Além dos fenômenos de *apport* e *asport* de que tratamos no capítulo anterior, há outra modalidade de teleportação física chamada *endopport*.

Devemos observar que se uma teleportação de objeto é feita de modo que ele seja materializado dentro do corpo humano, sem que tenha rompido as camadas da pele, como já foi visto em pessoas cujo organismo abriga pequenos objetos, a esse fenômeno é dado o nome de *endopport*; ou seja, objeto físico teleportado de modo enigmático para dentro do corpo humano.

De há muito o Espiritismo já constatou que Espíritos obsessores praticam o *endopport* utilizando botões, grampos, alfinetes, pregos e outros objetos, os quais são materializados dentro do corpo da vítima com objetivo de prejudicá-la, em razão de alguma indisposição passada entre ela e o Espírito obsessor.

Em casos de poltergeist, verificou-se que após o ato cirúrgico para retirada do objeto, um novo *endopport* fora realizado, voltando o organismo a abrigar outro objeto estranho. O tratamento contínuo de desobsessão espiritual, realizado nas Casas Espíritas, revelou-se eficaz para conter o *endopport* realizado por Espíritos obsessores.

Contudo, nos tempos atuais, alguns psiquiatras norte-americanos, ao tratarem casos intrigantes, se depararam com algo de estarrecer, diferente do *endopport* espiritual.

Alguns pacientes, após receberem cuidados médicos e tratamento através de regressão hipnótica, relataram terem sido vítimas de alienígenas.

Durante a hipnose, os pacientes disseram que uma luz forte, projetada de um veículo espacial, os teria paralisado. Após essa imobilização, teriam sofrido intervenções invasivas em seus corpos. Alguns dos pacientes relataram que as intervenções se fizeram em terra, outros se disseram levados à nave para experiências médicas.

Os ocupantes do objeto voador, por sua vez, que pela descrição das testemunhas não eram humanos, além de realizarem exames, segundo os pacientes, teriam feito também algum tipo de implante alienígena em seus corpos.

Em razão desses relatos incomuns, os supostos abduzidos foram submetidos a exames complementares. Em vários deles, constatou-se dentro do corpo algum pequeno objeto metálico, sensível à radiografia, ou estranhos nódulos magnetizados, não sensíveis ao raio-X, mas capazes de fazer o ponteiro de uma bússola se mover.

Os artefatos encontrados não eram cortantes nem pontiagudos, não tinham sido inseridos no corpo de modo a deixarem marcas de entrada na pele.

Efetuado o ato cirúrgico, os objetos foram retirados. O estudo científico do material coletado não foi suficiente para validar a hipótese de implante alienígena ou de *endopport* espiritual.

De modo científico, os médicos atestam que os objetos retirados do corpo são reais e que estavam dentro dele sem marcas de inserção através da pele. Contudo, os relatos feitos em estado de sono hipnótico são geralmente considerados como reais apenas para os pacientes, não constituindo prova para validar as hipóteses ventiladas.

Desta maneira, o que tem ficado evidente é que ainda será preciso estudar outros casos, para um posicionamento científico mais esclarecedor. E isso vem sendo feito com intensidade por pesquisadores de vários países, inclusive do Brasil, interessados em Ufologia e em casos paranormais.

De fato, nos Estados Unidos, o doutor Roger K. Leir tem tratado de casos raros em sua clínica. Ele se formou pela Universidade do Sul da Califórnia, em 1961, e obteve o certificado em Podiatria (especializado em pés) pela Faculdade da Califórnia, em 1964. Sua prática cirúrgica iniciou-se em seguida, tendo trabalhado em inúmeros hospitais. O currículo do doutor Leir é impecável, digno dos melhores elogios.

Como outros médicos norte-americanos, ele se interessou cedo pelas Experiências de Quase-Morte (EQM) e por estudar Objetos Voadores Não-Identificados (UFOs).

Em 23 de fevereiro de 1998, numa importante conferência, ele fez uma revelação fantástica. Disse ter operado duas pessoas, as quais relatavam em estado consciente terem sido sequestradas por seres alienígenas. Disse ter retirado delas três objetos de metal. Dois estavam em um único paciente, um em cada dedão do pé. O outro objeto estava na parte dorsal da mão esquerda do segundo paciente.

O interessante é que nenhum dos dois abduzidos tinha consciência desses implantes, apenas ficaram sabendo deles após radiografia do local. Não sentiam dor e não havia marcas de incisão na pele.

Para o doutor Leir, após as pesquisas e os exames de laboratório para verificar a composição física dos objetos, não ficou dúvida sobre a origem deles:

— Poderiam ser rastreadores, monitores de mudança genética, progressão genética do corpo ou, ainda, objetos com um propósito inimaginável para nós –, afirmou o médico.

O caso foi tão extraordinário que o médico decidiu escrever um livro sobre o assunto.[1]

De nossa parte, podemos assegurar que o doutor Leir não dá nenhuma mostra de estar interessado em aparecer publicamente, correndo o risco de expor ao ridículo sua brilhante carreira médica. Se assim o fez, como ele mesmo disse, foi porque considerou que outros profissionais de medicina deveriam tomar conhecimento de assunto tão inabitual, para terem referências e fazerem confrontos, caso se deparem com algo semelhante em suas atividades.

O doutor Leir considera que a prática médica convencional é mandar a laboratório o material retirado do paciente, para saber se é benigno ou maligno, e daí dar tratamento adequado ao caso. Para ele, essa postura comum deveria ser aprimorada, pois pacientes com objetos inabituais no corpo deveriam ser estudados com nova ótica.

Devemos ressaltar que o médico não se posicionou assim apenas em teoria, o assunto foi tratado por ele de modo absolutamente prático, através de intervenções cirúrgicas, as quais foram filmadas e mostradas posteriormente na televisão.

Além do doutor Leir, outro cirurgião com mais de 30 anos de experiência participou do evento. Os médicos nada cobraram dos pacientes. As operações foram realizadas numa sala cirúrgica adequada, devidamente equipada com instrumentação e medicamentos, além de serem assistidas por equipe de enfermagem competente.

Para registrar o acontecimento, a sala cirúrgica fora antes equipada com câmeras de filmagem e máquinas fotográficas, operadas na ocasião por técnicos especialistas.

O primeiro paciente do dia foi uma senhora de uns 50 anos, chamada Patrícia, a qual foi operada pelo doutor Leir. O segundo foi um homem alto, com barba comprida, de nome Paul. Este seria operado pelo doutor A, nome dado por Leir para não revelar publicamente a identidade do outro médico.

---

[1] LEIR, Roger K. *Implantes Alienígenas: Somos Cobaias de ETs?* Campo Grande, CBPDV, 2002.

A segunda operação estava para ser iniciada. Vamos aqui observar alguns lances.

O doutor A pegou uma lupa cirúrgica e examinou toda a superfície da mão do paciente.

— Roger, dê uma olhada aqui nisso – disse o cirurgião.

O doutor Roger Leir, então, aproximou-se e examinou com a lupa a mão inteira do homem, como o fizera o médico anterior. Observou cada poro, ranhura e orifício. Não encontrou absolutamente nada. Não havia cicatriz e nenhum sinal de entrada que permitisse estar ali aquele objeto visto no raio-X.

Ao examinar a mão do paciente, o doutor Leir disse ao auxiliar:

— Bert, pode me trazer o medidor Gauss? – Ele pretendia usar esse instrumento para verificar se a mão apresentava algum magnetismo.

Para surpresa geral, quando o instrumento foi ligado sobre o dorso da mão esquerda de Paul, a sala se encheu de um forte zumbido, vindo do medidor. O cirurgião indagou atônito:

— Meu Deus! O que é isso?

— Eu lhe digo o que é – respondeu Roger, apontando o objeto que deveria ser extraído. — Essa coisa está criando um gigantesco campo eletromagnético.

Dois peritos que assistiam a operação sugeriram que o campo de energia poderia ser decorrente da influência de algum aparelho de dentro da sala.

Os médicos decidiram então interromper os procedimentos, para um exame mais detalhado fora da sala.

Paul foi levado a outro local, distante da sala de cirurgia e sem as supostas influências dela. Então, o mesmo teste foi de novo realizado. E o resultado se repetiu. O silêncio da noite foi quebrado com aqueles impulsos de som, seguido de zumbido. O objeto na mão do paciente estava fortemente magnetizado.

— Doutor, corte logo e arranque essa porcaria daí! – exclamou o paciente em ato contínuo.

Os procedimentos cirúrgicos recomeçaram. O Dr. Roger Leir descreve isso com absoluta precisão. Em certo momento, o cirurgião diz:

— Acho que toquei alguma coisa – e prossegue operando.

— Passe-me a pinça – pediu o médico operador à sua auxiliar.

Sem tirar os olhos da ferida aberta, ao lado do cirurgião, o Dr. Roger Leir descreve os procedimentos com precisão:

— Com uma esponja, eu limpei a área que já começava a se encher de sangue, acumulado no centro da cavidade aberta. O cirurgião inseriu uma pinça e pressionou o cabo com cuidado. Os dentes fecharam. Ele olhou para Denise (a enfermeira) e, com voz totalmente calma e confiante, disse: '*Outra lâmina 15, por favor*'. Rapidamente ela passou uma lâmina nova ao médico. Mais uma vez o doutor A penetrou a ferida com a lâmina e, numa fração de segundo, puxou a pinça, a qual trazia entre os dentes um objeto de coloração escura. Um grande alarde tomou conta da sala. '*É isso? O senhor tirou o objeto? O que é esta coisa, afinal?*', todos falavam e queriam saber de imediato o que estava acontecendo. Da sala adjacente, também ouvíamos vozes excitadas. Flashes de câmeras inundaram a sala de cirurgia. Mike, o cinegrafista, direcionou a câmera de vídeo para o novo espécime e ajustou o foco. '*Tenham calma, todos*', eu disse, tentando restaurar a ordem no ambiente. '*Vamos dar uma olhada e descobrir o que temos aqui*'. O pequeno objeto cinza foi colocado sobre uma esponja branca, limpa. Fiquei chocado – ele era exatamente igual ao que havíamos tirado do pé de Patrícia, algumas horas antes. Tinha a forma de uma semente de melão e parecia estar coberto por uma membrana cinza escura. O doutor A pegou uma faca com lâmina 15 afiada e tentou abrir o objeto. '*Que coisa! Não consigo cortar esta droga! É igualzinho ao outro!*'. Ele me deu a esponja com o objeto e eu passei para Denise que, por sua vez, colocou-a no receptáculo de transporte. Em poucos minutos o doutor A suturou a ferida e fez o curativo. Tínhamos concluído a segunda cirurgia, mas as atividades do dia ainda estavam longe de terminar. Então foi dado continuidade aos procedimentos.[2]

---

[2] LEIR. Roger K. *Implantes Alienígenas: Somos Cobaias de ETs?* Campo Grande. CBPDV, 2002, capítulo bônus no site da *Revista Ufo* (2005).

O Dr. Leir faz uma série de interpretações dos casos estudados por ele. Embora sejam reflexões muito apropriadas, ainda assim não significa que estejamos concordando com todas àquelas suas disposições fora da área médica, pois na interpretação da intrigante questão alienígena o mentor espiritual nos tem dado seu parecer, que colocamos na obra por aceitá-lo.

Devemos considerar que de modo científico não há nada ainda que comprove a funcionalidade dos objetos retirados, no sentido de que seja algum tipo de microconjunto capaz de registrar e transmitir dados do corpo humano.

Conforme instruções espirituais nós registramos que existem casos nos quais objetos de procedência alienígena encontram hospedeiros na Terra. O objetivo é quase sempre estudar o organismo, porque os ultraterrestres do tipo Cinza estão interessados em converter o DNA físico em cópia extrafísica de informações genéticas, visando aproveitá-las na restauração de seu próprio organismo, o qual fora desarticulado no passado em decorrência de radiações degenerativas, levadas a efeito em seu mundo de origem.

Tem-se que o fenômeno em questão não se trate de *endopport* produzido por Espíritos obsessores, mas de procedimento similar realizado por uma criatura que poderíamos chamar de ET de antimatéria ou de entidade ultraterrestre.

Essa criatura é um ser extrafísico de uma realidade diferente da terrestre. Uma figura espiritual intrusa, por assim dizer, que tem por objetivo a pesquisa, mas perturba e não deve ser compactuada em nada do que faz, mas sim repelida nas investidas por não trazer nada de bom ao homem.

Tem-se que essa entidade, constrangida por outros povos do espaço, mais evoluídos que ela na ciência e na moral, esteja compelida a alterar seu rumo evolutivo em direção aos verdadeiros valores que enobrecem o espírito. Por isso, tem-se que esteja cerceada em suas ações por barreiras intransponíveis, as quais ela não pode ultrapassar na Terra.

A vigilância do homem deve ser constante, principalmente sobre si mesmo, mas nada deve ser temido por ele, porque se tem que o planeta esteja sob a proteção de entidades espirituais evoluídas, capazes de manter a mais perfeita ordem em tudo.

Nos capítulos mais à frente ainda voltaremos a falar das entidades do tipo Cinza, não muito avançadas no aspecto moral. Por agora, é preciso considerar que seres evoluídos não realizam atividades contrárias ao bem-estar do homem.

14

COLETA DE MATERIAL GENÉTICO

Além daqueles quatro touros premiados, o proprietário da Fazenda em Utah tinha cerca de 70 cabeças no rebanho. Sua formação era universitária, com vários cursos e treinamento em pecuária. Era um especialista conceituado em inseminação artificial e pretendia criar gado híbrido em sua Fazenda. Mas os casos estranhos prosseguiram.

Na pastagem, de modo incomum, os animais viviam agitados. Estranhas bolas de luz eram vistas com frequência em meio ao pasto, denotando particular interesse pelo gado, o qual reagia com violência na aproximação delas. Às vezes, o gado se repartia no pasto como se uma força invisível atuasse na separação das cabeças.

Em Ufologia, essas bolas de luz são chamadas também de Sondas, porque aparentam artefatos lançados pela nave, monitorados à distância por uma espécie de controle remoto, com objetivo de transmitir à nave principal informações do local pesquisado e dos seres vivos ali existentes. O gado, sem dúvida, era motivo de interesse das sondas.

Contudo, estranhamente, com o passar dos dias o gado começou a ser achado morto, em situação esdrúxula, fora dos padrões normais. Uma vaca fora encontrada morta com um buraco nos olhos, sem sinal algum de sangue. O gado estava sendo mutilado, com incisões tão precisas como as de bisturi.

Esses acontecimentos na Fazenda, no ano de 1996, eram semelhantes a alguns relatos anteriormente feitos por outros fazendeiros nos Estados Unidos, principalmente antes de 1973. A partir desta data, os fantasmas criminosos, como foram denominados pela imprensa, mudaram o seu *modus operandi* e passaram a pousar os objetos voadores nos pastos, atacando e mutilando os animais.

De fato, a ufóloga e pesquisadora Coral Lorenzen registrou um desses casos.[1] O incidente ocorreu em 1973, perto de Pasadena, no Texas, Estados Unidos.

Uma senhora voltava de carro para casa com sua mãe, com o cunhado, a irmã e o sobrinho. As cinco pessoas viram ao longe uma estranha luz. Todos pensaram que fosse um helicóptero. Mas estranhamente o objeto começou a seguir o carro e não fazia barulho algum.

Preocupada, querendo saber do que se tratava aquilo, a mulher parou o carro para melhor observar o céu. Saiu sozinha do veículo, enquanto os outros preferiram ficar dentro e olhar dali. A luz do objeto bateu forte em todos. E tudo naquela hora pareceu ficar apenas nisso.

Contudo, a partir desse dia, a mulher passou a ter impressão de que mais coisas tinham acontecido ali. As lembranças que lhe vinham à mente eram truncadas. E a sensação de que algo incomum lhe acontecera, foi cada vez mais se acentuando com outros lampejos do caso. Ela fazia de tudo para se lembrar do acontecimento, mas não conseguia. E isso lhe torturava, sentia que algo em sua cabeça estava para explodir. Era um

[1] Arquivos da Aerial Phenomena Research Organization — APRO. Também em Revista *Planeta*, n.º 100-A. São Paulo, Editora Três, s.d.

tormento inexplicável, um transtorno que precisava ser eliminado da memória.

Aconselhada por amigas, ela procurou um médico psiquiatra. Além de outros procedimentos, o tratamento efetuado compreendeu sessões de hipnose regressiva. Foi aí que tudo veio à tona. O tratamento funcionou como sonambulismo magnético, provocado pelo médico. Ela se lembrou de que naquele dia, quando saíra do carro, a luz forte que lhe batera no rosto era na verdade um ufo. Durante a hipnose, reviu nitidamente que o ufo estava sugando um animal, o qual levitava no ar e fora puxado para o interior da nave.

Coral Lorenzen registrou deixando nos arquivos da APRO que, de modo estranho, a visão da testemunha na beira da estrada alastrou-se como nunca. E ela passou a enxergar de maneira paranormal, um fenômeno de "dupla vista"[2] nela se estabelecera.

Na distância em que estava, além de ver as janelas do ufo, a testemunha foi capaz de ver dentro dele. Notou no interior da nave uma espécie de laboratório, onde seres inteligentes mexiam com instrumentos no animal capturado.

Vamos observar uma parte do que a testemunha disse ao médico, durante uma das sessões de hipnose.

— O que é que você está vendo? – perguntou o médico a ela. — É alguma coisa que possa descrever? – completou.

— Eu sei o que é – respondeu a paciente. — É um laboratório. Posso vê-lo. Eu conheço isso.

O médico pensou um pouco e indagou:

— O animal está no laboratório?

— Sim, vejo um animal ali – disse a hipnotizada.

— Que tipo de animal? – perguntou ele.

— Não sei... É um gato ou algo como gato – respondeu.

— Que cor ele tem? – indagou o médico.

— Tem uma cor meio parda – disse ela.

— Ele está sobre a mesa? – voltou a perguntar.

---

[2] Ver *O Livro dos Espíritos*, cap. VIII: item VII — *Dupla vista ou clarividência.*

— Eles estão cortando o animal. É exatamente o que está acontecendo – disse com precisão a testemunha.

— Você está vendo isso enquanto está parada na estrada? – insistiu o médico.

— Sim –falou a mulher, e emendou afirmando: — Posso ver através das janelas. Na parte da frente da coisa estão dois bancos que parecem duas grandes bacias.

— Pode ver alguém cortando o animal?

— Não! – exclamou ela.

— Sabe por que se esqueceu de tudo isso? – quis saber ele.

— Não! – respondeu novamente a testemunha.

— Você acredita que está dentro do laboratório? – insistiu.

— Acho que não... – vacilou a mulher. — Mas eu... Mas eles estão – complementou com firmeza.

— Por quanto tempo você olhou? –retornou o médico.

— Não senti que foi muito tempo. Pensei que só tinha parado apenas um segundo. Mas ficamos lá por muito tempo – explicou a hipnotizada.

— Agora, diga novamente, o que aconteceu quando você parou o carro e olhou para o aparelho?

— Quando paramos – relatou a mulher. — Não ouvimos nenhum som. Notei que havia raios de luzes vindos por sobre o carro. Eram como raios esfumaçados. Quando saí para dar uma olhada, pude ver a coisa sendo erguida do chão.

— Você estava com outras pessoas ou sozinha? – indagou.

— Eu era a única fora do carro – disse a hipnotizada.

Após uma série de perguntas, a mulher revelou algo que claramente fora plantado em sua memória. Disse ela:

— Eu desliguei o carro. Estou num território proibido.

— O que quer dizer com isso? – indagou o médico.

— Eu não pretendia dizer. Eu não deveria me lembrar disso tudo – revelou estranhamente a mulher.

— Quem lhe disse isso? – quis saber o psiquiatra.

— Ninguém.

— Você não pode dizer? – insistiu o profissional.

— Não foi dito nada para mim.
— Teria sido transmitido mentalmente? – perguntou ele.
— Sim – informou ela.
— Quer nos dizer quem foi?
— Não sei quem foi. Apenas vi uma coisa que não deveria ter visto – revelou a testemunha.

Esses relatos sugerem que um ufo houvera operado ali. A testemunha, portadora da faculdade de clarividência, tivera sua percepção expandida. Assim pôde observar o que se passara dentro da nave. Entretanto, ela não deveria estar ali no momento, por isso recebera dos alienígenas um grampo na memória, para não se recordar do episódio. Essa conduta impediu o fato de vir à consciência da mulher, causando-lhe transtornos. O tratamento realizado pelo médico visou exclusivamente curar a paciente. Mas também pode ter demonstrado que seres alienígenas estavam ali abduzindo animais para experiências e, talvez, até pessoas.

Embora seja notório o interesse alienígena nos animais, sabemos também que para realização de certas atividades, alguns tipos supostamente mais adiantados são capazes de facilitar a liberação parcial da alma humana, facilitando a indução para o sensitivo atingir um estado sonambúlico artificial.

Não se trata de arrebatar a alma profundamente, nos moldes estritamente espirituais, onde o perispírito do encarnado sai fora dele durante o sono e interage com os Espíritos em estado errante, em uma situação completa de êxtase, mas sim de uma liberdade parcial da consciência, onde ela sai e interage com o mundo invisível.[3]

Um caso assim ocorreu na Fazenda Vale do Rio Ouro, durante os eventos que antecederam os famosos contatos

---

[3] Para estudar os fenômenos de emancipação da alma nos dois estágios: o primeiro, denominado "*desdobramento parcial ou sonambulismo*", no qual o encarnado interage com a alma de seres humanos desdobrados (ou com seres vivos de realidades menos materiais); e o segundo, "*desdobramento total ou êxtase*", no qual o encarnado em estado de arrebatamento interage com os Espíritos errantes, bem como a diferença entre os dois estados, ver: *O Livro dos Espíritos*, cap. VIII: itens V — Sonambulismo; VI — Êxtase; VIII — Resumo teórico do sonambulismo, do êxtase e da dupla vista.

imediatos em Alexânia. Diferente do caso anterior, em que o evento paranormal fora uma clarividência mediúnica, neste o que houve foi um sonambulismo magnético, provocado por uma entidade alienígena.

Edmar Lins conta, em *Os Fantásticos Caminhos da Parapsicologia,*[4] que o sensitivo morador da Fazenda acordara por três noites, sendo mentalmente impelido como se fosse um sonâmbulo a sair da cama, abrir a porta e caminhar uns 300 metros, até o local onde estava parado um ufo.

Quando em casa, ele se sentia atraído por uma força estranha, mental, a qual parecia não poder resistir.

Na primeira vez em que isso aconteceu, ao sair de casa e chegar ao descampado, vira um imenso objeto de forma oval. Era algo inteiriço. Parecia ser constituído de uma só peça: sem portas, sem janelas e sem qualquer saliência externa. Não havia nele lanternas de luz. Mas de modo incomum, o objeto irradiava de si mesmo uma claridade suave, a qual lhe tornava luminoso e nitidamente visível. Quando o homem quis aproximar-se, não conseguiu. Uma estranha força o deixou pregado no solo. Não pôde mover-se. Depois de ver a nave por fora, retornou para casa.

No segundo passeio, tudo acontecera de modo igual, até o momento em que ele quis se aproximar do objeto. Nesse instante, seu corpo físico ficou preso ao solo, mas seu corpo espiritual se desprendeu e saiu andando. Então a percepção se tornou mais aguçada. O objeto, anteriormente inteiriço, abriu uma espécie de janela, sem que ele soubesse como. Aí o interior do aparelho pôde ser visto bem. Parecia ser uma cabine de comando. No centro da nave, havia um tubo transparente que ia do teto até o chão, dentro do qual tinha um líquido vermelho, em estado de ebulição. Não havia móveis e nenhuma criatura foi vista no interior da nave.

Na terceira vez em que fora ao passeio noturno, tudo acontecera de modo igual. A diferença foi que quando a janela se abriu, seu perispírito desdobrado viu dentro da nave

---

[4] LINS, Edmar. *Os Fantásticos Caminhos da Parapsicologia*. 1ª ed. Brasília, Ebrasa, 1970.

um ser alienígena muito alto. Através do capacete da criatura, pelo vidro, ele notou que o ser quase não tinha lábios, não tinha dentes e apresentava uma pele enrugada, aparentando muita idade. Nenhum diálogo foi ali estabelecido.

Essa narrativa parece indicar que os alienígenas possuem formas físicas e intenções diferentes nos contatos que fazem. Parece claro que alguns tipos não querem o contato, enquanto outros procuram o encontro e pode provocar um sonambulismo magnético no sensitivo, quando este de alguma maneira esteja predisposto, como fora o caso do fazendeiro em Alexânia.

O médium em questão vinha observando os fenômenos e procurava fazer contato há tempos. Nesta ocasião, ele conseguiu avistar a criatura por meio de um fenômeno paranormal. E ainda assim os estudiosos que investigavam o caso não se convenceram de que aquilo fora algo metafísico. Ao contrário, aquela experiência fora colocada na conta de um possível estado onírico, um sonho da pessoa e nada mais. Para Lins, os eventos na Fazenda eram de origem paranormal. Ele deixa claro em sua pesquisa:

— Somente vi luzes que surgiam de repente e desapareciam do mesmo modo; luzes grandes e pequenas, brilhantes e mortiças, que surgiam ora aqui, ora ali. Certa vez vi uma nuvem delgada e colorida em forma de arco, que ia de um monte a outro, como uma imensa ferradura, e a luz permaneceu ali por 15 minutos – explicou a testemunha e complementou dizendo: — Eu não vi, enquanto pesquisei a Fazenda, sequer uma vez um disco voador, mas isso não quer dizer que outros não tenham visto.

De fato, essa situação de impasse somente foi alterada meses depois, quando uma equipe de pesquisadores liderada pelo general Moacyr Uchôa testemunhou os fantásticos contatos imediatos em Alexânia, com o encontro de naves e de seres alienígenas, casos magnificamente narrados pelo general em seus dois livros, *Caso Alexânia* e *Mergulho no Hiperespaço*, mas, ainda assim, de origem causal ultrafísica.

Voltando ao caso de animais mutilados, as ocorrências absurdas não pararam ali, continuaram de modo intenso em vários lugares. O *INFO Journal* e a revista *Oui* detalharam outras mutilações em suas tiragens de agosto de 1976, informando que alguns animais foram encontrados sem os ouvidos, os olhos, as glândulas mamárias, as genitálias e os intestinos. Os órgãos haviam sido retirados com precisão cirúrgica e empilhados ao lado dos corpos, tudo sem sinal de sangue e sem pegadas no chão, fatos que contribuíam em favor da teoria dos ufos.

Agora, em 1996, naquela Fazenda enigmática de Utah, as mutilações tinham voltado. E estavam sendo feitas como antes, de modo muito preciso, sem sangue e sem vestígio algum de sofrimento. Um cavalo teve as pernas retalhadas. Os cães, estranhamente, desenvolveram algum tipo de fobia, porque em certos horários não saíam nem mesmo para comer. Seis gatos desapareceram numa mesma noite. Uma vaca, pesando 600 quilos, simplesmente sumiu, e sem deixar pegadas na neve, como se tivesse evaporado.

Numa certa ocasião, o filho do fazendeiro examinou uma vaca e cinco minutos depois ela foi encontrada mutilada: tinha um buraco de 15 cm de largura por 45 cm de profundidade em torno de sua região anal-genital. Dessa grande cavidade, um farto material fora retirado, sem deixar vestígio algum de sangue.

A situação insólita vivida na Fazenda e as perdas materiais constantes fizeram o proprietário desistir de seus planos iniciais e vender tudo a Robert Bigelow, um rico empresário interessado em pesquisas científicas.

Bigelow transformou a Fazenda de Utah num grande laboratório do NIDS, colocou nela um grupo de profissionais, composto por físicos, engenheiros, psicólogos e outros especialistas, dotou a Fazenda de modernos aparelhos e procurou estudar com método científico os acontecimentos paranormais e ufológicos ali verificados. Os resultados, cientificamente comprovados, ainda estão sendo aguardados.

Caro leitor, o propósito do mentor espiritual aqui é mostrar que o alienígena em questão, diferente dos Espíritos, tem interesse em estudar o comportamento dos animais, sua anatomia, os órgãos internos, os humores corporais, o sistema reprodutor e outros. Os animais sacrificados são necessários às suas experiências.

Há de se ter em conta que desde a antiguidade Espíritos inferiores se valem da oferenda de animais para se ligarem à matéria. O sangue, as vísceras e o material genético dos animais são fartos em fluido vital. Com esse fluido, aqueles Espíritos se ligam novamente às coisas deste mundo para concretizar desejos.

De modo similar, o intruso alienígena, cuja moral ainda é precária, manipula o fluido animal, a este, junta outros fluidos de mananciais diferentes e um quantum da força vital do contatado, elaborando assim um substrato, com o qual processa a química da teleplastia para operar materializado na Terra e fazer os experimentos que deseja.

Desta maneira, compreende-se o porquê desse intruso alienígena colher material genético em abundância, tanto de animais quanto de seres humanos – é que o processo de teleplastia empregado por ele assim o exige.

Embora o intruso faça com o material coletado outras experiências, ainda assim a maior quantidade da coleta está destinada à teleplastia de seu próprio corpo e à de outros servidores inteligentes de sua esfera, para, ambos, a seu comando, operarem na Terra obedecendo a um propósito planejado.

O intruso conhecido pelo nome de Cinza é o protagonista desses experimentos. Esse ser está "encarnado", por assim dizer, em outras esferas das profundezas celestes. Pouco conhece dos mestres religiosos da Terra, aos quais ele não devota sentimento algum. Reconhece Deus como autoridade máxima universal, mas quando empenhado na realização de causas próprias é pouco sensível ao ato humano da prece.

Em seus afazeres científicos, ele procede com pouco sentimento de alma, toda vez que deseja fazer do ser humano o objeto de suas experiências. Embora esteja bem desenvolvido no aspecto científico, em moral ainda é fraco, pois coloca seu próprio bem-estar acima dos preceitos morais e interfere negativamente na vida de outros, por isso pode ser comparado na terra ao materialista destituído de senso ético.

Conforme parecer do mentor espiritual, o alienígena intruso, em épocas passadas, no seu mundo de origem teve a constituição corporal afetada por partículas radioativas, em razão de experiências mal conduzidas. O caminho de reconstrução genética que empreende, para restaurar a própria máquina corporal em desalinho, consiste em coletar e estudar o DNA humano para converter uma cópia deste em matéria sutil de outra dimensão. Embora seja repelido por entidades mais evoluídas que ele, é com esse propósito que realiza suas ações na Terra.

Nos contatos efetuados, pelos motivos antiéticos que ele mesmo forneceu, o alienígena tipo Cinza sofre sérias restrições de quem o contatou. Com efeito, por não trazer nada de bom, não deve ser compactuado em suas ações.

Todavia, é possível que certas pessoas considerem estas palavras um tanto exacerbadas. Mas é preciso ter em mente que na humanidade certos grupos custam a sentir as influências externas. Alguns formam seitas e consideram os ufos como sinais de uma nova religião na Terra. Apoiam-se na *Bíblia*, nos vestígios de civilizações antigas e erguem os seus altares de ilusão, divulgando filosofias enganosas e fazendo estranhas profecias.

Há de se ter em mente que a palavra "irmão" pode significar uma união no mesmo Pai, um filho de Deus, como nós; mas ela não é um sinônimo de fraternidade, como alguns místicos querem sugerir. O místico pode exagerar no conceito que faz do amor, considerando apenas o ideal dele próprio e não o fato como se apresenta. Quem age assim, despreza a razão e decai, culminando por sofrer as consequências.

A fraternidade é uma qualidade do espírito e precisa ser demonstrada com atos. Não foi essa qualidade que o alienígena tipo Cinza demonstrou possuir nos contatos. E, ainda assim, não são poucos os que creditam que esses alienígenas sejam os "irmãos espaciais",[5] sinônimos de fraternidade, de evolução angelical: seres capazes de resolver todos os problemas humanos.

Com lucidez de raciocínio é preciso observar que essa crença é apenas um desvio do foco principal da questão. Esse foco deve estar centrado na ciência, para que o mal não seja perpetuado e para entendimento mais saudável do fenômeno invisível, sem as ideias fixas e pré-concebidas do fanatismo. É a entidade que deve dizer por si só a que veio, e não outros falarem por ela. Quem assim procede, não tem legitimidade alguma para ser levado a sério.

O estudo científico da casuística é o principal fator para se tirar conclusões. A Ufologia não é, nem deve ser a versão cósmica de culto esotérico algum. Por isso os ufólogos, em geral, observam o fenômeno ufo de maneira apenas científica, mesmo tendo cada qual sua filosofia e sua religião. A Parapsicologia, a seu turno, é uma ciência que deve ser considerada na Ufologia; lançar mão dela é providência criteriosa àquele que quiser tentar entender os ufos de modo científico.

Nós aqui nos apoiamos na ciência de observação da Doutrina Espírita e nos fundamentos da Parapsicologia para conectarmos o fenômeno ufo e mostrarmos os pontos existentes de ligação, sem com isso pretendermos converter esta ou

---

[5] Uma expressão similar, *"irmãos do espaço"*, foi usada por George Adamski. Ele pretendia com ela designar seres vindos de planetas físicos. Sua filosofia estava baseada na Teosofia. No final de 1946, a região próxima ao observatório do Monte Palomar, nas montanhas do sul da Califórnia, começou a receber sinais de ufos. Adamski fez fotografias raras e as entregou à Força Aérea. Em 20 de novembro de 1952, ele e quatro testemunhas vieram a público para anunciar um contato de quase 60 minutos com ET de Vênus. Ele apresentou fotos da nave, desenhos do alienígena e molde da pegada dele no solo. O material foi entregue às autoridades. Tudo foi publicado no *Phoenix Gazette*, do Arizona, no dia 24. Depois fez contatos com outros seres. Seus encontros foram tão marcantes que ele pretendeu em seus livros explicar a cosmogonia completa e o porquê da semelhança deles com o homem. Não entendeu a teleplastia usada pelas entidades e as dimensões paralelas. Em 1965, quando desencarnou, seu crédito tinha desmoronado, pois se descobriu que criaturas físicas em Vênus não havia. Seu engano de interpretação levou tudo ao ridículo. E quem fizesse uso do termo *"irmãos do espaço"* era rotulado como fanático ou provável lunático. A expressão desgastou-se rapidamente e é repelida na Ufologia Científica.

aquela pessoa para uma ou outra religião. Apenas mostramos, considerando a ótica do mentor espiritual e tendo a razão a nos guiar, os enigmas do mundo invisível, embutidos que estão na teoria dos ufos. Cabe a você, caro leitor, fazer seu próprio raciocínio e tirar suas conclusões.

No próximo capítulo, vamos mostrar uma conferência realizada no Segundo Fórum de Ufologia e Espiritismo, a qual deu a público um novo panorama de estudos.

15

II FÓRUM DE UFOLOGIA E ESPIRITISMO

A tarde apenas iniciara. O sol ainda batia quase a pino, fazendo um calor escaldante. O veículo parou. Ao descer dele, o organizador do evento, Jether Jacomini Filho, estendeu um largo sorriso de satisfação. Homem íntegro, radialista cujo bom-senso nas análises, respeito ao próximo e simpatia refletem bem sua personalidade. Por estar comprometido com os propósitos do Espírito Verdade, sabe bem que ainda muito precisa ser conhecido para o homem desvendar todos os mistérios.

De modo descontraído, ele trouxe uma notícia quente. Poucas horas antes, o ex-presidente do Iraque, Saddam Hussein, houvera sido capturado pelos Estados Unidos, após meses de intensa procura. Um soldado americano o havia encontrado e dito uma frase que se tornaria famosa.

Enfurnado num esconderijo abaixo do solo, sem luz e respirando pouco ar, local onde passara meses, o homem denotava estar em estado precário. Assim era mostrado ao mundo, pela televisão. Aparentava ser mais uma figura da mitologia grega do que o chefe de uma grande nação.

De olhos vermelhos, barba comprida e cabelos desgrenhados, roupa toda suja e amassada, contrastando o impecável uniforme militar que ostentara há pouco, ele se apresentava agora em farrapos, denotando grande exaustão. Era notória a insalubridade da furna onde se refugiara.

Ao ser descoberto, foi logo dizendo:

— Eu sou Saddam Hussein!

O soldado americano, de arma em punho, asseverou de pronto, escarnecendo:

— O presidente Bush manda lembranças.

O homem-forte do Iraque acabara de ser preso. Essa a notícia que circulava com alarido fora do salão de conferências.

No auditório, a seu turno, longe do burburinho, todos ali vibravam para que fossem levados a efeito os anseios de paz dos povos envolvidos na contenda.

O Segundo Fórum de Ufologia e Espiritismo estava prestes a começar. Tomaram assento à mesa os conferencistas. Cada orador desenvolveria um tema apropriado ao evento. Quanto a este autor caberia o tema *Universo Profundo — Uma Visão Espírita da Ufologia*. Certamente estavam ali mais de 500 pessoas, lotando por completo o auditório das Casas André Luiz.

O ambiente espiritual se apresentava heterogêneo. Espíritos diversos se reuniam ali, naquela tarde, para desdobrar ainda mais os temas abordados no evento. Dentre as entidades, havia a presença de Yehoshua, mentor espiritual do palestrante; Erasto, espírito autor do livro *Universo Profundo*; o médico Dr. Roberson; Ana Beliunas,[1] Manoel Shina, Sudão — o Núbio, Suan Maria do Deserto, naturalistas expressivos, ufólogos desencarnados e a figura de Rafael, entidade que

[1] Em sessão espírita realizada a 03/01/2004, o espírito de Ana Beliunas, incorporado na médium Ana de Campos, informou-me de sua presença na conferência. Registro aqui, também, que nos trabalhos de cura espiritual realizados em 1º de maio de 2004, na Fundação Dr. Frantz Müller, em Mairiporã, o espírito médico Dr. José Luiz, incorporado no médium Antônio F. Magalhães, falou-me que esteve presente na conferência.

presidia o resguardo ambiental. Erasto, espírito que instruíra o palestrante na redação da conferência, pretendia um discurso que refletisse bem a seriedade da ocasião e a importância do assunto tratado. Então demos início:

Senhores, logo de princípio eu gostaria de dizer que o nosso propósito aqui não é estimular o espírita a ser ufólogo, nem converter o ufólogo em espírita, mas é mostrar uma visão espírita da Ufologia.

Que é Prova? Eu gostaria de perguntar aos senhores: Que é Prova? – essa mesma pergunta foi feita pelo já falecido capitão Edward Ruppelt,[2] a todos os que lhe pediam uma prova da existência de objetos voadores não identificados.

O capitão Ruppelt foi o criador do nome UFO. Foi o primeiro chefe do Projeto Livro Azul. E permaneceu na chefia dessa comissão desde o início, em 1951, até setembro de 1953. Ruppelt era um militar que tinha participado da Segunda Grande Guerra, atuando num avião B-29, como bombardeiro e operador de radar. Após a guerra, foi engenheiro aeronáutico na Base Aérea de Wrigth-Patterson, em Ohio, tendo em mãos os serviços de inteligência, para investigar atividades estrangeiras em aeronaves e objetos teleguiados. Era, portanto, um militar qualificado para chefiar o Projeto Livro Azul.

O objetivo desse Projeto, comandado pelas forças armadas americanas, era investigar oficialmente o fenômeno ufo. Tinha três alvos principais: Primeiro, tentar encontrar uma explicação cientificamente válida para explicar o fenômeno ufo; segundo, avaliar se o fenômeno ufo constituía uma ameaça à segurança dos Estados Unidos; terceiro, saber se havia alguma tecnologia avançada nos ufos, que poderia ser usada por seu país.

Em razão dessa importante missão, no decorrer dos longos anos de investigação foi registrado no Projeto Livro Azul mais de 12.000 casos, selecionados com rigor pelas forças armadas de diversos países, inclusive as do Brasil, para estudo científico e detalhado exame da casuística.

---

[2] Edward J. Ruppelt (1923-1960) nasceu nos Estados Unidos, em Iowa. Foi capitão da Força Aérea do Exército, participou da Segunda Grande Guerra servindo na China e no Pacífico Sul a bordo de aviões B-29, como operador de radar, navegador e bombardeiro. Graduou-se em engenharia aeronáutica e participou da Guerra da Coréia. Na base de Wright-Patterson, em Dayton, Ohio, foi responsável por investigar objetos aéreos e teleguiados. Ocupou a função de Chefe do Projeto Blue Book. Cunhou o nome UFO (Unidentified Flying Objects). Escreveu o livro *O Relatório Sobre Objetos Aéreos Não-Identificados*, São Paulo, Difel, 1959, um dos mais importantes da Ufologia, dada sua condição de chefe das investigações. Acreditava que os UFOs fossem de algum planeta do Sistema Solar e quando os primeiros resultados deram conta de que neles não há vida inteligente, Ruppelt passou a receber críticas da área militar e da iniciativa privada. Um ano antes de sua morte, não suportando mais a pressão, fez um aditamento de retratação, incluindo três capítulos novos em seu livro e no ano seguinte, teve um enfarte fulminante. Desencarnou em Long Beach, Califórnia.

Quando as pessoas perguntavam ao capitão se ele tinha provas do fenômeno ufo, ele dizia:

— Se prova for uma nave alienígena descer próxima ao Pentágono e seus ocupantes procurarem um contato oficial com o Estado-Maior das Forças Armadas, então nós não temos essa prova. Se prova for uma peça do objeto voador ou alguma coisa dele, algo devidamente certificado, sem equívoco, como sendo de origem extraterrestre, então essa prova nós também não temos. Mas se prova for o testemunho de milhares de pessoas, e dentre essas pessoas, de militares honestos, competentes e em estado de plena sanidade mental, então essa prova nós temos, e a temos com fartura.

De fato, se prova fosse o aparecimento do disco nas telas de radar das torres de controle de voo, em aeroportos e bases militares, onde o objeto aparecia de repente, numa velocidade de mais de 3.000 quilômetros por hora (na época uma velocidade inatingível por qualquer aparelho de origem terrestre), para em seguida reduzi-la à velocidade de um carro, chegando, várias vezes, a ficar totalmente parado no ar, bem visível ao pessoal da torre, — então essa prova ele tinha e era farta.

Se prova fosse ordens dadas pelo Comando Militar de Operações Aéreas, essa prova tinha e também era farta, porque inúmeras vezes os comandantes deram ordens aos pilotos para levantarem voo e darem caça aos objetos. E isso só acontece quando fica claro no radar que os objetos estão lá em cima, sobrevoando o espaço aéreo.

Se prova fosse o testemunho dos oficiais aviadores, que levantaram voo em seus aviões, avistaram os objetos em pleno voo, tentaram comunicação por rádio com os ufos e não tiveram resposta, foram subjugados pela velocidade dos discos que se posicionavam ao lado, atrás ou acima dos aviões com velocidade fantástica de manobra, obrigando os pilotos, por se sentirem ameaçados, a dispararem suas armas de combate, submetendo-se, depois, a extensos interrogatórios para justificar o disparo das armas, — se prova fosse isso, então a prova tinha e era farta.

Quando o Pentágono ou outra autoridade exigia provas concretas e cientificamente válidas, colocando em jogo o prestígio dos oficiais que tinham visto o fenômeno ufo, o capitão Ruppelt saía em defesa deles dizendo:

— Se for dito que esses militares estão caçando apenas um reflexo do Sol ou que estão dando caça e disparando contra o planeta Vênus ou a Lua, então convém não esquecer, senhores, de que é nas mãos desses militares que o Alto-Comando colocou a segurança dos Estados Unidos da América.

Em outras palavras, aqueles militares não estavam loucos, mas sim perfeitamente lúcidos, em estado de plena sanidade mental. Eram profissionais com capacidade de terem nas mãos funções de alta responsabilidade. Foram eles que primeiro testemunharam de maneira oficial a existência do fenômeno ufo, mesmo sabendo que seriam contestados, porque para ter a prova material que tantos queriam, seria preciso ter a posse do próprio objeto voador ou, então, de seus ocupantes, sem isso, tudo seria insuficiente. E isso, segundo o capitão Ruppelt, não tinha, porque o fenômeno ufo ultrapassa todo nosso conceito científico de matéria, ele penetra as profundezas etéreas do cosmos, as quais são ainda desconhecidas da ciência.

Senhores, a crença de que nos planetas do nosso Sistema Solar tem vida física, inteligente como a nossa, vem desde há muito. No século XVII, após Galileu dar início ao uso do telescópio, os palpites sobre a existência ou não de vida nos outros planetas aumentaram muito. Todas as cogitações naquela época eram bem aceitas. A prova conclusiva não existia. Quase tudo era válido. E até o ano de 1950, a vida em Marte e em outros planetas do nosso Sistema era dada como certa por muitos estudiosos. E não foram poucos os que se encarregaram de fantasiar essa possibilidade, imaginando existir naqueles planetas seres quase humanos, de forma física semelhante a nossa e de índole que variava desde a bondade total até a maldade mais perversa. E isso atrapalhou a compreensão do fenômeno.

Hoje a situação está diferente. O palpite não serve mais. A descrença toma conta e derruba o divulgador. Qualquer prognóstico atual sobre a existência de vida nos orbes do nosso Sistema Solar estará condicionado à prova efetiva, *in loco*, para ser aceito. As teorias científicas não mais são feitas para satisfazer caprichos, porque hoje estão sujeitas ao fio cortante de uma espada chamada espaçonave, construída pelas mãos do homem para cruzar os espaços e mostrar a verdade, seja ela qual for.

As informações que as naves espaciais trouxeram, fez o mundo científico fechar questão, divulgando que não há vida inteligente em qualquer outro planeta do nosso Sistema Solar. A vida neles poderá ser encontrada, mas somente na forma de simples organismos, como micróbios, por exemplo.

A versatilidade é uma característica do cientista. Com a mesma facilidade que ontem ele afirmou existir vida inteligente nos planetas do nosso Sistema Solar, hoje ele nega a existência daquela vida, em benefício do saber humano. E o homem se beneficia dessa sua versatilidade, porque a raça humana evolui com os novos conhecimentos científicos.

Em razão dessa impossibilidade de vida inteligente no nosso Sistema Solar, a hipótese extraterrestre afastou os seus limites iniciais para mais longe. Passou a considerar que o fenômeno ufo não mais seria oriundo de qualquer planeta do nosso Sistema Solar, mas sim que seria proveniente de algum planeta do espaço extrassolar que está há anos-luz de distância do nosso.

Segundo a teoria extraterrestre, o fenômeno ufo seria produzido por criaturas de físico denso como o nosso, de composição corporal concreta como a nossa, por gente como nós, podendo ser diferentes na forma e na constituição dos órgãos. Contudo, seriam criaturas mais evoluídas na ciência e conhecedoras de uma tecnologia que nós, seres humanos, estaríamos ainda muito distantes de desenvolver.

Se a nossa visão for muito rápida e superficial dessa teoria, então a hipótese extraterrestre parece viável e pode ser aceita. Contudo, na medida em que nós raciocinamos e vemos a nossa ciência dizer que é impossível existir seres inteligentes nos demais planetas do Sistema Solar, então a hipótese extraterrestre começa a ficar fraca, difícil de ser aceita, porque a distância que nos separa de outros planetas do espaço extrassolar é monumental.

Viajando pelo espaço, aquelas distâncias monumentais para além de Plutão não poderiam ser superadas por seres humanos de carne e osso como nós, nem mesmo se fosse usada a mais potente das máquinas voadoras que o nosso bom-senso é capaz de idealizar, porque seria preciso viajar milhares de anos para alcançar um planeta de outro Sistema Solar. Façamos aqui uma reflexão.

Para ter uma ideia da distância que nos separa daquelas imensidões, basta fazermos um pequeno raciocínio: Alfa Centauro, o Sistema mais próximo do nosso fica a 4,2 anos-luz da Terra; se nós pudéssemos viajar, digamos, a uma velocidade de 300.000 quilômetros por hora, cerca de 5 vezes mais rápido do que hoje conseguimos, com tal velocidade chegaríamos à Lua em pouco mais de uma hora, mas para chegar à Alfa Centauro precisaríamos viajar 15.000 anos. De lá para cá, deles para nós, o mesmo aconteceria.

O professor Allen Hynek,[3] chefe do Departamento de Astronomia da Universidade do Estado de Ohio e principal consultor do Projeto Livro Azul, tido na opinião de muitos como o pesquisador de ufos mais respeitado do mundo, considerava a hipótese extraterrestre insustentável.

Ainda que a extensão da vida humana fosse aumentada três vezes e a velocidade de viagem fosse dramaticamente alta, ainda assim o nosso corpo seria de carne, a distância a vencer, monumental, e o tempo conspiraria conta nós, nos impedindo de uma viagem tripulada ao espaço extrassolar. O raciocínio de lá para cá é o mesmo. Em razão disso, a hipótese extraterrestre enfraqueceu e agonizou no mundo da ciência, embora resista ainda até hoje, porque o ser inteligente

[3] Joseph Allen Hynek (1910-1986), astrofísico nascido em Chicago, EUA. Foi catedrático de astronomia e por mais de vinte anos o principal consultor da Força Aérea para o célebre Projeto Blue Book. Começou como autêntico demolidor daquilo que para ele seria fraude ou imaginação, mas rendeu-se aos fatos durante as investigações e tornou-se a maior autoridade em ufos do mundo. Criou a expressão *"contatos Imediatos do terceiro grau"*. Escreveu várias obras: *Ufologia: Uma pesquisa Científica* (1972), Rio de Janeiro, Nórdica; *OVNI – Relatório Hynek* (1978), Lisboa, Portugália; *Night Siege: The Hudson Valley UFO Sightings; What You Should Know about UFOs.*

poderia fazer contato por meio de ondas de transmissão, de inteligências artificiais e outros engenhos.

Então, outra hipótese surgiu, porque os discos voadores continuaram aparecendo e de algum lugar com certeza eles devem vir. Analisando outras chances, por exclusão, não restou melhor alternativa senão admitir a hipótese mais difícil de todas, a de que os seres inteligentes seriam oriundos de um universo paralelo ou, então, de outra dimensão do espaço-tempo; ou seja, aquela que poderíamos chamar de hipótese ultraterrestre. É ultra, porque define seres alienígenas que estariam além da matéria física, e que de alguma maneira desconhecida, talvez por evolução natural, superam a densa materialidade dos corpos físicos para formarem um corpo mais sutil.

A hipótese ultraterrestre considera a vinda à Terra de outra civilização de seres inteligentes do espaço, vindos de uma dimensão além da nossa; seres incomuns, formados de matéria sutil, também chamada antimatéria, a qual está além da física, postada no mundo invisível das partículas. O fenômeno ultraterrestre é chamado em Ufologia de teoria dimensionalista. O Espiritismo chama isso de Mundo menos material. Em razão dessa imaterialidade aparente, há muitas conexões entre Ufologia e Espiritismo.

A maior de todas as conexões é que ambos os fenômenos, espírita e ufológico, procedem de um mundo invisível e têm como protagonistas seres inteligentes. Assim, casos como os de aparição, de materialização, de transporte, de levitação, de telepatia e ainda de outros, são comuns a ambos. Mas, o mais intrigante, é que em meio aos fenômenos comuns existem aqueles destoantes, ocorrências novas, não tratadas na época da codificação espírita, tais como os discos voadores, as abduções físicas e as experiências alienígenas.

Vamos observar aqui alguns detalhes. Vamos saber o que falam as pessoas que viram o fenômeno ufo. Embora as testemunhas digam, num primeiro momento, que o ufo é coisa física, concreta, num segundo momento, em seguida, falam que o ufo é coisa totalmente extrafísica, imaterial. Ou seja, o que era material, de repente some. O objeto que estava no céu e que era metálico há pouco, num piscar de olhos passa a ser luminoso e faiscante. O que era inicialmente sólido e consistente, misteriosamente desaparece de um lugar e reaparece de imediato em outro. O que podia ser filmado e fotografado, de repente não pode mais, desapareceu. O que era visível nos aparelhos de radar, some de modo instantâneo, embora o objeto continue visível no ar. O que era coisa objetiva passa a ser algo subjetivo. O que voava, num repente não voa mais, apenas aparece e desaparece, tendo seres vivos, inteligentes e sólidos em seu interior.

Algumas testemunhas dizem que os ufos mergulham na água, outras que eles afundam no solo; dizem que eles são engolidos em pleno voo por outros objetos ainda maiores; dizem que os ufos aparecem de forma brusca, depois mudam a luminosidade e ficam nebulosos, são envolvidos por uma espécie de névoa, e que essa névoa parece convertê-los numa outra substância que os faz desaparecer misteriosamente, entrando no mesmo nada de onde vieram.

Os operadores dos ufos, que são descritos pelas testemunhas como sendo criaturas físicas e concretas, de modo estranho parecem respirar a nossa atmosfera, a qual deveria ser diferente da deles, mas se adaptam a ela com incrível facilidade e conseguem respirar na terra facilmente, assim como nós, sem traje espacial algum; e o mais estranho, é que numa atitude incomum, de repente param de respirar, comunicam-se por telepatia, passam a volitar e desaparecem no ar misteriosamente.

Nessa descrição insólita, as leis da nossa física ficam subjugadas por completo, e os ufos parecem mergulhar e emergir de um mundo totalmente desconhecido do nosso, mas, ainda assim, um mundo existente com certeza; um mundo novo, desconhecido, misterioso; algo como constituído de matéria invisível, de antimatéria ou de matéria pelas avessas; para nós, seria uma não localidade onde vivem seres de outra natureza, de uma natureza menos material que a nossa, como nos ensina a Doutrina Espírita.

Trata-se ao menos de uma composição física subatômica, ainda desconhecida da ciência, talvez composta por feixes de ondas e de partículas, as quais formariam objetos e seres vivos em outra vibração da matéria, muito além da nossa, que precisaria ao menos ser teorizada para tentarmos visualizar com lógica essa vida inteligente insólita, da qual o fenômeno ufo procede e nos dá mostras de existir.

Surge assim a Teoria do Universo Profundo, uma visão espírita da Ufologia, que vale a pena ser examinada para conhecer dela os fundamentos. É que o Espiritismo, desde 1857, tem informado ao homem que o Universo é formado por matéria que escapa à percepção dos instrumentos científicos e que todos os orbes do Universo são habitados. Entretanto, o alcance dessa afirmação parece que ainda não foi devidamente entendido.

Gostaria de recordar aqui um programa de televisão (Pinga Fogo), nos idos de 1971, quando Chico Xavier foi indagado do porquê de em 1935 ter anunciado, no livro *Cartas de uma Morta*, que Marte era habitado, sendo que as sondas americanas (30 anos depois do livro) haviam comprovado que Marte era deserto igual à Lua. Então, o espírito Emmanuel, presente naquela ocasião, esclareceu dizendo:

— Precisamos esperar o progresso da ciência na descoberta mais ampla e na definição mais precisa daquilo que chamamos de antimatéria – e prosseguiu – então nós saberemos que o espaço não está vazio; conquanto as afirmações da ciência e as sondas possam trazer respostas negativas do ponto de vista físico, nós precisamos compreender que a vida se estende em outras dimensões.

Ou seja, a vida se estende no universo profundo. Trata-se de uma vida invisível para nós, na qual o Espírito está reencarnado num corpo, em um aparato de outra vibração, que damos o nome de ultraterrestre.

Os Espíritos ensinaram e Kardec registrou a existência de mundos e de seres inteligentes no cosmos, ambos menos materiais que a Terra e os seres humanos que a povoam. Uma dimensão menos material, dotada de orbes e de habitantes cuja química da vida, para a criatura emergir, procriar e evoluir, é diferente da nossa que está baseada no hidrogênio, no oxigênio, no nitrogênio e no carbono.

No dizer da Doutrina Espírita, nesses mundos menos materiais os Espíritos encarnam em corpos também menos materiais, para evoluir. Cabe-nos, então, fazer uma pergunta para reflexão: — Como entender esse corpo menos material de que fala o Espiritismo?

Naturalmente que menos material não significa ter menos matéria, mas sim que ela seja de composição leve, sutil, etérea.

Como exemplo, podemos dizer que a abelha tem menos matéria que o pássaro, mas ela não é menos material que ele, porque a matéria de ambos é densa. Não nos é possível dizer que o homem seja menos material que o macaco, porque a carne é densa para ambos e nenhum deles é menos material que o outro.

Para entender a expressão "menos material", usada pelos Espíritos, é preciso saber que existe similaridade entre matéria e energia, uma se transforma na outra. A água se transforma em vapor e o vapor em água; os prótons, os nêutrons e os elétrons, devidamente arranjados, formam o ferro, o carbono e todos os outros elementos da natureza, os quais, por desagregação atômica, também retornam à energia, num vai e vem constante, em forma de onda.

Portanto, o estado menos material ensinado pelo Espiritismo é aquele onde a matéria se apresenta em estado sutil, numa vibração intensa de partículas. Um corpo menos material, diferente da carne, em uma vibração mais intensa, revestiria o perispírito, possibilitando ao foco inteligente viver e evolucionar numa matéria bem mais leve que a carne, num regime de encarnação e desencarnação, por assim dizer.

Conforme os registros de Kardec (ESE, cap. III-9), nos mundos superiores, o "menos material" é um corpo que mantém a forma humana e nada tem a ver com o peso da materialidade da carne. É um corpo luminoso, de peso específico leve e de fácil deslocamento nas alturas, onde ali atua sem esforço algum, apenas impulsionado pela força do pensamento. Trata-se de um corpo que nasce e se desenvolve facilmente, e a morte não lhe causa horror algum, porque a alma não fica encerrada numa matéria compacta, mas sim num corpo menos material.

Mas é preciso destacar aqui que Kardec não falou de objetos voadores que aparecem nos céus e se materializam, porque isso somente ganhou destaque depois da codificação iniciada em 1857. Foi somente 90 anos depois, em 1947, a 24 de junho, hoje considerado o dia mundial da Ufologia, que as declarações do norte-americano Kenneth Arnold ganharam destaque, dando conta de sua experiência ao avistar e perseguir nada menos que nove objetos voadores.

Contudo, Kardec registrou que seres inteligentes se manifestam na Terra, que todos os orbes do infinito são habitados e que os Espíritos estão ali encarnados em uma forma corpórea. Registrou que nesses mundos menos materiais o Espírito encarna, revestido de um corpo também menos material. Registrou que nesses mundos a criatura evolui e citou Vênus, Marte, Júpiter, Saturno, orbes radiantes e profundezas etéreas do cosmos como habitações de tais entidades.

Disso tudo se conclui que assim como o homem não foi colocado pronto na Terra, mas nela evolucionou por longos períodos e aqui desenvolveu tecnologia avançada, como aviões, foguetes e estações espaciais, assim também, pela mesma lógica de raciocínio, nos orbes distantes deve ter acontecido algo semelhante. Se nós observarmos o entendimento espírita da evolução, vamos concluir que o fenômeno ufo seria resultado do desenvolvimento técnico de seres inteligentes de outros mundos, ainda que esses mundos sejam de outras dimensões.

Embora os ufos não venham de um mundo espiritual na verdadeira acepção da palavra, porque o mundo deles não é o do Espírito errante, mas sim o da criatura encarnada em "corpo menos material", para nós, seres humanos de carne e osso, é como se ambos fossem iguais. Porque os dois são invisíveis para nós. Por isso, de modo geral, aqueles mundos fazem parte do mundo espírita. E assim devem ser estudados.

Amigos, por estas razões nós afirmamos que o estudo do Espiritismo dá ao homem a compreensão da vida em todo o cosmos, ajudando a entender os fenômenos ufológicos, enigmas que preocupam parte considerável da sociedade humana.

Senhores, dentre as criaturas que com seus ufos aportam na Terra, há de se fazer distinção entre os "seres intrusos" e os "seres visitantes", independente da forma corporal que possam ter essas criaturas quando materializadas ou não.

Temos como visitantes os seres de moral desenvolvida, aqueles que não haveriam de contrariar a nossa vontade; deveriam ser amistosos, assim como nós seríamos com eles, caso fôssemos nós os visitantes; em sendo assim, poderia existir contato amigável, para troca de experiências ou para sabermos da existência deles.

Consideramos intrusos os seres com o moral baixo, sujeitos a imperfeições notórias, aqueles que praticam atos contrários à nossa vontade, por isso não seriam bem-vindos e com a ação deles não poderíamos compactuar em nada.

Os intrusos seriam responsáveis pelos atos de abdução, mas da abdução do corpo físico, não do arrebatamento da alma, porque o desprendimento da alma é evento espiritual abundante, enquanto que a abdução física é evento ufológico raro, conforme divulgado por Erasto, no livro *Universo Profundo*.

Mas aqui é preciso fazer uma pausa, para destacarmos que além do arrebatamento da alma — que é um evento espiritual, e da abdução física — que é um evento ufológico, há também um terceiro caso, o distúrbio psíquico — que é um evento irreal, uma criação da mente, caso que deve ser tratado por profissional competente. O mesmo se dá com a impostura. Portanto, cada caso é um caso, e assim deve ser estudado e tratado.

Os intrusos que mais aportam à Terra, no que se refere ao grau de avanço científico, podem ser caracterizados como seres de conhecimento científico superior ao nosso, porque suas realizações científicas demonstram isso, haja vista os engenhos que conseguem materializar.

São muito inteligentes. Em capacidade científica poderíamos classificá-los como seres de conhecimento, mas não como criaturas de moral elevado, porque essa qualidade não foi demonstrada por eles nos contatos.

Esse tipo de intruso, pesquisador científico que se intromete e perturba, dá evidências de que procura criar em seu mundo "materialista" (sem princípios espirituais), de outra dimensão, condições para melhorar seu próprio corpo por meio de genética híbrida ou não. Mas sua ciência está muito aquém de conseguir isso, conforme ensina o mentor espiritual do livro *Universo Profundo*, pois esse saber é reservado somente aos Espíritos de sabedoria, gênios da genética que na Terra atuaram desde o princípio para estabelecer as formas físicas, evento que pode ser estudado em detalhes no livro *Colônia Capella: a outra face de Adão*. Esses intrusos não estão sequer próximos daqueles geneticistas do Cristo.

Os intrusos quando materializados são débeis e agenésicos; portanto, seus corpos são incompatíveis ao meio-ambiente terrestre e estão impossibilitados de procriar na Terra. As experiências genéticas, que realizaram para produção de novos seres em sua dimensão, não lograram êxito, conforme assevera o mentor espiritual da obra *Universo Profundo*. Mas suas aparições perturbaram a intimidade daqueles com quem estiveram vinculados. A perturbação produzida em suas incursões descontrolou a vida de muitos e favoreceu a ação nociva de Espíritos levianos no ambiente terrestre, que se encarregaram de solapar a mente individual e coletiva com fantasias destituídas de razão.

Mas, ainda assim, tudo na casa de Deus tem bom propósito. Naquele mundo 'materialista', de outra região do espaço-tempo, a bondade do Criador reabilita entidades geneticamente alteradas e de corpos deficitários, para que elas dirijam o rosto em busca da moral e para que possam encontrar as qualidades edificantes que escassearam em seus corações desde há muito.

Conforme ensina o mentor espiritual, se não compactuarmos em nada com a ação deles, se os despedirmos com vigor e determinação, nada poderão nos fazer. Só podem agir na Terra quando materializados. E nessa condição ficam extremamente débeis, perecíveis. Podem se desmaterializar com grande facilidade; mas, se atingidos de alguma maneira, sofrerão as consequências desse ferimento em sua dimensão, podendo perecer, diferente dos "*agêneres espirituais*" quando atuam na terra, dos quais o Espiritismo nos mostra e trata em detalhes.

Vários tipos de ultraterrestres podem se comunicar por telepatia, mas o fazem raramente e de maneira não ostensiva, caso raríssimo nas Casas Espíritas. Nas manifestações em sessões espíritas, não podem incorporar médiuns, sua composição corporal os impede, porque seus corpos perispirituais estão revestidos por uma forma corpórea de antimatéria, são Espíritos que estão vestindo um corpo, estão encarnados, por assim dizer. Por isso não conseguem incorporar.

Lembrando a comunicação de Bernard Palissy, publicada por Kardec na *Revista Espírita* de abril de 1858, a resposta dada por ele à sétima pergunta da entrevista, expressa:

— Em vosso globo – diz Palissy – venho apenas como Espírito e, este, nada mais tem das sensações materiais.

Portanto, Palissy veio na condição de Espírito emancipado, e muito rapidamente, nada tinha de seu corpo menos material, corpo ultrafísico, de antimatéria, do qual estava desprendido. Não há registros na codificação de que Kardec tenha feito contatos com seres extras ou ultraterrestres, não obstante haja ali inúmeras referências dessas vidas em outras paragens do Universo. Kardec contatou Espíritos, fossem errantes ou desdobrados. O Espírito é um ser universal, pode tomar uma forma corpórea em vários mundos, portanto, não é ultra nem extraterrestre, é simplesmente Espírito.

Reforçando, esses alienígenas que vêm à Terra com seus ufos não se comunicam por incorporação mediúnica, sua própria constituição corpórea os impede, mas o fazem por transmissão de pensamento, por telepatia.

Todavia, ainda assim é preciso atenção para distinguir um fenômeno do outro; ou seja, quando é Espírito, quando é ultraterrestre. É preciso lembrar que a Ufologia é o estudo do objeto voador não identificado (Ufo). Por isso, o que identifica sem equívoco o alienígena é o seu ufo. Enquanto a criatura não materializar sua nave e disser por si própria a que veio, qualquer outra comunicação canalizada será considerada como vinda de Espírito errante. Porque sem a nave não há fenômeno ufo. E sem ufo, não há certeza da criatura ser alienígena.

As aparições demonstram que os ultraterrestres podem se manifestar materializados, em campo aberto, com seus objetos voadores.

Naturalmente que não poderiam fazê-lo de maneira brusca, materializando a aeronave no centro de uma cidade grande, porque ali ficariam vulneráveis, haveria descontrole humano e uma convulsão geral de medo, com risco ainda maior para eles próprios.

As aparições[4] ufológicas de entidades visitantes (não intrusas) parecem indicar uma preparação gradativa para contatos mais efetivos com o homem no futuro, sem tempo marcado, quando a humanidade estiver mais preparada para isso. Até que um dia, no porvir, esses contatos poderão ser regulares, assim como hoje o são os contatos de médiuns com Espíritos, fatos que no passado causavam tanto temor e desconforto aos homens, mas que hoje são corriqueiros nas Casas Espíritas.

Dentre os senhores poderá haver aquele que nos pergunte: — Mas, como os espíritas provam a existência e a comunicação dos Espíritos?

Então, como no início, faço aqui minhas as palavras do capitão Ruppelt, e vos pergunto: *"Que é prova? Sim, que é prova?"*.

Se prova for um ato de natureza civil do Espírito errante, como é para nós a apresentação de um registro de nascimento ou de uma carteira de identidade, essa prova nós não temos, porque o Espírito é uma inteligência criada por Deus, uma criatura de natureza diferente da nossa.

Mas, se prova for a incorporação desse Espírito na estrutura sensível do médium e, através deste, deixar sua mensagem, seja ela escrita ou falada, quer num idioma quer em vários outros, então essa prova nós temos.

Se prova for o médium que nada conhecia do morto, falar na mesma tonalidade e com a mesma inflexão da voz do morto quando em vida, dizendo coisas somente conhecidas da família do morto, então essa prova nós temos.

Se prova for a comunicação do Espírito, dizendo coisas da vida dele mesmo enquanto vivo, coisas que podem ser comprovadas através de documentos deixados pelo morto, então essa prova nós temos.

Se prova for o diagnóstico de uma doença, feito pelo Espírito de um médico desencarnado, sem que para isso o médium tenha formação

[4] Após o encerramento da conferência, uma pessoa *contatada por seres alienígenas* veio conversar conosco e contou-nos sobre sua experiência dentro da nave com as criaturas. Conversamos por quase uma hora e fomos os últimos a sair do auditório. O contatado, com muita lucidez e segurança, nos mostrou dois cadernos repletos de desenhos feitos por ele, os quais delineavam contornos gerais da planta do ufo e alguns esboços do que seria um sistema eletromagnético usado no objeto, sistema que teria algo a ver com o mecanismo operacional do ufo. Os desenhos refletiriam observações realizadas por ele, dentro e fora do engenho. Mostrou-nos, também, um documento, o qual tinha timbre, brasão da República e assinatura de um oficial militar com patente de coronel, sugerindo-nos ser aquela uma comunicação oficial para ele se apresentar em tal e qual lugar, fins de outros estudos para avaliar seus relatos sobre alienígenas.

acadêmica e faça uso de qualquer aparelho, e esse diagnóstico, posteriormente, é comprovado pelo doente através de exames médicos convencionais; se prova for isso, então essa prova nos temos.

Se prova for o testemunho de inúmeros profissionais da área médica que acompanharam contatando o fenômeno de cura espiritual, então essa prova nós também temos.

Se prova for os inúmeros fenômenos físicos de aparição de espíritos, levitação de objetos pesados, transporte de coisas e de seres vivos para ambientes fechados provocados por Espíritos e testemunhados por pessoas sérias, honestas e em estado de plena saúde mental, então essa prova nós também temos.

Se prova for o testemunho de inúmeras pessoas que viram o fenômeno de materialização de Espíritos, tocaram e examinaram a forma materializada antes de verem essa forma desaparecer por completo; se prova for isso, então essa prova nós temos.

Se prova for as inúmeras fotografias de Espíritos materializados, fotos assinadas por pessoas que viram as formas e as tocaram, então essa prova nós também temos.

Se prova for o molde em parafina feito pelo Espírito materializado, que colocou a mão num recipiente de parafina fervendo e, em seguida, mergulhou essa mão num recipiente de água fria, à frente de todos, dando origem ao molde físico da mão materializada; se prova for isso, então essa prova nós temos.

Se prova for o testemunho de inúmeras pessoas que viram objetos e seres humanos levitando no ar, então essa prova nós também temos.

Se prova for as mensagens espirituais que se transformam em livros, alguns dos quais primorosos, mais de uma centena de títulos novos por ano, e que são publicados no Brasil e no mundo; se prova for isso, então essa prova nós temos.

Se prova for o testemunho de milhões de espíritas que fazem contato com os Espíritos e que falam dessa experiência para quem quiser vê-la, então essa prova nós também temos. E temos ainda muitas outras...

Amigos, são os Espíritos da codificação que nos falam da vida em outros orbes do infinito, por isso acreditamos na vida fora da Terra, porque temos comprovações inequívocas da existência do Espírito e do saber dos Espíritos codificadores.

A grandeza dos tempos atuais comporta o desenvolvimento de uma ciência magnífica, sem misticismo, corroborada pela experiência espírita e aplicada no campo ufológico. Porque o Espírito não é oriundo desta ou daquela nação, deste ou daquele orbe, mas um ser inteligente universal, que para evolucionar nasce e renasce em mundos físicos, gasosos, nas várias dimensões do espaço-tempo e produz engenhos magníficos com as técnicas que desenvolve. Novos tempos, meus amigos, de ciência, não de misticismo, estão apenas começando. Muitas coisas novas ainda virão.

Concluindo, marchemos com o Espírito Verdade, unidos nessa empreitada da Boa Nova em divulgar a mensagem espírita ao mundo; ontem, foi apenas uma ideia; hoje, já é um programa de televisão; amanhã, será uma emissora, mas só com muito esforço e união das agremiações e dos espíritas como nós todos.

Marchemos, pois, sempre lembrando de que:

— Nas batalhas da vida, um soldado de Cristo, embora ferido e de coração sangrando, jamais perderá, sempre sairá vencedor – conforme aqui nos ensina Erasto. — Porque a Terra não está ao léu desgovernada, mas obedece ao comando de Jesus, que está no leme. Em despedida, eu vos agradeço e rogo ao Espírito Verdade, meu Mestre e vosso Mestre, que nos abençoe a todos nas vésperas deste Natal.[5]

[5] Este capítulo está fundamentado na conferência feita durante o Segundo Fórum de Ufologia e Espiritismo, realizado no auditório das Casas André Luiz, em Santana, São Paulo, no dia 14 de dezembro de 2003. A conferência, por instruções do Espírito autor, teve como suporte o conteúdo do livro *Universo Profundo: Seres Inteligentes e Luzes no Céu*, do espírito Erasto, por Pedro de Campos, lançado pela Lúmen Editorial no evento.

16

O ET DE ANTIMATÉRIA

Desde meados do século XIX, quando Allan Kardec codificou a Doutrina Espírita, o conhecimento científico do homem vem prosperando a passos largos, dando a ele melhores condições de entender o fenômeno invisível.

No início, o Espiritismo se ergueu fundamentado em uma ciência de observação, a qual possibilitou ampla pesquisa experimental dos fenômenos produzidos.

Com os fatos positivos à prova do pesquisador, os Espíritos passaram a dar conhecimento da filosofia que transcendia os fatos, dando a estes uma lógica. Por se tratar de contatos realizados com o mundo dos mortos, ou seja, com os Espíritos desencarnados, o Espiritismo não pôde ficar fora de uma concepção religiosa dos fatos, a ponto de Kardec se ver compelido a considerá-lo uma religião, ainda que de início assim não o fizesse. Mas, posteriormente, o fez de modo tão ponderado, ou seja, em uma concepção filosófica tão racional, à prova do efetivo experimento, que a mística do além-vida se desintegrou quase que por completo, transformando o mundo do além em uma vida paralela à humana, possível de ser conhecida. Com a diferença de ser aquela bem mais ampla e consciente do que a vida física na Terra, dando ao Espírito errante amplas chances para realizar sua evolução e experienciar em vidas sucessivas, quer essas novas vivências se realizem na Terra quer em outros mundos do infinito.

A vida em outros mundos, onde o Espírito ocupa um invólucro corporal mais ou menos material para experimentar e progredir em regime de encarnação e desencarnação, fora ensino ministrado pelos Espíritos da codificação espiritista.

E o fenômeno conhecido hoje como Objeto Voador Não-Identificado (ÓVNI) ou Fenômeno UFO, pode ser considerado como a legítima expressão daquela vida, a qual aporta à Terra com naves em forma de luzes no céu e dá sinais de sua fantástica existência.

Diferente do Espiritismo, a Ufologia não é uma religião, não lida com o mundo dos mortos, o dos seres desencarnados, mas sim com o mundo dos vivos, o dos seres encarnados, por assim dizer, que vivem em outros mundos do infinito.

No início, enquanto vigorou o Projeto Livro Azul, sob a responsabilidade das Forças Armadas dos Estados Unidos, a Ufologia procurou trilhar caminhos absolutamente científicos, à prova do efetivo experimento, mas não logrou o êxito esperado por aquele organismo militar, em razão dos fenômenos terem características extraordinárias.

Hoje, a Ufologia pode ser classificada como uma paraciência que desenvolve estudos para entendimento dos fenômenos aéreos e realização de contatos. As manifestações tidas como alienígenas devem ser estudadas e os contatos estimulados, porque o estudo pode trazer novos conhecimentos e proporcionar ao homem um saber e uma evolução maior.

Embora os alienígenas possam se materializar e desmaterializar de modo semelhante ao dos Espíritos, e disso provém o surgimento da Ufologia Mística, ainda assim tais seres não devem ser cultuados, porque em seus mundos de origem seriam entidades vivas, algo semelhante ao homem na Terra.

Considera-se que a diferença fundamental entre os alienígenas e o homem seja apenas uma questão evolutiva, na qual aqueles estariam à frente da humanidade milhares ou milhões de anos. Se for assim, o homem teria de fazer um grande esforço para compreendê-los.

Nesse esforço, com a visão mais ampliada, teria melhor chance de contatar outras civilizações cósmicas, as quais têm dado sinais de poderem aportar à Terra com os seus ufos.

Caso o contato formal fosse realizado, o homem poderia vislumbrar novas possibilidades para si mesmo, definindo melhor seu traçado evolutivo em direção ao futuro.

Nesse esforço de compreensão, os ufólogos geralmente colocam todas as religiões à prova, numa tentativa de descobrir se existe vínculo entre elas e os alienígenas, mesmo porque as escrituras bíblicas e os livros orientais são todos muito sugestivos nesse sentido. E o homem da antiguidade, quase sem cultura, talvez estivesse enganado na interpretação daqueles enigmas.

Embora a procura da verdade, quando distanciada da crença, possa levar a certo materialismo, sem que nada de positivo seja encontrado, ainda assim se considera inevitável procurar por evidências nas Escrituras e fazer conotações delas com o fenômeno ufo, para amplo entendimento e eventual uso disso em caso de futuro contato com outras civilizações. Afinal, é o conhecimento que faz o homem avançar. E a humanidade atual está longe de possuir o saber integral de tudo.

A Ufologia trata da vida em outros mundos sem restrição alguma. Ela não se prende a dogmas ou a preconceitos. Para ela, o melhor caminho é sempre o científico, onde a casuística deve estar presente para confirmar o fato. O noticiário escrito e falado vem ao seu encontro, divulgando as aparições e mostrando as ocorrências do fenômeno ufo.

A Doutrina Espírita, embora traga em seu conteúdo a existência de vida inteligente em outros orbes, não se prende ao fenômeno ufo para demonstrá-la. Os divulgadores do Espiritismo ensinam a existência dessa vida, mas não se prendem a fornecer detalhes práticos dela. Nos últimos anos, os fenômenos físicos têm sido colocados em segundo plano, pelo próprio desgaste que proporciona aos médiuns.

No passado, sem compreender o alcance dos postulados espíritas, houve mesmo quem pensasse que a vida extraterrestre poderia ser encontrada nos planetas do Sistema Solar e divulgou esse pensamento abertamente. Mas, em seguida, as sondas espaciais cruzaram os céus e trouxeram informações valiosas, dando conta de que não há vida de carne e osso nos demais planetas solares.

Aqueles estudiosos cometeram o engano de não considerarem a vida em outra dimensão do espaço-tempo, cravaram o pé na terra e acharam que a vida nos planetas estava lá, assim como está aqui. Pensaram que a vida inteligente seria achada pelos astronautas terrestres quando ali aportassem. Eles não puderam entender os Espíritos da codificação quando registraram a existência de uma vida menos material que a da Terra naqueles planetas.

Hoje, entretanto, vemos que a vida menos material, ou seja, a vida ultraterrestre, encarnada em corpo sutil, é um postulado da Doutrina Espírita que se faz convencer cada vez mais, porque o fenômeno ufo é notória evidência dela.

Examinando as obras da codificação, podemos ver que Kardec registrou nelas um mundo de composição quântica, por assim dizer, composto de várias dimensões, dentre as quais temos: a dimensão do foco inteligente (Espírito), a do molde biológico (perispírito), a do corpo menos material (ultraterrestre), a do corpo material sólido (terrestre e extraterrestre de mundos tridimensionais), a do corpo mais material (semelhante aos cristais), e ainda a de outros mundos de vibração além do raciocínio humano.

Essas dimensões todas eram inconcebíveis à ciência do século XIX, mas hoje elas repontam como possibilidade cientificamente viável, considerando-se que o mundo da ciência fala hoje na existência de 11 dimensões e até mais.

Essas regiões do espaço-tempo são estudadas por cientistas consagrados, como o físico teórico Stephen Hawking, autor de *O Universo numa Casca de Noz*, no qual faz belíssima exposição e dá o conceito dessas dimensões em linguagem de alcance popular, no capítulo *Admirável Mundo Novo das Branas*.

O entendimento dessas dimensões nas quais as partículas se aglutinam e formam mundos em outra vibração da matéria dando aos Espíritos a chance de formar outras composições corpóreas, somente agora está sendo possível vislumbrar, suportado pelos novos avanços da Física teórica. Antes disso, a compreensão delas era quase impossível.

De fato, se a vida do Espírito era difícil de entender, o que falar então da vida ultraterrestre? Nesta, o Espírito invisível encarna em corpo também invisível ao homem. Entender isso era algo mais difícil. E para aceitar esse tipo de vida a dificuldade aumenta ainda mais, porque implica quebra de padrões já incorporados e reciclagem de conceitos.

Sobre essa dificuldade, o espírito Erasto expressa em *Universo Profundo*:

> Vossos estudiosos de séculos passados não poderiam entender essa composição corporal insólita. Não tinham as teorias da relatividade, da mecânica quântica e as tentativas de uma concepção unificada delas para auxiliá-los. A falta de melhor relação física para a correta compreensão desse corpo diferente da carne e menos material do que ela os fez imaginar a existência em outro planeta de um corpo semelhante ao vosso, produto do meio físico-químico do planeta, mas, ainda assim, material como ele. Pensando dessa maneira, não puderam entender que quando os Espíritos falavam de corpo *menos material* existente nos planetas do vosso Sistema Solar, eles se referiama uma composição corpórea fluídica, corpo em outra vibração da matéria, espécie de eletricidade, corpo de energia, de antimatéria ou matéria ultraterrestre que está além da vossa composição molecular densa.

Depreende-se desse argumento que havia uma explicação espiritual do fenômeno, mas faltava melhor entendimento ao homem para compreendê-lo.

Caro leitor, instruções do mentor espiritual dão conta de que para associar de modo adequado Ufologia e Doutrina

Espírita, falando do assunto com propriedade, é preciso pesquisar a primeira e obedecer aos fundamentos doutrinários da segunda, bem como saber diferenciar três seres principais: o extraterrestre, o ultraterrestre e o Espírito. Vamos observá-los em alguns detalhes.

O Extraterrestre ou ET é tido como criatura de fora do planeta Terra, mas um ser de corpo sólido como o do homem, sem necessidade de ser igual na aparência e na constituição orgânica. Seria alguém que teria evolucionado por um processo semelhante ao nosso e desenvolvido uma ciência compatível ao seu mundo físico, com tecnologia algo similar à nossa e capaz de estabelecer contato à distância. Mas, ainda assim, seria um ser de natureza física, concreto, para não dizer de carne e osso. Se fosse feito contato pessoal, ele poderia dar a mão, dizer muito prazer, perguntar sobre as coisas deste mundo, obter informações nossas de como são feitas na Terra, falar de seu mundo e de sua constituição física. Não seria uma criatura exótica, no sentido de aparecer e desaparecer como por encanto, mas um ser de mesma natureza que pretende fazer contato e conhecer mais o Universo de três dimensões, assim como o homem. Não haveria como confundir sua pretensão, sua existência material e seus objetos voadores, ainda que conduzidos por inteligências artificiais. Contudo, se o ET for exótico, um ser insólito, de outra dimensão, então nós teríamos que dar a ele outro nome para diferenciá-lo do astronauta convencional.

O Ultraterrestre ou UT, a seu turno, é um ET de antimatéria, ou de matéria invisível. É uma criatura também de fora do planeta Terra, mas um ser de corpo incomum, menos material que o homem, como denomina o Espiritismo. Uma criatura de natureza extrafísica, invisível ao homem, assim como o são os Espíritos. Essa criatura é definida como habitante das esferas sutis de outros planetas, como também das profundezas etéreas do cosmos. Trata-se de um ser vivente de outra dimensão do espaço-tempo, cujo corpo de antimatéria nasce, cresce, se reproduz, envelhece e morre. E vive naquelas esferas evoluindo em regime de encarnação e desencarnação, por assim dizer. Como exemplo, podemos citar as criaturas encarnadas em outros orbes, as quais foram mencionadas por Kardec nas notas de rodapé da pergunta 188, de *O Livro dos Espíritos*, e no item 8, capítulo XIV, de *A Gênese*. Seres cuja vida corporal nada tem da materialidade humana. O UT pode se apresentar na Terra convertendo a si próprio e o seu objeto voador fazendo uma teleplastia temporária e reversível. Com a visão evolutiva dada pelo Espiritismo, associando isso ao princípio de universalidade astronômica, podemos dizer que assim como o homem desenvolveu tecnologia, construiu foguetes e produziu os fantásticos fenômenos de psicosinesia; assim, também, o UT pode ter construído em seu mundo os objetos voadores e se capacitado a viajar com eles por outra dimensão, entrando na nossa por instrumentos conversores. Isso, embora seja um fato invulgar, não se mostra impossível, o fenômeno ufo o demonstra, os Espíritos o confirmam e a teoria quântica dá subsídios para entendimento de outras dimensões onde a vida poderia prosperar.

Os Espíritos, por sua vez, são inteligências errantes; ou seja, seres que não estão revestidos de forma corpórea alguma, senão a forma perispiritual. Salvo os Espíritos puros, que não precisam mais renascer na matéria, todos os demais, para evoluir, devem voltar a estagiar em uma forma corpórea. Esse corpo pode ser de matéria sólida, como a dos homens e a dos seres extraterrestres descritos, ou pode ser de matéria sutil, etérea, como a dos seres ultraterrestres mencionados. O Espírito, quando desencarnado, aguarda seu retorno à vida corpórea nas colônias espirituais, onde ali vive sem que haja procriação, porque Espíritos não se reproduzem, são obras do Criador. As várias dimensões do espaço-tempo compõem o chamado mundo invisível. E são povoadas por criaturas insólitas: Espíritos errantes e seres ultraterrestres. Essas duas criaturas, cada qual a seu modo e com características próprias, comunicam-se com o homem, mas o homem pouco as distingue. Em razão dessa dificuldade de distinção, pode haver interpretação errada do sensitivo para saber com qual das duas criaturas o contato fora feito. Espíritos mistificadores se fazem passar por outras criaturas, identificando-se nas mensagens como seres extraterrestres, ultraterrestres ou outras denominações, quando, na verdade, são Espíritos. Assim, estudo mais rigoroso precisa ser feito para distinguir uma entidade de outra.

No próximo capítulo vamos iniciar um estudo mais detalhado e procurar entender a chamada canalização, uma atividade paranormal usada na Ufologia Mística, também conhecida com o subtítulo Holística, Espiritual e outros.

17

NOITES DE VIGÍLIA CELESTE

Mais de 40 anos depois da viagem de férias de Barney e Betty Hill, episódio iniciado na noite de 19 para 20 de setembro de 1961, quando o casal relatou ter sofrido um espantoso sequestro realizado por seres alienígenas, um caso de abdução dos mais notáveis que a Ufologia tem em seus registros, ainda paira no ar algumas indagações:

— Houve mesmo o tal sequestro? Os protagonistas eram de fato seres alienígenas? Não teria sido tudo um sonho ou ilusão? O que teria realmente acontecido?

Caro leitor, instruções do mentor espiritual nas páginas que seguem possibilitarão reflexões sobre esse caso intrigante. E mais à frente ainda tornaremos a nos debruçar sobre o tema para vermos outros contornos do episódio.

Vamos fazer isso seguindo também os passos de um autor especialista em pesquisas psíquicas e em outros campos limítrofes da ciência, relator de casos inexplicáveis, um espírito valoroso que se aprofundou no tema, confirmando depoimentos e fazendo constatações próprias para saber a história real de um caso verdadeiramente espantoso.

A experiência do casal Hill, em Indian Head, foi relatada com precisão por John G. Fuller, em seu prestigioso livro *The Interrupted Journey,*[1] que se tornaria um verdadeiro clássico da literatura ufológica.

Para escrevê-lo, Fuller teve intensa colaboração do casal abduzido e do médico psiquiatra Dr. Benjamin Simon, profissional dos mais conceituados.

O doutor Simon, a pedido dos Hill, colocou à disposição de Fuller todas as gravações efetuadas nas sessões de hipnose, palavra por palavra, num total de quarenta e cinco horas registradas. Mas reservou para si, buscando preservar a saúde dos pacientes, segundo seu critério médico, o direito de revisar cada lance do livro, antes da publicação.

Quando *A Viagem Interrompida* veio a público, ela causou um grande abalo, porque os meios de comunicação noticiaram aquilo que era visto amistosamente por inúmeras pessoas na América: luzes brilhantes que cruzavam os céus como se fossem relâmpagos voadores; mas, agora, neste caso, havia outro ingrediente, algo absolutamente incomum. *A Viagem* mostrava seres alienígenas sequestrando um casal americano, marido e mulher tinham sido levados a bordo de um disco voador para estranhas experiências. Isso era algo verdadeiramente fantástico.

As declarações iniciais do casal foram cautelosas e feitas num círculo restrito de pessoas, mas a intervenção da ciência psiquiátrica deu ao caso novos rumos: a certificação de que o casal falara a verdade, e com uma riqueza de detalhes jamais vista até então. A ciência psicanalítica entrara no caso como nunca antes, confirmando que para os Hill o incidente efetivamente ocorrera.

Os relatos do casal, obtidos por Simon com cuidadoso rigor científico, foram tão insólitos que o próprio médico, embora

[1] FULLER, John G. *The Interrupted Journey: Two lost hours aboard a flying saucer*. The Dial Press, New York, 1966. *A Viagem Interrompida*, Record, Rio de Janeiro, 1966.

considerasse os argumentos como a verdade apenas dos Hill, sem com isso se comprometer com a veracidade do episódio (para o médico, interessava a cura dos pacientes), posteriormente ele mesmo tratou de ir a campo e investigar os fatos.

Três anos após o encerramento da terapia regressiva, como parte de um programa de acompanhamento que traçara, quando Betty lhe disse ainda manter contato com as criaturas Simon se deslocou de Boston até Kingston para participar daquilo que se tornaria popular na América: uma vigília celeste noturna. Nesse *skywatch (observação do céu)*, o médico procurou estudar o casal observando as ocorrências no próprio local do evento, sem comentário algum.

O contato observado por Simon não foi mais tão direto quanto fora aquele relatado a ele nas sessões de hipnose, mas eram luzes que se apresentavam piscando, ao longe, evoluindo de um lado a outro nos céus, podendo ser filmadas e fotografadas. Mas ainda assim o médico se mostrou muito cético.

Para Betty, conforme seus relatos, as manifestações eram quase sempre precedidas de contato telepático. Ela se fizera o canal mental de que os alienígenas se utilizavam para comunicar essa ou aquela manifestação prática que viria em seguida. O médico precisava estudar isso, para saber o que estava ocorrendo.

Nos estudos de objetos voadores não identificados, enquanto os contatos são realizados através de efeitos físicos, controlados pela ciência positiva, como, por exemplo, as luzes no céu, o avistamento da nave e o aparecimento do ufo nas telas de radar, então as investigações são consideradas objetivas e a ciência caminha em campo seguro, perfeitamente dominado por ela. A isso foi dado o nome de Ufologia Científica.

Contudo, em meados da década de 1960, quando a hipótese de vida extraterrestre foi dada como insustentável, porque se concluiu não ter vida como a da Terra nos demais planetas do Sistema Solar, a psiquiatria entrou em ação para estudar os fenômenos. E isso alterou o rumo das investigações. A mente humana passou a ser estudada mais a fundo, porque as testemunhas relatavam que os alienígenas faziam contatos por telepatia, além de produzirem estranhos fenômenos físicos.

Em razão dessas comunicações telepáticas, as quais a NASA estudou com critério, inclusive realizando testes de telepatia com astronautas a bordo de naves espaciais, a ciência convencional e a Ufologia lançaram mão de outra via de estudos: a via paranormal.

Além da telepatia, outras experiências realizadas culminaram por produzir um novo tipo de contato alienígena, completamente alheio à ciência positiva. O desdobramento da alma e a interação dela com seres de outra dimensão passaram a ser metodologia de contato. E dessa outra realidade de vida, que apesar de insólita dava demonstrações de existir em razão dos efeitos físicos que provocava, nasceu a Ufologia Mística.

Enquanto o Projeto Livro Azul era conduzido de modo científico pela Força Aérea dos Estados Unidos e os casos de encontros com alienígenas eram colocados em separado, num arquivo que o chefe do Projeto, o capitão Edward Ruppelt, classificara de modo cético como Arquivo L (L de Lunático), o sequestro do casal Hill, com auxílio da psiquiatria, exigiu mudanças de postura.

A área militar americana, usando a ciência convencional, após duas décadas de estudos foi impotente para elucidar a casuística ufológica. Por essa razão teria de derivar um de seus ramos em direção ao estudo paranormal. E o fez passando oficialmente o caso às mãos da Universidade do Colorado.

No Brasil, essa paraciência foi estudada com todo cuidado pelo general Moacyr Uchôa, porque entender o fenômeno ufo se revelou algo muito mais complexo e insólito do que todos imaginavam no início. Requeria não somente conhecimento militar, mas também experiências que estavam além da parapsicologia.

Estando altamente qualificado para realizar a tarefa, o general Uchôa praticou a Ufologia Integral; ou seja, a Científica e a Mística. E os resultados obtidos foram surpreendentes. O Caso Alexânia é exemplo magnífico disso.

O incidente em Indian Head, envolvendo Barney e Betty Hill, foi o primeiro caso puro, por assim dizer, estudado e relatado sem influência ou contaminação de outros. Ele foi responsável por desencadear investigações paracientíficas em escala mundial.

Outros casos que vieram depois, em ondas sucessivas de avistamentos, provocaram um movimento exagerado de pessoas e de seitas que tinham os alienígenas como uma quase divindade tecnológica, mas sem nunca terem visto o fenômeno ufo. E, convém recordar, sem Ufo não há Ufologia. Assim, a crença tomara conta.

A chamada "canalização inócua" proliferou de modo tal que Espíritos mistificadores se diziam extraterrestres para satisfazer a vontade daqueles que pretendiam contatá-los. Houve uma verdadeira infestação de frivolidade nas canalizações.

Algumas entidades que se manifestavam diziam pertencer a outras civilizações diferentes da terrestre, oriundas de planetas ou de satélites do próprio Sistema Solar. E outras davam conta de que vinham de distritos espaciais distantes, de constelações longínquas, quer da Via Láctea quer de outras galáxias.

Havia comunicados dando conta de que os seres eram de uma linha evolutiva diferente da humana, vindos de dimensões interiores da Terra; ou, então, de que eram de uma mesma linha evolutiva, mas num estágio de humanidade superior, postados em planos mais elevados, em outra dimensão do espaço-tempo.

Em suma, havia de tudo nas canalizações. Alienígenas de vários recantos do Universo pareciam aportar na Terra. Contudo, se uma pessoa de um dado grupo de canalização tivesse de passar para outro agrupamento, com certeza teria enormes dificuldades para aceitar o conteúdo das mensagens, porque não havia conexão entre elas, não havia encadeamento lógico e pontos compatíveis de ligação, evidências capazes de dar compreensão e legitimidade às comunicações.

Nesse estado de coisas, muitas entidades se diziam habitantes físicos de Vênus, de Marte, de Júpiter, de Ganímedes, de Saturno, de Plutão e de outras localidades espaciais onde a ciência mostra hoje não ter vida alguma como a da Terra.

Eram entidades que se apresentavam dizendo ter grande desenvolvimento técnico, mas numa linguagem desproporcional ao saber pleiteado, quer simples demais quer rebuscada em excesso, sempre recheada de termos impalpáveis, falando muito de energias e de planos existenciais. De prático mesmo, quase nada se extraía. Navegava-se num mar de incoerências.

No mais das vezes, as informações daqueles pretensos avanços técnicos não se confirmavam, porque as respostas dadas às perguntas formuladas eram evasivas e sem nada de prático que demonstrasse o tal avanço. Inúmeros encontros marcados, onde a prova real seria dada com o ufo se fazendo presente, não se realizavam. Tudo ficava apenas na conversa.

Denotando exagero as entidades alertavam a pessoa errada para "os males da bomba atômica", porque a pessoa simples nada poderia fazer quanto a isso. Qualquer ação de desarmamento dependeria dos governantes. Eram eles que deveriam ser sensibilizados. Mas, de modo estranho, as criaturas preferiam a frase batida, manipuladora, dizendo:

— Aqueles são homens insensíveis, por isso pessoas como você estão sendo alertadas.

Em outras ocasiões, as entidades ditavam filosofias aceitáveis e de bom conteúdo moral, mas ainda assim tais filosofias não eram superiores àquelas já conhecidas na Terra, nada trazendo de novo.

Embora esses comunicados recebessem o necessário respeito, na realidade, em conteúdo, eles eram fracos, não saíam da fabulação terra a terra. Que o armamento atômico é um grande mal e que a falta de amor leva à destruição, isso os canalizadores já sabiam. Haveria de ter outros motivos.

A partir daí, o fato intrigante passou a ser outro. Era preciso responder novas questões, dentre as quais:

— Por que entidades ditas tão evoluídas e supostamente vindas de tão longe não se apresentam com as naves? Seria tudo um embuste? E como explicar que alguns seres davam provas reais com o objeto voador? Por que as luzes eram abundantes? Por que, segundo as testemunhas, objetos sólidos se materializam e desmaterializam?

Algo de complexo haveria de ter em tudo isso. Era preciso formular novas hipóteses e ir a campo investigar. E de fato o foi.

Hoje, os tempos são outros e o plano espiritual tem se manifestado e desenvolvido mais o tema, denotando mais lógica e repassando mais confiança.[2] Explica-se a existência de duas entidades em ação, ambas invisíveis ao homem; ou seja, os Espíritos desencarnados da esfera terrestre e os seres alienígenas de outras dimensões. Essa explicação conectou com fundamento os postulados da Doutrina Espírita, dando um sentido mais amplo ao entendimento do fenômeno ufo.

É certo que a busca da verdade esteve sempre presente nas atividades de canalização. Os supostos seres de outros planetas foram estudados com muita prudência e respeito de todos, sem preconceito quer fosse de filosofia ou de religião, sempre na esperança de a verdade vir à tona.

Se nos Estados Unidos a Ufologia já encampou e o Espiritismo está ali se inserindo nos movimentos da Nova Era, mostrando seu valor e descortinando uma nova tela para projeção do fenômeno invisível, no Brasil, por sua vez, a Doutrina Espírita, já plenamente encampada, pode lançar mão da Ufologia para mostrar outros contornos do fenômeno. Desta maneira, segundo o mentor espiritual, com novos desenvolvimentos é dado a todos entender as duas entidades envolvidas nas canalizações: o Espírito e o alienígena ultrafísico.

De início, as vigílias eram realizadas em local aberto, em pontos sugestivos de aparições, tais como planícies, campos, encostas, montes, bosques, florestas e acampamentos à beira-mar. Mas a Ufologia Mística alterou isso, passando a realizar sessões de canalização em ambientes fechados, muitas vezes no aconchego do lar, para depois, com a indicação das entidades, sair a campo e realizar a observação

[2] Ver livro *Universo Profundo: Seres Inteligentes e Luzes no Céu*, Lúmen Editorial, 2003.

dos céus na hora marcada pelas criaturas, onde haveria de se ter a prova prática, com a nave se apresentando em plena operação.

Em meio a esse cenário, as demonstrações com objetos voadores ficaram raras, mas alguns grupos tiveram a prova prática, observando efetivamente a nave.

Quando a prova aparecia, ela era tão fantástica que o trabalho se tornava recompensador. As falsas indicações anteriores, dadas por Espíritos mistificadores, ficavam pequenas e eram deixadas de lado, porque as aparições eram eventos tão grandiosos que o resto ficava muito diminuto diante delas, quase sem importância.

Era fascinante saber que outras civilizações cósmicas aportavam ao planeta humano sem necessidade alguma de contato oficial. Era fascinante saber que alguns grupos selecionados tinham importante missão a cumprir, ou seja, aprimorar a moral e sensibilizar os demais quanto à vida em outros orbes do infinito, apenas isso.

A atividade de canalização foi crescendo na América e não teve ali um codificador, por assim dizer; ou seja, não teve alguém desempenhando a função de estudar e registrar as ocorrências, sistematizando tudo numa ordem coerente para lhe dar lógica de entendimento e prática funcional, assim como fizera Allan Kardec com a mediunidade, ao lançar *O Livro dos Médiuns*, uma das obras fundamentais da Doutrina Espírita.

A prática popular encarregou-se de definir a canalização. E cada canalizador a praticou à sua maneira.

Podemos dizer que canalização é um processo de receber mensagens vindas de uma realidade diferente da vida física terrestre. Na essência, não se trata de um animismo humano, fruto do consciente ou do inconsciente da própria pessoa, nem tampouco da comunicação de uma pessoa viva com outra de mesma natureza, mas sim de uma mensagem vinda de ambiente externo à mente humana, originária de uma entidade pensante, de nível inteligente igual ou superior ao humano. Essa definição é tão abrangente que equivale dizer: canalizar é recepcionar e interagir com um ser inteligente de natureza extrafísica.

Em teoria, esse pensamento de natureza extrafísica poderia vir de Deus, de potências criadoras, de hostes angélicas, de mestres venerados, de seres ultraterrestres espalhados no cosmos e de Espíritos do próprio ambiente terrestre ou de qualquer outra parte. Todos eles poderiam sensibilizar o cérebro humano.

Mas o espírito do homem, apenas no início da escalada evolutiva, somente pode sensibilizar inteligências de mesmo nível ou de nível inferior ao dele. Segundo sua capacidade, pode sensibilizar os encarnados na Terra, os ultraterrestres de mesmo nível e algumas entidades que lhe estão abaixo na escala de progresso. Mas não conseguiria mediunizar as inteligências que lhe estão acima.

A diferença entre canalização e mediunidade é nenhuma, é apenas uma questão semântica e o entendimento de ambas varia segundo cada cultura. É um engano pensar que a mediunidade seja apenas o meio de contato do homem com o mundo dos mortos, quer da Terra quer de outros planetas. Porque a mediunidade é também meio de comunicação do homem com o mundo dos seres encarnados em esferas menos materiais, seres vivos de outras dimensões do espaço-tempo, embora nesse intercâmbio não haja incorporação e escrita mecânica, mas sim telepatia, escrita intuitiva e outros tipos de recepção mediúnica.

Portanto, o médium é o canal pelo qual se recepciona pensamentos projetados de uma inteligência postada num mundo extrafísico, seja esse mundo de seres vivos (dimensionais) ou de pessoas mortas (espíritos de falecidos). É o médium que possibilita o relacionamento entre entidades de naturezas diferentes da nossa natureza tridimensional.

18

CANALIZAÇÃO

O modo pelo qual a canalização é feita pode variar segundo cada agrupamento. A prática comum é realizada durante um skywatch, porque a prova com a nave só pode ser dada a céu aberto. Os locais preferidos são aqueles distantes da cidade e com ampla visão dos céus. A vigília celeste costuma ter início ao cair da noite e prossegue até as primeiras horas da madrugada. O ponto de observação mais sugestivo é aquele onde os ufos já tenham sido avistados, porque ali haveria algo de interesse deles.

A canalização tem início com os participantes sentados em posição confortável de semilotus e formando um círculo. Então o líder comanda uma sessão de relaxamento para promover a serenidade e o autocontrole dos participantes.

Tendo obtido um estado de tranquilidade, o canal (médium) faz uma evocação para estabelecer contato. As informações telepáticas vindas pelo canal ditam os próximos passos do grupo. Certas pessoas são convidadas a ficar no sítio em que estão para observar os céus, enquanto outras podem ser deslocadas aos arredores para novas experiências; mas, neste caso, o deslocamento fica sempre delimitado à área próxima ao sítio central, onde a prudência recomenda não correr riscos.

Se durante o evento não houver a presença de luzes no céu ou manifestações físicas com a nave, a canalização pode ser considerada infrutífera. Outros fenômenos físicos sem a nave não caracterizam a presença de entidades alienígenas, mas sim a de Espíritos. Quem assim não considera, pode interpretar de modo errado a origem dos fenômenos.

Conforme já vimos, os alienígenas podem manipular fluidos e causar uma transmutação insólita nas partículas, convertendo-as em um símile da matéria terrestre. Assim se fazem concretos e visíveis. Mas podem também produzir fenômenos de transporte, movimentando inclusive os seres humanos de um local para outro, num curto lapso de tempo.

Um corpo vivo, envolvido num manto de ectoplasma, pode ser isolado da gravidade, se tornar invisível e ser transportado a outro local, quer seja à nave ou à outra dimensão. Quando transportado à nave materializada, tudo se passa como na terra, sem muita dificuldade para entendimento.

Contudo, para adentrar à outra dimensão, algo diferente acontece. Um vórtice vibratório, projetado da nave com técnicas ainda inconcebíveis, constituído de fluido luminoso, forma um portal de entrada à outra dimensão do espaço-tempo. Qual bolha de ectoplasma fluorescente, o vórtice envolve o encarnado, transmuta relativamente seu corpo, sem desmaterializá-lo, e o mergulha num universo paralelo, através de um Buraco de Minhoca, para, numa viagem insólita, transportá-lo e introduzi-lo num mundo menos material que a Terra, postado em outra dimensão, local incomum onde vivem seres de corpos mais sutis. Ali, há certa interação para troca de experiências, mas o corpo humano naquela dimensão fica reduzido a uma espécie de agênere (um ser não gerado naquela esfera), por assim dizer. A experiência em si gratifica, mas pode perturbar o encarnado que não estiver preparado, conforme esclarece o mentor espiritual.

Os alienígenas podem também manipular fluidos e ajudar o médium na liberação parcial da própria alma, facilitando certo desdobramento, equivalente ao estado de sonambulismo mediúnico. Nessa ordem de fenômeno, o sensitivo tem a visão ampliada, vê o mundo menos material que o rodeia, ouve, sente e percebe muito além dos sentidos normais. Com a alma livre do corpo, passa a viver temporariamente outra realidade.

Não se trata de abdução, como nos casos anteriores em que o corpo físico é levado à nave ou à outra dimensão. Nesta condição, o corpo fica, mas a alma vai. É ela que se transporta. E geralmente obedece ao imperativo de sua própria disposição interior, de seu próprio interesse psíquico.

Há de se ter em conta que a quantidade de espíritos encarnados na Terra nunca foi tão grande como a de agora. Por certo, de outros distritos espaciais esses espíritos vieram. No mais das vezes, o desdobramento é uma prática mais comum do que se imagina. E favorece o reatamento de laços antigos, cujas ligações iniciais se fizeram em outros mundos do infinito.

Na Terra, em estado sonambúlico, o encarnado continua se comunicando com seus congêneres de outras moradas do infinito ou com Espíritos do próprio ambiente terrestre. Muitos dos objetos voadores que aportam na Terra, são manifestações dessas entidades de outras dimensões que aqui chegam em visita.

A Ufologia Científica chamou de extraterrestre (ET) a entidade física material, de natureza concreta e supostamente oriunda de algum planeta físico, mas não o encontrou nos orbes do Sistema Solar. Esse ET, indivíduo físico, constituído de carne e osso como os homens, não precisaria de canalização para ser receptado, porque sua comunicação se faria de modo similar ao humano.

Dentre as maneiras de comunicação do ET estariam as realizadas por meio de técnicas avançadas, semelhantes às operadas à distância por ondas de rádio, como as do Programa SETI (Search for ExtraTerrestrial Intelligence – Procura de Inteligência Extraterrestre); ou como as de abordagem física, por meio de engenhos sólidos, semelhantes aos do programa espacial em curso, cujas sondas vão além do Sistema Solar em busca de outras civilizações cósmicas.

É com esse ET, figura de natureza concreta e de ciclo evolutivo semelhante ao do homem, que a ciência procura fazer contato. Esse astronauta de outro planeta nada tem a ver com aquela criatura ultraterrestre (UT) encontrada nas canalizações. Esse ET nada tem daquele UT exótico que aparece e desaparece como por encanto nos contatos.

A Ufologia Mística juntou impropriamente ambos os seres (ET e UT) e deu aos dois um mesmo nome: Extraterrestre. Isso somente embaralhou as coisas, porque em conceito o ET é muito diferente do UT. E o entendimento da questão ufológica ficou ainda mais difícil quando, a esses dois, juntaram erradamente outro: o Espírito.

É preciso entender que o UT é uma entidade extrafísica de composição sutil, menos material que a carne, constituído de energia que se converte em massa. É um ser que habita outra região do espaço-tempo, em outra realidade dimensional. Nos contatos, comunica-se por telepatia e materializa seu objeto de transporte, chamado por nós de Ufo. Essa criatura não é sólida em seu mundo de origem, mas um ser de antimatéria, por assim dizer.

Contudo, entre o UT e o Espírito existem diferenças marcantes, as quais precisam ser observadas para diferenciar melhor uma criatura de outra.

Em seu mundo de origem, ambos os seres são invisíveis ao homem, somente podem ser vistos por clarividência mediúnica.

Enquanto o Espírito é apenas um foco inteligente, uma quintessência psíquica, o UT é um organismo ultrafísico formado pelo Espírito segundo seu modelo organizador de vida.

Por isso dizemos que o Espírito está ali encarnado em corpo sutil, em outra vibração da matéria.

O UT, sendo uma entidade do mundo dos vivos, embora de outra dimensão, é uma criatura que tem ciclo vital; isto é, nasce, cresce, se reproduz, envelhece e morre. Desenlaçado do corpo com a morte, seu Espírito volta a ficar errante e aguarda em mundo transitório, em uma colônia espiritual, seu reingresso no mundo corpóreo, pois para progredir o Espírito precisa renascer muitas vezes em uma bioforma de massa ou de energia para experienciar a vida. O UT evoluciona em sua esfera num regime de encarnação e desencarnação, embora seu corpo não seja de carne.

O progresso do Espírito durante os renascimentos que experimenta se faz em vários planos, em esferas onde vibram partículas cada vez mais dinamizadas, configurando uma espiral ascendente de evolução, na qual sobe rumo a paragens cada vez mais sublimes, na medida em que se depura.

Embora as duas entidades (UT e Espírito) sejam invisíveis ao homem, quando operam na Terra se observa entre ambos algumas diferenças.

O Espírito incorpora médium, enquanto o UT não pode fazê-lo, porque já possui um corpo e não pode realizar o enquadramento perispiritual necessário à incorporação.

O UT não sensibiliza integralmente o perispírito do médium. Não pode produzir fenômenos mediúnicos obtidos em transe profundo, como a psicografia mecânica e a psicofonia. Portanto, a voz direta e a escrita mecânica não são produzidas por ele, mas sim por Espíritos.

O contato extrassensorial do UT com o homem é por via telepática; ou seja, por transmissão de pensamento.

Assim como os Espíritos, o UT também produz fenômenos físicos, tais como: teleplastia, levitação, efeitos de poltergeist, aparição de formas, sensibilização de gravadores, transporte de objetos e até de seres vivos, como animais e seres humanos.

O UT, nas incursões que faz à Terra, utiliza-se de engenhos apropriados, os chamados ufos, objetos capazes de transpor dimensões do espaço-tempo e de penetrar matérias sólidas. Quando convertido à materialidade, quer o seu ufo quer ele próprio, fica submetido às leis da Física. Pode desmaterializar-se com extrema velocidade. Mas, diferente do Espírito que reproduz na materialização apenas sua escultura perispiritual, o UT converte o seu próprio corpo de energia em massa. Por isso, caso penetrado por projétil, sua composição íntima é afetada e nessa condição pode morrer, seja neste mundo físico seja em sua dimensão de origem.

Por ser de natureza extrafísica, ao se converter aqui em massa similar, durante essa conversão perde fluido vital em abundância, sem chance de reposição na Terra, por isso precisa ser rápido naquilo que executa materializado, para voltar à sua forma original e recuperar a força vital perdida, sob a pena de perecer facilmente.

Quando materializado, nota-se que sua espécie é diferente da humana e suas substâncias genésicas são incompatíveis com as da carne, por isso não pode procriar na Terra.

É certo que os seres chamados Cinza procuram fazer experiências científicas. Embora sua ciência esteja mais avançada que a terrestre, em grau de avanço moral o mesmo progresso não se verificou. Isso pode ser visto naquilo que eles próprios fornecem, nos contatos efetuados, onde estranhas experiências são relatadas pelos seres humanos.

Mas esse tipo Cinza tem limitações para realizar suas atividades científicas. Na desmaterialização das substâncias vivas, colhidas por ele em organismos terrestres, a perda de fluido vital delas o impede de obter um símile humano ou uma criatura física híbrida em seu mundo de origem. Portanto, a perda de fluido vital no processo implica morte na organização física da vida. Seu interesse está em converter o código genético humano em matéria de sua dimensão, com desespero de causa para melhorar o próprio corpo em decadência. Seres espirituais mais evoluídos, como, por exemplo, os Gênios da genética de quem tratamos no livro *Colônia Capella*, operam de modo muito diferente do Cinza para obter novos organismos em outras dimensões da vida.

Há de se considerar que várias civilizações UTs aportam à Terra e, quanto mais adiantada for a civilização, menos ela precisa se materializar para fazer algo de bom ao homem. Portanto, somente o fato de haver a materialização já revela certa insuficiência evolutiva da criatura.

Uma civilização verdadeiramente adiantada não pode praticar atos de abdução sem ferir sua própria moral. Portanto, quem pratica abdução não pode ser adiantado em sabedoria, pois, se o fosse, dela não faria uso para obter novos conhecimentos – já os teria obtido há muito.

Seja qual for o argumento empregado pelo alienígena, o ser que pratica abdução não poderia ter semeado a vida na Terra, porque um conhecimento científico maior que o nosso não significa uma sabedoria plena, capaz de realizar façanha tão grandiosa. Assim, uma semeadura dirigida por esse pseudossábio está descartada. Outros desenvolvimentos deste assunto podem ser encontrados no livro *Colônia Capella*, no qual o surgimento da vida na Terra e sua evolução até a forma humana são apresentados sob a ótica espiritual, segundo os preceitos da Doutrina Espírita.

19

INFESTAÇÃO ALIENÍGENA

Na segunda metade da década de 1960, os skywatchers realizados por Betty Hill não eram acompanhados de canalização, mas durante algumas vigílias ela declarava estar recebendo estranhos fluxos de pensamento. Nessas ocasiões, Betty parecia captar mentalmente os alienígenas. Os anos passaram e as demonstrações foram muitas.

Em meados da década de 1970, a imprensa americana divulgou uma série de comunicados dando conta de que no sul do estado de New Hampshire havia um "campo de aterrissagem" de ufos. Nas imediações desse campo, Betty e algumas pessoas de seu círculo mais próximo realizaram vigílias noturnas ao menos três vezes por semana, na tentativa de ver as naves e de fazer algum eventual contato. Nesses skywatchers, a prática de canalização aos poucos tomou corpo e se desenvolveu.

Alguns ufólogos participantes consideraram que Betty se tornara uma pessoa muito ansiosa. E chegaram a alegar que qualquer luz avistada ao longe dava impressão a ela de uma nave se aproximando. Diante dessa ansiedade, houve quem dissesse que o incidente em Indian Head mexera demais com sua estrutura psicológica. Contudo, o fato real é que nenhum deles sabia exatamente o que se passava com Betty. Os reais acontecimentos somente vieram a público anos depois. Hoje, os motivos daquela agitação se fazem mais claros.

Em 1995, Betty publicou suas memórias em *A Common Sense Approach to UFOs,*[1] onde foi dado a público grande número de fatos novos e intrigantes, dos tempos seguintes ao incidente em Indian Head .

Então veio à luz que a 15 de setembro de 1962, cerca de um ano depois daquele incidente e antes de seu marido Barney acusar os problemas de saúde que o levariam aos cuidados do doutor Simon, os Hill saíram novamente de férias e, ainda outra vez, seriam testemunhas de certos acontecimentos enigmáticos.

Quando viajavam a bordo de um barco que os transportava de Bar Harbour, no Maine, até Yarmouth, no Canadá, o capitão da embarcação teve de fazer uma manobra brusca, para evitar o choque contra algo que repentinamente emergira da água.

A coisa estranha era um pequeno objeto, semelhante a um glóbulo prateado, que depois se elevou acima da superfície da água, aparentando navegar acima dela, para espanto do casal e de outros passageiros do barco.

Em Yarmouth, logo após o desembarque, a tripulação notou que o jornal local dava na primeira página uma manchete que parecia ter algo a ver com o objeto da água: *Ufo Explode na Baía*. E informava que na noite anterior algumas pessoas haviam testemunhado a explosão de um ufo. Nada mais se soube disso, mas as coisas não pararam aí para os Hill.

Na terceira semana de outubro de 1965, durante cinco dias seguidos, o jornalista John Luttrell, apenas colhendo informações e sem entrevistar o casal, publicou no jornal

[1] HILL, Betty. *A Common Sense Approach to UFOs*. Greenland, Private, 1995.

Boston Traveler Herald aquilo que julgou ser o incidente em Indian Head. Em razão disso, os Hill tiveram de sair de casa por alguns dias, dada a insistência do público em saber mais sobre o caso.

Buscando maior tranquilidade, o casal se deslocou para a casa dos pais de Betty, em Kingston. Na terceira noite em que eles lá estavam hospedados, após um breve passeio, quando voltavam de automóvel para o local da hospedagem, um fato enigmático aconteceu.

Um estranho objeto apareceu de repente, pairando sobre as árvores, à beira da estrada. Era um ufo absolutamente nítido, emitindo luzes vermelhas e se movendo para frente e para trás, como se quisesse atrair a atenção deles.

De imediato, a coisa aterrissou atrás das árvores. Barney ficou muito irritado com aquela aparição. Associou-a ao incidente anterior ocorrido em Indian Head e desejava de todo modo saber o porquê de sua abdução naquele ensejo. Estava propenso a descer do veículo e ir até a nave, para tirar tudo a limpo com as criaturas. Mas Betty ficou assustadíssima com essa atitude do marido. E rogou a ele para irem embora dali, rápido. Sensibilizado pela esposa, Barney deu partida no carro e rapidamente chegou à casa dos pais de Betty.

Depois de contar o episódio à família, a mãe e a irmã de Betty se juntaram a eles. E todos voltaram ao local da aparição. Ao chegarem lá, encontraram a nave, mas não puderam acompanhar o percurso dela, porque o objeto sobrevoou uma região pantanosa, totalmente alagada e sem possibilidade alguma de acesso. Mas as coisas não pararam aí.

No dia seguinte, ao saírem à noite para uma volta de carro nos arredores, Barney e Betty foram seguidos por mais de um ufo. Delsey, a pequena e irrequieta cadelinha bassê hound dos Hill, que também estivera presente no incidente em Indian Head, ao pulsar das luzes no vidro se escondia embaixo do banco, encolhendo-se junto aos pés da dona, como a pressentir as criaturas por perto.

As aparições não ficaram restritas somente ao casal. Os parentes de Betty também passaram a ver os ufos. Estranhas luzes sobrevoaram o local e pareciam aterrissar ao longe, sem que se soubesse onde.

Certa noite, enquanto todos dormiam, aconteceu uma enorme explosão nas imediações da casa. O pai de Betty, pensando que a caldeira de aquecimento houvesse explodido, chamou rapidamente os bombeiros. Tudo foi vasculhado, mas nada de anormal foi encontrado ali.

As autoridades prosseguiram averiguando. No dia seguinte, um piloto de linha aérea que sobrevoara o local na noite anterior, informou ter visto um ufo aterrissar no bosque, próximo à casa dos pais de Betty. Todos então passaram a procurar o local. Foi aí que os familiares de Betty, num dado ponto do bosque, encontraram no chão uma estranha substância escura e alguns ramos de vegetação caída, denotando que na noite anterior algo de incomum ocorrera. Talvez essas marcas fossem os sinais da tal explosão, mas as investigações desses resíduos não foram adiante, pararam nisso. Nada mais se soube daquilo.

Em 9 de novembro de 1965, noite do grande *blackout* na América, quando foi colocada no escuro a cidade de Nova York, oito estados da costa oriental dos Estados Unidos e dois estados do Canadá, o casal Hill voltava de Rochester. Barney havia participado de uma conferência, organizada pela Igreja católica, sobre direitos civis, e de dentro do automóvel eles avistaram dois ufos brilhantes, cor laranja, algo parecido a duas luas no céu. Ao mesmo tempo, em Nova York, enquanto a cidade estava no escuro e quase paralisada, investigadores tiraram uma série de fotografias. Nelas, sobre um dos edifícios, havia a presença de uma gigantesca formação alada, semelhante a nuvem em forma de disco, aparentando um ufo em estado etéreo, com se a nave estivesse ali camuflada. Esse fato marcou ainda mais a ocorrência para o casal. Aos Hill foi inevitável associar o avistamento dos ufos ao *blackout* ocorrido – parecia uma demonstração inequívoca de visita alienígena à Terra.

Em outra ocasião, fevereiro de 1966, numa terça-feira, por volta das nove horas da noite uma vizinha de Betty estava andando na calçada, quase para entrar em casa, quando foi sobrevoada por um objeto luminoso. A coisa passou rápido sobre sua cabeça e tão perto dela que o susto foi enorme.

Na terça-feira seguinte, no mesmo local e hora, a vizinha viu novamente o estranho objeto luminoso passar sobre ela, mas desta vez foi ainda pior, porque a mulher se sentiu quase sugada pela luz durante a rápida passagem da nave.

Na outra terça-feira, a terceira, ainda no mesmo local e hora, mas agora de modo planejado pelas testemunhas, dentro do automóvel estacionado ficou Betty Hill, sua mãe (a senhora Janet Barret), sua irmã (Janet Miller) com os dois filhos e a vizinha que presenciara antes os fenômenos.

Num dado momento, ao longe, se fez presente uma estranha luz no céu, a qual se aproximou um pouco do carro estacionado, depois parou e pareceu distanciar-se. Betty deu partida no veículo e foi em direção à estranha luz. Após o carro rodar um pouco, todos viram que nas margens de um lago congelado havia uma estranha luz avermelhada, parada sobre o solo, não muito distante do carro. Quando o veículo se aproximou, a estranha luz se levantou do solo e pairou no alto, ficando estacionária na altura das árvores. Depois, aos poucos, distanciou-se, descrevendo uma evolução rara para um objeto voador: fez um balanço para frente e para trás, depois foi para o alto, mudou várias vezes o próprio aspecto luminoso e configurou em si mesmo novas cores, até subir e desaparecer por completo no céu.

Nada mais tendo ali para ver, Betty acelerou de volta na estrada. Estava trafegando normalmente, mas de repente o carro parou. O veículo foi iluminado por dois objetos em forma de cone, com cerca de cinco metros de altura cada, pousados numa superfície gelada, a poucos metros de distância do carro. Assustada, Betty não teve dúvida, engatou marcha à ré e se distanciou. De imediato os dois objetos levantaram voo. Um deles veio como um raio em direção ao carro. Num sobrevoo rasante ultrapassou o veículo, subiu velozmente e desapareceu nas nuvens, para espanto de Betty e dos cinco passageiros.

Na primavera de 1966, durante a grande onda de infestação ufológica que assomou os Estados Unidos, na região de Portsmouth comentava-se que nas vizinhanças de Eliot, ao longo do rio que corta a cidade, todas as noites os ufos se faziam presentes, podendo ser vistos por qualquer pessoa. Betty e sua irmã foram ao local. Juntaram-se a dezenas de pessoas. E ali ficaram observando por várias noites os estranhos discos luminosos que pareciam ir ao encontro dos aviões que chegavam ou partiam da Base Pease, próxima ao local. A fundadora da Aerial Phenomena Research Organization — APRO, a ufóloga Coral Lorenzen, pediu a Betty para recolher no local os relatos das testemunhas, visando registrar o acontecimento no catálogo ufológico da organização. Betty assim o fez. E constituiu prova da importante casuística de ufos em Eliot.

Em setembro de 1966, a revista semanal *Look* pretendia fazer uma matéria ilustrada sobre o incidente em Indian Head. Para isso, seu fotógrafo retornou com os Hill até a localidade da abdução. Naquele posto isolado, o profissional pretendia de alguma maneira reconstituir o clima do insólito acontecimento e fotografar o casal. Mas, para espanto do fotógrafo e dos Hill, algo estranho aconteceria.

Numa pequena clareira, onde podia ser visto um pedaço do céu com nitidez, lá em cima as três pessoas viram dois objetos luminosos sobrevoando os céus num movimento circular. Os objetos foram nitidamente fotografados e publicados pela revista *Look*. Para os participantes, tal evento fora uma demonstração clara de que os alienígenas tinham controle total das aparições.

Mas nem tudo sempre ocorreu assim, favorecendo os pesquisadores e dando a eles a oportunidade de verem os ufos. Há alguns anos foi dado a público um caso interessante. Jacques Vallee, pesquisador científico e especialista em ufologia, rascunhou o episódio em seu bloco de notas que mais tarde seria publicado por ele, dando conta de que num fim de semana, na noite de 9 para 10 de junho de 1967, ele participara de um skywatch infrutífero.

Naquela ocasião, Vallee houvera sido mandado a Boston pelo astrônomo Joseph Allen Hynek, de quem era assistente na Universidade de Chicago, para participar de uma noite de vigília celeste na qual Betty Hill estaria presente tentando um contato de terceiro grau com os alienígenas que lhe tinham abduzido.

A experiência fora coordenada por John Fuller, escritor de *A Viagem Interrompida*. Estavam também presentes o doutor Benjamin Simon e um engenheiro da IBM,[2] Robert Hohman, a primeira pessoa que a 25 de novembro de 1961 fez notar ao casal a existência de um "tempo vazio" em suas recordações da noite em que ocorrera o incidente em Indian Head.

Na verdade, no dia em que fora notado um lapso de tempo vazio nas recordações do casal, Hohman não estava sozinho, mas acompanhado do major James MacDonald, amigo dos Hill, casado com uma amiga íntima de Betty, sua colega de trabalho na Assistência Social, e também acompanhado de C. D. Jackson, um colega seu de empresa.

Segundo Hohman, após o incidente Betty se tornara uma intérprete dos humanoides; isto é, uma pessoa capaz de receptar o pensamento alienígena. Desta vez, seis anos após o primeiro acontecimento, a experiência era diferente. Todos pretendiam saber se Betty seria capaz de emitir pensamentos e marcar um encontro com os alienígenas. Os preparativos foram cuidadosos.

Nos dez dias que antecederam o evento, Betty fizera esforços telepáticos no sentido de enviar uma mensagem às criaturas, solicitando a elas uma aterrissagem da nave para as primeiras horas do dia 10 de junho de 1967. Era algo muito pretensioso. Todos reconheciam isso. Mas a experiência para eles teria de ser feita.

O local escolhido fora em Kingston, estado de New Hampshire, num imenso prado verde ali existente. Assim que Jacques e sua esposa Janine chegaram, John os levou ao encontro

[2] Até hoje muitos questionam o motivo de na investigação dos ufos haver a participação de equipes profissionais altamente capacitadas, vinculadas a grandes empresas americanas, tais como a IBM, a Hughes Aircraft, a Bell Labs, a Dow Corning e outras. Os comentários sempre foram de que tais empresas estariam vinculadas ao governo, para, com as informações, tentarem desenvolver tecnologia avançada.

dos demais. E os apresentou ao casal Hill (Betty trazia junto sua cadelinha bassê, Delsey). Apresentou-os também ao engenheiro Hohman e a seus colaboradores, além do doutor Simon, que em razão de compromissos ficou pouco, rapidamente voltou a Boston.

Vallee estava todo equipado para a ocasião. Montou ali um telescópio sobre uma mesa dobrável, ao lado de um grande círculo de giz desenhado na grama, pretendendo registar tudo. E todos passaram a noite em conversas divertidas, aproveitando o bom-humor de John Fuller, que muito descontraído contava suas aventuras de viagens à França, terra natal do casal Vallee.

Naquela noite, nada de importante acontecera, senão uma invasão de mosquitos e pernilongos. Falava-se, para divertimento, que se não fossem as luzes e o bom estoque de repelentes de Betty os mosquitos teriam levado ao menos um do grupo. Vallee concluiu a experiência registrando que a telepatia não sensibilizara os alienígenas e que Betty estava ansiosa demais para encontrar a nave. Com efeito, aquele skywatch fora mesmo infrutífero.

Mas, quanto à ansiedade alegada por ele, há de se considerar que com tantos convidados aguardando (e com o médico querendo saber se a nave apareceria mesmo), seria de estranhar se houvesse um comportamento mais frio de Betty.

Após a morte de Barney, em 25 de fevereiro de 1969, aos 46 anos, sete anos e meio após o incidente em Indian Head, vitimado por derrame cerebral, fato ocorrido cerca de dois meses após a morte da bassê Delsey, Betty ficou sendo a única sobrevivente do caso. Após se refazer da perda do marido, ela prosseguiu vivamente interessada nos skywatchers.

Muitas testemunhas se reuniram a Betty nas noites de vigília celeste. E formaram uma verdadeira rede silenciosa de observação sistemática dos céus.

Os locais dos skywatchers eram constantemente alterados, variavam segundo as aparições dos ufos. Nos primeiros três anos dessa atividade, Betty obteve 200 fotografias de estranhas luzes no céu. Em poucos anos a rede invisível se estendeu a todo território americano. E saiu fora dele para diversos países, inclusive ao Brasil, onde vários grupos se juntaram à rede.

Durante noites a fio o pessoal da rede fez vigílias celestes. Somente no ano de 1977 foram catalogados 156 avistamentos. Betty, procurando base científica para suportar as investigações da rede, testou a teoria ortotênica, formulada anos antes pelo francês Aimé Michel.

Plantou todos os avistamentos num mapa da região e estudou a rota descrita pelos engenhos, na tentativa de encontrar movimentos planejados que pudessem evidenciar alguma intenção alienígena de reconhecimento territorial, através de seguimentos lógicos, de rotas em linha reta ou de frequências regulares, conforme proposto pelo general Lionel M. Chassim, ex-comandante da Força Aérea da OTAN.

Contudo, assim como Michel e Chassim, Betty também nada comprovou, porque as aparições estavam largamente pulverizadas e não demonstrava na prática uma lógica de movimento que validasse a teoria das ortotenias.

Além das naves em aparições constantes, outras estranhas manifestações também ocorreram com Betty, principalmente em sua casa. Eram fenômenos do tipo parapsíquico.

Depois do incidente em Indian Head, Betty notou que o relógio elétrico da cozinha estava estranho. Certas vezes, ao ler as horas, tudo estava normal; mas, alguns minutos depois, ao ler as horas novamente, algo muito estranho houvera acontecido, porque o relógio voltara várias horas para trás.

Outro relógio, também elétrico, parou de funcionar cerca de uma semana após a morte de Barney, às 19h20, à mesma hora do óbito. Esse relógio não foi acertado por Betty e ficou parado por meses, mas, de modo intrigante, voltou a funcionar sozinho, a partir do mesmo horário em que estava parado, não precisando mais ser acertado.

Certa vez, Betty entrou em casa e notou que as torneiras estavam vazias, foi aos registros e constatou que todos estavam fechados, sem que ela os tivesse acionado. Em outra ocasião, a coisa foi pior – Betty entrou em casa e encontrou o chão totalmente alagado, as torneiras das pias estavam todas abertas e jorrando água de modo abundante.

Em torno de 1970-71, aconteceu algo estranho. Betty tinha uma caixa onde guardava todas as coisas de suas experiências ufológicas. Isso já fazia oito anos. Essa caixa ficava em cima de um móvel do quarto. Certo dia, ela abriu a caixa e para sua surpresa nada encontrou dentro. Todos os documentos, os registros e outras coisas mais tinham desaparecido. A caixa estava misteriosamente vazia.

Após a morte de Barney, começaram a surgir na casa de Betty alguns rumores estranhos, de origem desconhecida, sem causa aparente. Outras coisas estranhas também seguiram. O telefone tocava, mas do outro lado da linha ninguém respondia. Embora isso tenha motivado a suspeita de alguns, pensando que gente do governo pudesse ter grampeado o telefone de Betty, o fato é que outros fenômenos estranhos também vieram juntos. Os eletrodomésticos, como o ferro de passar, o rádio e a televisão ligavam e desligavam sozinhos, sem a ação de ninguém visível. A casa ficou em polvorosa, parecia uma infestação de poltergeist.

Em razão dos casos insólitos que se fizeram presentes na vida de Betty, as pessoas mais íntimas aconselhavam-na a ser prudente em tudo, principalmente a manter silêncio quanto a tais fatos insólitos, não os dando a público. Porque nem o povo nem os pesquisadores estariam preparados para entender aqueles fenômenos, podendo atribui-los à sua imaginação, levando a descrédito o incidente em Indian Head e duvidando da sua sanidade. Mas Betty não era de ficar calada, muita coisa veio a público, antes mesmo do lançamento de seu livro de memórias, em 1995.

De fato, em 10 de março de 1978, em uma entrevista dada à revista *Argosy*,[3] o entrevistador quis saber de Betty se quando ela via os ufos estava sempre só ou se junto a ela

---

[3] No Brasil, alguns anos depois, em 1983-84, o ufólogo Alberto Francisco do Carmo divulgou o assunto no *Jornal Ufológico*, de Belo Horizonte.

havia outros observadores. Atendendo ao solicitado, Betty declarou:

— Tenho levado todo tipo de pessoas; por exemplo, Jim Voutrot, do canal 9 de Manchester, veio uma noite e teve um avistamento excelente. Tanto que filmou o ufo e mais tarde mostrou o filme na televisão.

Esse fato foi pesquisado pelo entrevistador da *Argosy*, quando procurou Voutrot e teve dele a confirmação.

Naquela ocasião, o jornalista quis saber se havia alguma coisa relacionada com o incidente em Indian Head que não fora registrado no livro. Para surpresa geral, Betty trouxe dois fatos novos, um verificado tempos depois, referente ao local certo da captura e outro dando conta do estranho reaparecimento de um par de brincos, perdido durante a abdução. Betty contou:

— Depois de uma busca mais ou menos contínua, finalmente encontramos o local de nossa captura, em Campton, entre 24 a 29 quilômetros de Indian Head. O local preenchia perfeitamente as nossas recordações, até por ter um solo de areia fina, que é altamente incomum naquela área. Outra coisa que eu nunca mencionei no livro, foi a perda dos meus brincos. Cerca de 20 semanas depois do incidente, voltei para casa com Barney e encontramos algumas folhas secas e um par de brincos meus sobre a mesa da cozinha. A casa estivera trancada e não tivemos ideia de como e por que eles haviam ido parar ali.

Perguntada que fora pelo entrevistador, Betty prosseguiu explicando a importância daquilo para ela:

— Depois do nosso tratamento com o doutor Simon, eu me lembrava com clareza do líder alienígena, dizendo para mim: '*Se quisermos você, saberemos onde encontrá-la*'. Bem, esses brincos eram o mesmo par que eu usara na noite da captura e estavam ali, devolvidos para mim de alguma forma, com as folhas, como lembrança do lugar onde a captura tivera ocorrido. Ao menos, essa é a minha interpretação, a que cheguei depois das sessões de hipnose. Antes, eu não tinha ideia do seu significado.

De fato, conforme informes do mentor espiritual destacamos que os ETs de antimatéria sabiam onde encontrar Betty e eles transportaram o "par de brincos" para sua casa, local de outros fenômenos físicos protagonizados por eles. Em razão da aceitação de Betty quanto ao incidente principal e tendo ela facilidade em lidar com os fenômenos, os alienígenas fizeram dela seu canal de comunicação. E nas incursões periódicas à Terra fizeram-se presentes a ela, quer mostrando a nave, quer produzindo outros fenômenos.

Numa ocasião anterior, o ufólogo e médico psiquiatra, Berthold Eric Schwarz, estudou os fenômenos na casa de Betty. Isso no transcurso de 1976. Ele observou ali que não se tratava de ilusão, mas de efeitos físicos concretos. Embora ele soubesse, em razão de casos anteriormente pesquisados, que entre as várias faces do fenômeno ufo existe uma, chamada "possessão espiritual", ainda assim o pesquisador pouco concluiu sobre o caso. Para ele, ficaram mais perguntas do que respostas. Schwarz indagava a si mesmo:

— Os fenômenos observados na casa de Betty estão coligados à sua experiência ufológica anterior. Têm algo a ver com o incidente em Indian Head? Os fenômenos atuais são separados e independentes daquele? Ou será tudo uma fantasia ainda não compreendida por nós? As respostas ele não deu, simplesmente deixou perguntas.

Em 12 de junho de 1974, Betty recebeu na casa de sua mãe a visita de alguns pesquisadores. Dentre os quais estava uma médium, Ingrid Beckman, levada ao local pelo hipnólogo Hans Holzer, escritor de *Os Ufonautas*,[4] para tentar colher ali algumas impressões. Ingrid nunca fora interessada em ufos e não houvera lido *A Viagem Interrompida*. Apenas sabia que um livro fora escrito sobre a abdução de Betty.

Após se concentrar bem, a sensitiva revelou que sua percepção era de que Betty realmente houvera estado a bordo de uma nave, fora examinada por um médico da tripulação e

---

[4] HOLZER, Hans. *The Ufonauts*. Fawcett Gold Medal, 1976. Ed. bras.: *Os Ufonautas*, São Paulo, Global, 1979.

estava muito lúcida na ocasião, porém sua mente fora esvaziada antes de ela ser devolvida.

As impressões de Ingrid foram de que as criaturas vinham de outro Sistema, eram de uma civilização mais adiantada e que tinham um "ar clínico", aparentando equipe de médicos em ação.

Quanto a aparência das criaturas, as descrições de Ingrid batiam com as de Betty, anteriormente feitas sob hipnose com o doutor Simon. Perguntada por Holzer a razão de os alienígenas terem vindo à Terra, a sensitiva informou que eles pretendiam estudar a vida aqui existente e conhecer os tipos de bactérias presentes no homem.

Informou também que enquanto Betty estava na nave, os alienígenas não ficaram parados no solo, mas voaram com a nave [tal informação era controversa].

Após as considerações de Ingrid, as atenções de Holzer se voltaram para Betty. Ele pretendia saber as impressões de Betty quanto ao que fora dito pela sensitiva. E pediu a ela que comentasse as declarações da médium.

De modo geral, Betty concordou com tudo, exceto que o casal tivesse viajado na espaçonave. Explicou que enquanto ela e o marido estiveram a bordo da nave, a coisa não saiu do chão. Explicou que quando eles saíram do aparelho, a posição da nave no solo era a mesma de quando tinham entrado, e que as portas tinham ficado abertas o tempo todo. Esse ponto de discordância não pôde ser solucionado por Holzer, Betty não concordaria com novas sessões de hipnose, sem autorização do doutor Simon.

Mas os trabalhos de Holzer despertaram a atenção de Betty. Naquela ocasião, ela mencionou que gostaria de participar de uma sessão espírita com a médium Ethel Johnson Meyers.

De fato, a 19 de novembro de 1974, cinco meses depois da primeira visita, Holzer estava de volta. E desta vez trazendo a médium Ethel, para fazer a "sessão espírita" solicitada por

Betty. Já havia se passado quase seis anos após o desencarne de Barney e ela estava ansiosa para um contato com o Espírito do marido.

A reunião aconteceu no mesmo local anterior, em uma pequena e aconchegante casa de madeira. Era uma tarde calma, não havia perturbação alguma no local. Após a reunião, Betty estava muito satisfeita. Afinal, falara com Barney. A sessão teve caráter particular, Betty e Ethel trataram de coisas pessoais. Contudo, algumas informações transpiraram da sessão.

Inicialmente, apresentou-se através da médium o espírito Albert, seu guia espiritual; em seguida, incorporou em Ethel o espírito de Barney Hill.

Apenas foi dado saber que Barney considerava terem ambos se saído muito bem no episódio, porque agora ele sabia que outros não haviam tido a mesma sorte. Considerou que aqueles alienígenas estavam fazendo experiências médicas avançadas, com atividades de procriação e feitura de enxertos para melhoria corpórea deles próprios.

Segundo os nossos estudos e informes do mentor espiritual, os fenômenos físicos ocorridos na casa dos Hill tiveram tudo a ver com o incidente em Indian Head. Embora Espíritos levianos sejam capazes de produzir os mesmos fenômenos, ainda assim devemos ressaltar que os ETs de antimatéria, por assim dizer, foram os responsáveis por aqueles eventos. Tudo estava associado a eles.

É preciso considerar que nas dimensões extrafísicas se encontram ETs menos materiais em estágios diferenciados de evolução. Alguns estão num grau avançado de progresso e procuram ajudar a humanidade, enquanto outros estagiam em patamar menos elevado, de moral ainda instável, sujeitos a quedas e ascensões. Aqueles cuja moral imperfeita exige novas experiências são capazes de produzir os eventos informados pelo espírito Barney. Esses seres, quando no mundo extrafísico, são para a humanidade como Espíritos de moral precária.

Na Terra, quando materializados, estão fora de suas condições normais de vida. Nesse estado físico são fracos, agenésicos, estão submetidos às leis da Física e podem perecer com facilidade se atingidos. Assim, nada deve ser temido pelo homem, que pode fazer com sucesso a sua própria defesa.

Para ficar livre desses alienígenas não se deve compactuar com eles na ação. Para isso, é preciso ter controle emocional, pensamento firme, o moral elevado e bons propósitos. Quando eles se apresentam, devem ser despedidos com firmeza.

No próximo capítulo vamos ver como Barney e Betty Hill tiveram sua saúde afetada e qual o tratamento realizado pelos médicos para recomposição física e emocional dos pacientes.

20

SÍNDROME DO TEMPO PERDIDO

Pessoas supostamente abduzidas têm relatado que lhes parece faltar algo na memória, como se houvesse formado em suas mentes uma estranha lacuna, um vazio, um lapso de tempo perdido que pode variar desde alguns minutos até muitas horas.

Em seu íntimo, a pessoa tem a impressão de que durante esse tempo vazio algo de muito importante lhe acontecera, mas não pode lembrar exatamente o quê. Parece que sua memória de alguma maneira fora bloqueada, para nada de dentro vir à tona. Essa carga escondida pode ficar espremendo na cabeça para sair, sem encontrar passagem. O incômodo pode aumentar muito, chegando ao estado mórbido. Aí, então, sobrevém a ansiedade, a irritação, a insônia, a depressão, a úlcera e outros distúrbios.

Durante o sono, os pesadelos podem sobrevir, tornando-se repetidos. Nessa condição, a pessoa parece reviver uma situação de contato alienígena, mas não consegue lembrar o conteúdo exato do sonho. No mais das vezes, avulta diante de si uma criatura hostil, de aparência humanoide, praticando coisas nocivas, sem muita nitidez.

De modo geral, a Ufologia tende a considerar que após a abdução os alienígenas procuram resguardar seus interesses, provocando no abduzido uma forma de "amnésia seletiva". A regressão hipnótica, neste caso, é uma das formas para obter a verdade dos fatos, embora nisso não haja consenso, porque um estado de transe sem profundidade pode revelar uma falsa memória e distorcer a realidade dos fatos.

Por critério do médico psiquiatra, a recordação do "tempo perdido" pode ser obtida através de um programa esquematizado de regressão hipnótica. O objetivo do transe é abrir a porta da mente e deixar vir à tona a amnésia represada nas camadas profundas. Aquilo que vem à tona, o médico analisa e verifica a conveniência de liberar a recordação ao paciente. Por isso as sessões são gravadas em fita magnética, para darem ao médico condições de tratar a posteriori, na hora em que a gravação for ouvida. Aí então o médico analisa e planeja outras sessões de terapia específica, visando sempre destravar a amnésia e ajudar o paciente através de sugestões.

A regressão sob sono hipnótico não é a única maneira de se fazer isso. O mesmo resultado pode ser obtido através de um processo psicoterapêutico normal, sem indução hipnótica, realizado durante um tempo mais estendido. Sob hipnose, as experiências encerradas na amnésia podem vazar em tempo mais curto. E isso às vezes é recomendado pelo médico.

Quem sugeriu a realização de hipnose médica ao casal Hill foi o major MacDonald, um antigo oficial de informações da Força Aérea dos Estados Unidos, que estava prestes a casar-se com uma amiga de Betty. Os Hill seriam em breve os seus padrinhos de casamento.

Após conhecer os detalhes do incidente em Indian Head, o major pensou muito e procurou desvendar o enigma para ajudar o casal. Com sua experiência militar, ele sabia que o tratamento sob hipnose tinha sido usado pelo Exército em casos de amnésia, ajudando a reabilitar militares portadores de neuroses de guerra.

Quando esse tratamento foi sugerido ao casal, eles ficaram muito interessados e procuraram saber mais sobre a terapia. Afinal de contas, era uma maneira científica de eles recuperarem a saúde física e emocional. Barney dissera a MacDonald:

— Jim, como é que vou saber se essa coisa realmente aconteceu? Como posso saber se não estava apenas vendo coisas? Estou numa situação terrível. Eu sei o que aconteceu, mas não me convenço a acreditar. Isso está me perturbando tanto que as minhas úlceras estão queimando, justamente agora quando melhoravam.

Para Betty, os pesadelos eram intensos e repetidos. Ela estava perturbada, porque os sonhos eram horríveis, estavam muito além de suas recordações naquela noite da aparição. Diante da ideia de hipnose, por um momento ela ficou ainda mais preocupada, e exclamou:

— Deus, talvez os meus sonhos sejam mesmo algo que de fato aconteceu!

O casal concordava e estava absolutamente convicto de que o avistamento do ufo fora real. Quanto ao resto, nada mais tinham certeza. Os sonhos de Betty eram perturbadores. E a vontade de Barney era dizer de uma vez por todas à esposa:

— Olha, Betty, aquilo que você teve foram apenas sonhos, pesadelos. E isso não tem nada a ver com o avistamento do ufo.

Mais tarde, ao examinar com cuidado a proposta de regressão, Betty desabafou:

— Concordei com aquilo de todo meu coração.

Ela queria mesmo resolver os problemas que lhe batiam no peito, para serenar seu estado de alma.

Após Jim MacDonald sugerir o tratamento por hipnose, o casal teve dificuldade para achar o médico ideal. Eles não queriam de modo algum cair em mãos de pessoa inábil, de profissional de palco ou de oportunista com ideias fixas, cujo principal interesse seria o dele próprio e não o do casal. Eles pagavam um seguro de saúde e queriam utilizá-lo no tratamento. E não pretendiam dizer ao mundo que tinham sido sequestrados por seres alienígenas.

É certo que eles queriam lembrar-se de todas as ocorrências daquela noite em Indian Head. Mas queriam antes de tudo resolver os seus problemas de saúde. Afinal de contas, Barney estava ansioso demais, sentia um medo inexplicável, suas úlceras queimavam e ao redor de sua virilha surgira um problema dermatológico estranho. Betty, por sua vez, estava ansiosa em demasia, tinha sonhos recorrentes com criaturas humanoides, as quais pareciam fazer com ela coisas horríveis, coisas que ela jamais poderia admitir em estado consciente. O casal estava convicto de que precisava encontrar o médico certo para fazer um tratamento.

Na época do incidente, Barney estava com 39 e Betty com 42 anos. Ela trabalhava num órgão do Departamento de Bem-Estar Público, em Portsmouth, como assistente social para a infância. Nesse trabalho, teve a oportunidade de conhecer muita gente e de fazer muitas amizades. No início de março de 1962, cinco meses após o incidente, Betty almoçou com uma de suas amigas de confiança, Gail Peabody, funcionária pública encarregada da assistência aos réus beneficiados por *sursis*. Ao mencionar a ideia de hipnose, Gail lhe sugeriu prontamente o Dr. Patrick Quirke, médico que dava consultas no sanatório particular de Georgetown, apenas a 15 quilômetros da casa de Betty.

Querendo ser logo atendida, ela escreveu uma breve carta ao médico, contando apenas o necessário. E juntou à carta o relatório feito pelo Comitê Nacional de Investigações de Fenômenos Aéreos, da Base Pease da Força Aérea, órgão responsável por registrar oficialmente as ocorrências de aparições de ufos. O relatório descrevia o incidente de forma apenas sucinta. Tal iniciativa logo surtiu efeito. E no final daquele mesmo mês o casal foi recebido pelo médico.

O local de atendimento fora o sanatório de Maldpate. Um recanto aconchegante e silencioso, afastado completamente do barulho da cidade. O complexo hospitalar fica na parte alta da montanha, descortinando a todos uma vista magnífica dos campos de Massachusetts. O médico era uma pessoa muito cordial e entendia facilmente o casal. De modo algum os encarava suspeitando de coisas como impostura ou alucinação. O caráter compreensivo do médico e o seu conhecimento cativaram os Hill logo de início. Eles se sentiram aliviados naquele retiro, conversando com pessoa tão experiente.

Durante a consulta, o doutor Quirke considerou que o casal houvera tido uma experiência fora do comum, mas afirmou que eles poderiam começar a recordar tudo pouco a pouco, de modo apenas natural, sem fazer uso de hipnose, o que seria melhor para eles. Explicou que os mecanismos de defesa poderiam ceder e dar vazão a tudo o que fora represado durante o incidente. E concluiu que não seria conveniente, naquele estado de coisas, forçar a situação com hipnose, melhor seria dar tempo ao tempo, salvo se houvesse um decaimento de saúde a qualquer um deles. A princípio, o médico afastou a hipótese de alucinação simultânea, cujos comentários preocupavam demais os Hill. De comum acordo, eles saíram do consultório dispostos a darem um tempo, imaginando uma vida comum sem as preocupações decorrentes do avistamento do ufo.

Acontece que, nos anos de 1960, as discriminações raciais nos Estados Unidos eram intensas, mas para o casal Hill, isso pouco importava. Afinal de contas, eles estavam casados e se amavam. Ele era negro; ela, branca. E estavam enamorados. No decorrer dos meses seguintes, Barney continuou seu trabalho de assistente de despachos nos correios, região operacional sul, em Boston, deslocando-se todos os dias de Portsmouth até Boston, numa percorrida de 100 quilômetros para cada lado, trabalhando à noite e dormindo de dia. Com o seu QI de 140, Barney tinha capacidade para fazer outros serviços, além de ficar olhando o trabalho de 40 funcionários na triagem de cartas. Ele gostava daquilo, mas a distância era grande e o desgaste ainda maior. A resposta da empresa para uma transferência sua a um posto de trabalho mais perto, era sempre a mesma:

— Precisa trocar com alguém e por ora não há como.

E nada se resolvia. Tudo parecia complicar-se. A distância dos dois filhos de seu primeiro casamento, que moravam na Filadélfia, causava-lhe saudade e amargura. O preço disso foi uma úlcera que começava a queimar. A pressão sanguínea subiu. Um medo inexplicável lhe tomou conta. A exaustão foi aumentando e a ansiedade finalmente bateu à porta. Nesse estado, seu clínico geral recomendou-lhe um médico psiquiatra, da cidade de Exeter.

O Dr. Duncan Stephens foi consultado e tratou dos problemas gerais de Barney, desde o verão de 1962 até setembro do ano seguinte. Após esse período, quando o assunto ufo finalmente veio à baila, o médico não se aprofundou no caso, mas também considerou improvável a alucinação simultânea.

O outro distúrbio psicótico raro, conhecido como *folie à deux*, onde duas pessoas desenvolvem crenças e ilusões similares, também era pouco provável, porque a queixa estava restrita ao incidente em Indian Head, quando naquele raro distúrbio deveriam aparecer coisas do dia a dia do casal, mas isso não acontecia. Foi aí que o médico aconselhou a opinião de um colega, o Dr. Benjamin Simon, famoso psiquiatra e neurologista de Boston.

O Dr. Simon era formado pela Escola de Medicina da Universidade de Washington e pós-graduado em Stanford, com diploma de mestrado. Interessou-se por hipnose logo cedo, realizando experiências e aprimorando técnicas e processos hipnóticos. Havia estagiado por dois anos na Europa e ampliado seus conhecimentos, que viria aplicar durante a Segunda Grande Guerra. Investido na patente de coronel, chefiou o departamento de neuropsiquiatria do principal centro psiquiátrico do Exército dos Estados Unidos, o Hospital Geral de Mason.

O insólito avistamento do ufo em Indian Head e as condições de saúde do casal Hill acabaram, finalmente, levando-os às mãos de uma das maiores autoridades em terapia sob sono hipnótico na América.

De fato, o doutor Simon era um psiquiatra experiente. Após o término da guerra, ainda como oficial médico do Exército, ele chegou a atender três mil soldados em apenas um mês de trabalho. Embora nessa quantidade houvesse terapia de grupo, ainda assim o número era fantástico e os casos primavam pela variação e pela gravidade das ocorrências.

Os pacientes com neuroses de guerra não eram tão dóceis assim como o casal Hill. Após a guerra, em inúmeras ocasiões, o médico tivera de aplicar aquilo que os soldados chamavam de "soro da verdade" (*truth serum*). Uma narcossíntese provocada que nada tinha de soro e a verdade era apenas relativa. A aplicação dessa droga era um procedimento para tratar distúrbios psiquiátricos agudos, onde seria preciso rapidamente vazar a amnésia para controlar a ansiedade do paciente e liberar os conflitos mentais localizados nas camadas profundas.

Para isso, o médico injetava lentamente uma droga, usualmente o amital de sódio ou o pentotal sódico, que os soldados chamavam de soro da verdade. Nessa condição, a indução hipnótica era obtida rapidamente e o despertar ficava retardado graças ao efeito da droga. Com isso, o paciente relaxava de imediato e o médico podia agir facilmente para vazar a amnésia, trazendo à lembrança as coisas perturbadoras. Varrendo da mente os impactos negativos, o médico depois inseria estímulos positivos por meio de sugestões, ajudando o paciente a criar dentro de si uma imagem de cura, a qual se consolidaria depois, no transcorrer da vida diária.

Em uma de suas conferências, o Dr. Simon deixara claro que 95 por cento das pessoas hipnotizáveis podem atingir o primeiro estágio, mas somente 20 por cento delas podem ser levadas ao terceiro, ao estágio de sonambulismo, como seria necessário fazer aos Hill. Ele considerava que ninguém pode ser hipnotizado contra a própria vontade. Dissera também que para despertar do transe não há problema algum. De modo geral, a sugestão para acordar tem como efeito o despertar total do paciente. Simon afirmara:

— Nos raros casos em que o paciente não vem a despertar após a sugestão, se for deixado sozinho ele cairá em sono natural e despertará em questão de horas.

A hipnose isola por certo tempo a mente consciente do indivíduo, fazendo vir à tona camadas mais profundas, culminando por transbordar o inconsciente. Através de relaxamento, a indução ao transe profundo costuma variar numa faixa de 30 a 60 minutos de trabalho ininterrupto. Para abreviar esse tempo, nas primeiras sessões o hipnólogo cria uma palavra-chave e com ela faz a sugestão para dormir, assim o paciente em sessões futuras cai imediatamente em estado de transe, após ouvir a palavra-chave.

O sono hipnótico possui três estágios principais: o leve, o médio e o profundo. Somente no estágio profundo os riscos de o paciente externar uma falsa memória ficam bem diminuídos, a qual poderia comprometer o resultado da terapia.

No primeiro estágio, considerado leve, algumas sugestões simples podem ser obtidas, como a dificuldade em abrir os olhos (catalepsia das pálpebras) e em mover os membros. O paciente demonstra pouca disposição para falar e geralmente responde sinalizando com a cabeça. Ele quase não muda de posição, não tosse e a respiração é mais lenta. Mas nesse estágio, ainda tem consciência e recorda-se do que falou durante a sessão.

No segundo estágio, considerado médio, o paciente pode ainda guardar alguma consciência do que se passa durante o transe, mas não oferece mais resistência às sugestões feitas pelo hipnotizador, salvo se elas forem contrárias ao seu senso ético ou a seus interesses vitais. A catalepsia (rigidez dos músculos) fica bem mais acentuada. A analgesia (insensibilidade à dor) e a anestesia (supressão das várias formas de sensibilidade) podem ser obtidas, permitindo a realização de pequenas cirurgias e de partos sem dor.

No terceiro estágio, considerado de sonambulismo profundo, o paciente fica totalmente amnésico; ou seja, ao acordar não se lembrará de nada do que disse durante o transe hipnótico (situação usada pelo doutor Simon com os Hill), salvo se receber instruções para se recordar. Nesse estágio, os acontecimentos esquecidos podem ser lembrados e revividos em detalhes (hipermnésia). Assim, o hipnotizado pode, por exemplo, lembrar-se de sua festa de cinco anos e descrever em detalhes a roupa dos convidados. As sugestões pós-hipnóticas, ou seja, as instruções para o paciente executar atos involuntários depois de acordar da hipnose, são aceitas e executadas facilmente por ele; inclusive, pode aceitar sentir-se anestesiado em data, hora e local para ela acontecer. O conhecimento médico é sempre necessário para avaliar esse estado e tratar o paciente segundo suas necessidades. É somente no estado de sonambulismo profundo que se poderia dar crédito às verbalizações do hipnotizado.

O método de hipnose adotado para os Hill não diferia muito do convencional, o considerado padrão.

Em uma sala confortável e repousante, o médico pede ao paciente para sentar-se e fechar os olhos. Em seguida, usando palavras, provoca um estado de relaxamento cada vez mais intenso, levando o paciente pouco a pouco ao estado de sonambulismo profundo.

O método padrão, anteriormente idealizado por A. A. Moss,[1] um dos pioneiros na hipnodontia nos Estados Unidos, recomenda os passos que vamos seguir. Com absoluta confiança, o hipnotizador dá instruções ao sujeito e pede a ele de modo suave, quase monótono, para obedecer:

— Sente-se na poltrona da maneira mais cômoda possível. Observe aquele ponto na parede, bem à sua frente, pouco acima da cabeça. Olhe para ele. Fixe bem o olhar. Você está relaxando. Aperte suas mãos, uma contra a outra. Aperte bem. Aperte mais... Elas, daqui a pouco, ficarão tão cerradas

[1] Dado na obra: WEISSMANN, Karl. *O Hipnotismo: Psicologia, Técnica e Aplicação*. Rio de Janeiro, Prado, 1958.

que você não conseguirá separá-las, não importa a força que faça. Agora solte bem o corpo. Sinta o prazer de estar relaxado. Enquanto seus olhos fixam aquele ponto na parede, você fica cada vez mais descansado. Solte, agora, todos os seus músculos... Solte os pés... Solte as pernas... Solte a região da bacia... Solte o abdome... Solte os braços... Solte os ombros... Solte o pescoço... Solte os músculos da face... Solte a cabeça... Você está totalmente solto e olhando para aquele ponto na parede. Solte agora o cérebro... Não pense em mais nada. Apenas ouça a minha voz e descanse, descanse.

A espera neste estágio é de uns 10 minutos. O paciente deve procurar relaxar, para em seguida o hipnotizador recomeçar:

— Suas pernas estão ficando pesadas. Muito pesadas... Seu corpo está se tornando pesado. Muito pesado... Você está descansando, calmamente, em estado cada vez mais profundo... Seus músculos continuam a soltar-se. Cada vez mais... Mais... E mais. Você está totalmente relaxado agora. Suas pálpebras estão relaxadas. Você sente vontade de fechar os olhos. Sente cada vez mais vontade de fechar os olhos. É muito bom fechar os olhos... Fechando os olhos você sentirá um grande bem-estar... Feche os olhos agora e descanse... Descanse... Ainda mais... Descanse.

A espera neste estágio é de uns cinco minutos. O paciente deve consolidar o relaxamento, para em seguida o hipnotizador conduzi-lo a um estado mais profundo:

— Agora você está descansando, profundamente. Você está se sentido tão bem como nunca esteve antes. Sua mente não pensa em nada... Nada. Enquanto eu falo, você vai entrando num sono profundo. Você ouve a minha voz como se estivesse vindo de longe... Muito longe. Sua respiração está se tornando lenta, serena, tranquila... Seu corpo todo está muito relaxado, solto... Você está começando a sentir um formigamento gostoso, uma dormência no corpo todo. Ela começa na nuca e depois vai baixando, envolvendo lentamente o corpo inteiro... Você não sente mais nada... Nem mesmo a poltrona onde está sentado. É como se estivesse flutuando nas nuvens. Solte-se cada vez mais... Você está flutuando de tão leve... Leve e flutuando... Flutue mais... E ainda mais. Você está em sono profundo, agradável, sem preocupação. Nada o incomoda. Você está descansando de tal modo que não sente vontade de acordar... Seu sono continua agradável e profundo. Nada mais o molesta... Já não há ruído capaz de acordá-lo. Você só ouve a mim. Está totalmente surdo para outros sons, sejam eles quais forem... Só ouve a minha voz. Só a minha voz... Só obedece a mim. Só a mim... Só eu posso acordá-lo... Agora durma... Profundamente.

Quando pela primeira vez Barney Hill passou por uma sessão semelhante a essa, ele estava tão apreensivo antes de começar que fez um juízo interessante. Ele comentaria depois:

— O doutor Simon começou a conversar comigo, dizendo-me que eu estava relaxando e mandou-me apertar as mãos uma contra a outra, as quais ficariam cerradas, muito cerradas. E disse que eu não conseguiria separá-las, não importando o quanto tentasse. Eu estava ali parado, sentindo-me um perfeito idiota. Eu achava que se aquilo era a tal hipnose, então não passava de uma bobagem. Mas estou aqui para satisfazer o homem, pensei. Não quero ferir os seus sentimentos. Eu acho então que ele parou. E colocou as mãos nos meus olhos, para eles se fecharem. Eu estava consciente de não estar hipnotizado.

Barney finalizou o comentário dizendo:

— Nem sequer me senti adormecer. Então percebi que ele estava me despertando e me perguntava como eu estava. Sentia-me então muito bem, muito calmo e à vontade. A partir daí, nunca mais tive medo de hipnose.

Geralmente o paciente que procura um tratamento de hipnose já vem predisposto a ela. Ele quer curar-se. O médico apenas consolida o estado de predisposição. Nas primeiras sessões, o paciente quase sempre julga estar satisfazendo o hipnólogo, fingindo cooperar com ele. Mas, geralmente, acaba caindo em transe profundo como Barney, sem ele mesmo notar. Assim, o tratamento fora iniciado para vencer a síndrome do tempo perdido que acometia o casal. O tempo morto de duas horas na viagem de regresso estava prestes a ser revivido.

As declarações que o casal fizera aos pesquisadores Robert Hohman, C. D. Jackson e ao major MacDonald, em 25 de novembro de 1961, em uma conversa de quase 12 horas, iniciada ao meio-dia e terminada quase à meia-noite daquele dia, contando os mínimos detalhes do incidente e concluindo que havia na viagem de regresso um tempo morto de duas horas; agora, com as regressões hipnóticas iniciadas pelo Dr. Simon, aquelas espantosas ocorrências estavam prestes a vir à tona, aclarando de vez a situação para os Hill.

O estado de sonambulismo profundo, obtido artificialmente por meio da regressão hipnótica, é um estado especial da mente, situado entre a vigília e o sono. O sujeito induzido a esse estado acessa camadas profundas da memória, trazendo à tona as impressões armazenadas no cérebro físico. Entretanto, em estado mais avantajado, postado num sonambulismo pleno o sujeito pode acessar relativamente sua própria alma, seu inconsciente gravado na memória extrafísica. Em estado pleno, no qual as atividades parecem cessar e o sujeito fica desfalecido, o espírito emancipado pode falar tanto de suas experiências vividas no estado de vigília quanto como daquelas vividas em estado de sono, enquanto desprendido do corpo.

Em transe profundo, o paciente pode retratar experiências vividas pelo corpo físico, mesmo que essas vivências tenham sido trancadas por amnésia por meio de sugestões hipnóticas anteriores. Nesse estado, suas ideias são mais precisas do que no estado de vigília e seus conhecimentos mais dilatados, porque a alma está um pouco mais livre para discernir.

Por ser o transe hipnótico uma estrada de acesso à alma, nele o encarnado pode retratar também aquilo que participara enquanto espírito desprendido do corpo, porque as vagas lembranças que sensibilizaram o cérebro físico enquanto adormecido, ficam nele armazenadas.

Se durante a regressão hipnótica a alma se emancipar do corpo (transe pleno), em vez de apenas deslocar-se dele (transe profundo), então haverá um estado diferente do hipnótico tradicional, porque a projeção da alma ao mundo espiritual enseja descrições vividas em outra dimensão, num universo paralelo.

O "transe mediúnico" vivido nas Casas Espíritas é diferente do "transe hipnótico". No mediúnico, o médium é feito instrumento de uma inteligência extrafísica estranha a ele; fica passivo e o que diz não vem de si mesmo. Enquanto o hipnotizado exprime o seu próprio pensamento, o médium exprime o de outra entidade. Mas o Espírito que se comunica com o médium, pode fazê-lo melhor através do mesmo médium hipnotizado, porque o transe hipnótico facilita a indução do Espirito.

Quanto ao ser ultraterrestre, este pode comunicar-se telepaticamente com o encarnado em estado de vigília; ou em estado sonambúlico, com a alma do encarnado emancipada do corpo. Neste caso, a alma projetada pode repetir em voz alta, através do corpo físico, o pensamento que o ultraterrestre lhe transmite telepaticamente daquela dimensão; não se trata de incorporação mediúnica, mas de reprodução de um pensamento externo. No caso em que haja evidências de tomada do corpo por outra individualidade, então a comunicação é de Espírito. Ambas as entidades podem agir durante o transe.

Se a regressão hipnótica for intensa (sem emancipação da alma), o inconsciente puro, ou seja, a memória espiritual pode retornar para vidas passadas e falar dessas vidas com muita propriedade. Após o controvertido caso Bridey Murphy,[2] onde o hipnólogo disse ter chegado a vidas passadas[3] com sua

[2] BERNSTEIN, Morey. *O Caso de Bridey Murphy*. S.P, Pensamento, s.d.

[3] Alguns especialistas em regressão hipnótica alegaram que a paciente atingira apenas as camadas menos profundas da mente, apresentando verbalizações em um estágio médio de transe. Não obstante a procura realizada das provas, elas não foram encontradas e a dúvida permaneceu.

paciente, mas não ofereceu provas, depois disso outros pesquisadores estudaram centenas de casos e comprovaram a pluralidade das existências com vestígios satisfatórios. Contudo, não nos cabe aqui fazer uma explanação disso. No Brasil, o cientista Hernani G. Andrade já o fez de modo suficiente nos livros que publicou.

O espírito encarnado, tendo a possibilidade de soltar-se do corpo em estado de sono, pode trazer à luz, durante um transe hipnótico,as suas experiências, quer sejam elas vividas no mundo físico quer no mundo espiritual. E disso resulta certa dificuldade do pesquisador em distinguir uma condição da outra, para saber se os relatos obtidos em estado hipnótico realmente aconteceram com o sujeito enquanto pessoa física, não como alma.

Mais recentemente, ao acentuar-se a pesquisa através de hipnose em supostos casos de abdução, verificou-se com espanto um número elevadíssimo de relatos que retratam experiências “fora do corpo”, mas que foram identificados de maneira equivocada como abdução física pelos hipnólogos. Isso causou em alguns uma situação de pânico.

O fato é que essa investigação das camadas profundas da mente não levou em consideração as possibilidades de a alma interagir livre do corpo, em estado de sono, em outra dimensão do espaço-tempo, onde vivem Espíritos e seres ultraterrestres.

Nota-se hoje que a maior parte dos relatos de abdução são apenas projeções da alma e não a clássica abdução física. O sequestro dos Hill, conforme o mentor espiritual, fora caso de abdução física. O casal, sob um controle hipnótico realizado com luzes, sons e sugestões telepáticas, fora levado à nave para realização de pesquisas alienígenas.

Contudo, é preciso ter em mente que a ameaça real está dentro do planeta humano. São os próprios homens que ainda não aprenderam a viver entre si de modo amoroso e pacífico. Não se convenceram ainda de que são espíritos imersos em corpo de carne, compelidos a evoluir constantemente para alcançarem outras paragens. A ajuda de Espíritos e de entidades ultraterrestres em estágio evolutivo superior é infinitamente maior do que as imperfeições cometidas por entidades menores de outras esferas. Segundo o autor espiritual desta obra, o saneamento do ambiente terrestre tem sido feito e continuará de modo a separar o joio do trigo, dando a todos a chance de avançar mais depressa na escalada de progresso, porque a evolução é uma lei imperiosa, determinada pela bondade do Criador.

No próximo capítulo vamos observar em mais detalhes o que foi o incidente em Indian Head.

21

INCIDENTE EM INDIAN HEAD

Betty se achava extenuada. Ela chegara a ter em mãos 120 casos de crianças precisando de ajuda. Seu trabalho exigia resultado imediato. Afinal, tratava-se de promover o bem-estar de menores carentes de benefício. Não era nada fácil achar a melhor solução para cada caso. Em razão disso, ser uma assistente social infantil era tarefa que requeria muita dedicação. Em razão do desgaste, o estado da Nova Inglaterra, nos Estados Unidos, operava com boa estrutura de profissionais. E aquelas férias seriam muito especiais para Betty que precisava respirar novos ares.

Com Barney, a situação de exaustão era semelhante. Trabalhar à noite e ter de viajar todos os dias cerca de 200 quilômetros eram demais. O serviço de Barney nos correios de Boston exigia muito. Ele trabalhava num centro de triagem olhando a rotina de 40 profissionais e dando solução para cada problema na separação automática de correspondências.

Naquele ano, ao tratar com a chefia, Barney conseguira conciliar suas férias com as de Betty. E a viagem ao Canadá estava prestes a iniciar-se. O único problema era o pouco dinheiro disponível. Mas esse particular ainda dava para contornar.

Ele aprontou o seu Bel-Air 1957. Era um Chevrolet em bom estado, com quatro anos de uso; tinha duas portas, capota dura e uma lataria resistente. Embora a pintura não estivesse impecável, ainda assim ela estava em bom estado, apenas um pouco opaca.

O casal saiu feliz para a viagem de férias. Circularam bastante. Admiraram as belezas do Niagara Falls. Seguiram para Montreal e conheceram as belezas do Canadá. Depois de cinco dias viajando, estava na hora de voltar para casa. Barney já tinha feito os preparativos para iniciar a viagem de retorno.

Eram 9 horas da noite de 19 de setembro de 1961, quando eles passaram pela fronteira do Canadá com os Estados Unidos, voltando para casa. Não havia quase tráfego na rodovia. A viagem era fácil e tranquila. As imensas gargantas dos vales que cortam a belíssima região montanhosa, já não mais eram vistas, dada a escuridão da noite que a tudo encobre. O céu estava limpo. As estrelas brilhavam e a lua era quase cheia. Embora eles não estivessem em lua-de-mel, ainda assim o ambiente era romântico.

A viagem era feita na rodovia Federal 3, estrada que liga as cidades de Colebrook a Portsmouth, o local da residência deles. Mas o casal Hill era daqueles que desfrutam tudo que uma viagem pode dar. Não tinham pressa alguma em voltar. Afinal de contas, férias são férias e nada mais importa. Foi assim que eles decidiram parar num restaurante em Colebrook, para tomar uma xícara de café. A esta altura, estavam a 270 quilômetros de casa. O relógio do restaurante marcava 10h05 da noite. Barney disse a Betty:

— Vamos chegar a casa por volta de 2h30 ou 3h00 da manhã, no máximo.

Betty fez as contas rapidamente e concordou com ele. Ela estava feliz com a viagem e confiava plenamente na capacidade de Barney no volante, mesmo à noite. Assim, eles foram em frente.

O céu era de brigadeiro, estava todo estrelado. A cumeada das Montanhas Brancas refletia uma incandescência bela e estranha. Os caminhos incertos em meio às montanhas apareciam de quando em vez diante dos viajantes, convidando a uma parada no belvedere. Betty olhava, descontraída, as estrelas cintilantes. E lá em cima, à esquerda da lua, estava uma estrela muito brilhante.

— Talvez seja um planeta – imaginou Betty, em razão do tamanho e do brilho firme do astro.

Enquanto isso, Barney continuava dirigindo, concentrado no volante. Betty olhou novamente em direção à Lua. E notou que a estrela de brilho firme estava agora acompanhada de outra estrela, a qual era um pouco maior e estava acima dela.

— Estranho, não estava lá antes – ela pensou.

Isso a fez fixar os olhos naquela estranha estrela que surgira. De modo raro, a estrela parecia brilhar ainda mais e ficar maior. Betty ficou entretida com aquilo, mas não disse nada ao marido, apenas ficou com os olhos presos naquela nova estrela. Quando ela notou que a estranha luz persistia, então avisou Barney. Ele diminuiu a velocidade do carro, olhou no lado direito do para-brisa, querendo achar a tal estrela no céu.

— Quando a olhei pela primeira vez, não me pareceu nada fora do normal, achei apenas que tivéramos a sorte de ver um satélite – contou Barney, posteriormente.

O objeto estava à grande distância, parecendo uma estrela em movimento. Mas como o carro se movimentava na estrada, era difícil ao casal saber se aquilo distante era realmente uma luz em movimento no céu. Poderia ser apenas uma ilusão de ótica. E eles foram adiante.

Durante o percurso do carro, conforme o local, o objeto aparecia e desaparecia, ora ficava atrás da cumeada da montanha, ora atrás da copa das árvores. A essa altura, a cadelinha Delsey estava ficando um tanto inquieta, como é próprio dos animais caseiros. Betty considerou que seria preciso fazer uma parada forçada. Ao mesmo tempo, ela imaginou que Barney poderia observar melhor aquilo no céu. Afinal, ele gostava de levar seus dois filhos do primeiro casamento para ver os pequenos aviões *Piper Cubs*, quando pousavam e decolavam de um lago próximo à sua casa. Sem dúvida, ele iria gostar de ver aquele objeto no céu.

Barney levou o seu Bel-Air para o acostamento; era um local limpo, de boa visibilidade. Ao saírem do carro, notaram que havia muitas árvores no local. E Barney fez uma recomendação para ficarem atentos aos ursos, muito comuns na região. Betty riu da preocupação de Barney. Enquanto ele estendeu a guia de Delsey para a cadelinha ficar mais solta, Betty voltou ao carro e pegou o binóculo que tinha trazido para apreciar as Cataratas do Niágara.

Caro leitor, os fatos que eles estavam prestes a experienciar causaria uma mudança radical no entendimento dos enigmáticos objetos voadores não identificados, o chamado fenômeno ufo.

— Barney, se você achar que aquela luz é um satélite ou uma estrela, você estará sendo simplesmente ridículo – disse Betty.

Embora não estivesse com o binóculo em punho, Barney sabia muito bem que aquela luz não estava tão distante como a de uma estrela, nem tampouco era a de um satélite pela evolução que fazia nos céus.

— Foi um engano, Betty – disse Barney, após olhar o objeto.

E prosseguindo sorridente, completou:

— Deve ser um avião comercial a caminho do Canadá.

Em seguida, voltou para o carro e prosseguiu a viagem.

Enquanto Betty continuava com os olhos presos no objeto e dizia que a luz cada vez ficava maior e mais brilhante, Barney dirigia com a atenção fixa na estrada, mas de quando em vez arriscava um olhar mais firme, à procura do objeto.

Embora sua teoria de um avião indo para o Canadá causasse a ele um bem-estar de fachada, porque colocava de lado a ideia de um ufo capaz de coisa grave, ainda assim sua preocupação persistia, pois qualquer teoria deve ser corroborada na prática. Em algum momento seria preciso parar de novo e ver melhor...

Mas, naquela altura, a estrada estava completamente deserta. Nem carro, nem caminhão nem nada. Tudo estava absolutamente vazio. Eles estavam num ermo supersticioso, onde os nativos da região contam casos intrigantes, tais como a lenda da Grã-Tartaruga voando ao Forte do Niágara.

Na estação de inverno, o gelo da montanha se encarrega de congelar tudo e enguiçar os carros. As mais variadas superstições assaltam as pessoas, com casos intrigantes de aparições de espíritos e de objetos estranhos no céu.

Barney precisava conferir sua teoria, mas não havia no local outro carro, um veículo policial passando por ali, que ele pudesse parar e contar tudo, para conferirem juntos.

Por volta das 11 da noite, o carro se aproximou da famosa silhueta do Cannon Mountain, a oeste, logo à direita do percurso. De dentro do veículo, Barney olhou para a estranha luz em movimento. Ela estava lá, bem à sua frente. Nesse instante, a luz fez um estranho deslocamento, comprometendo sua teoria de ser um avião.

Com espanto, ele viu a luz que seguia em direção norte mudar de repente o rumo e ir em direção oeste, para o Cannon. Depois de completar a volta, a estranha luz veio em sua direção. Apenas numa questão de reflexo, Barney colocou o pé no freio, diminuiu a velocidade do carro e entrou numa área de piqueniques na beira da estrada.

A essa altura, ficara claro para ambos que aquilo não era um avião comercial, voando para o Canadá.

— Deve ser um *Piper Cub* levando caçadores da região! – exclamou Barney, buscando outra hipótese para aquilo.

Mas acontece que a rota descrita era estranha demais para qualquer avião, além de que não era temporada de caça. Betty observou isso, falando a ele. Mas Barney retrucou:

— Deve ser então um helicóptero. E o vento deve estar levando o som para a outra direção.

De todas as maneiras ele procurava uma alternativa terrestre para justificar aquilo no céu.

— Barney, não há vento algum aqui, você sabe disso! – exclamou Betty, já um pouco irritada.

Então ele pegou o binóculo e procurou o objeto no ar.

Lá em cima estava o ufo, com uma série de luzes piscando ao longo de sua estrutura. Betty também viu aquilo emitindo luzes de cores diferentes, girando em torno de um corpo fixo.

Naquele instante, a forma do objeto parecia a de um charuto. E sua velocidade alterava constantemente, às vezes prosseguia de maneira lenta, mas em outras, alterava de modo brusco, voando rápido e segundo sua conveniência. No deslocamento, o objeto produzia cores variadas. Acendia luzes de cor vermelha, amarela, verde e azul. O deslocamento no ar e as luzes produzidas eram diferentes de tudo que eles já tinham visto.

Até a cadelinha Delsey parecia sentir um clima estranho no ar, fazendo ganidos de lamentação, a ponto de Betty passar o binóculo a Barney e entrar no carro com ela, fechando rapidamente a porta.

Barney ficou ali fora, olhando. Queria escutar algum som, um barulho de automóvel, de helicóptero, de avião. Mas nada, tudo estava em absoluto silêncio. E a luz continuava lá em cima, sobrevoando a região.

Foi então que pela primeira vez Barney percebeu a luz se aproximar um pouco. Ela parecia seguir em frente, mas então fez uma volta no ar e parecia vir em sua direção. Nenhum avião poderia fazer aquilo. Agora ele estava certo disso. O melhor mesmo era ir embora. Foi o que ele fez.

Barney entrou no carro, brincou para não assustar Betty, e prosseguiu viagem. Foi em direção ao Cannon Mountain, mas sem pressa alguma, a 10 quilômetros por hora.

Ao longe, eles avistaram o cimo iluminado da montanha, local onde havia um teleférico e um antigo restaurante. Sobre esse local, a luz ficou ainda mais intensa. Àquela hora, certamente o restaurante já estaria fechado, caso contrário quem estivesse ali teria uma vista magnífica do objeto.

Barney e Betty conversavam isso dentro do carro. Quando o veículo passou pela silhueta do Velho da Montanha, um local característico da região, o objeto apareceu de novo no céu.

A nave deslizava em silêncio. Com toda calma, prosseguia paralela ao carro. Embora estivesse perto, era difícil mantê-la à vista, em razão da grande quantidade de árvores na estrada. A visão da nave era descontinuada. Se alguém pudesse ver a cena ao longe, certamente seria de arrepiar. Era como se ambos marchassem medindo forças. Os dois faziam um lento movimento, lado a lado, carro e objeto; enquanto um desfilava na terra, o outro deslizava brilhante no céu. Mas a desvantagem do carro era enorme. O resultado não poderia ser outro. Embora certamente houvesse algum receio, a vantagem era apenas de quem planejara o encontro: o alienígena.

A essa altura, eles passaram pela entrada de uma estação turística, chamada The Flume. E prosseguiram até encontrar mais à frente um pequeno motel. Havia um cartaz da Associação dos Alcoólicos Anônimos, cintilando nas imediações. Na soleira da porta de um dos chalés, um homem parado aguardava. Seria fácil terminar a tensão ali. A noite estava convidativa. Mas a curiosidade do casal falou mais alto. Aquela situação era arrebatadora. Nada mais poderia detê-los. Barney brincou com Betty, tentando negar a existência do ufo. E após certa indecisão, eles tomaram um rumo que os levaria ao mais insólito dos acontecimentos. A vida do casal não mais seria a mesma depois dessa decisão.

Logo mais à frente, o objeto voltou. Não havia dúvida, estava seguindo o carro. O ufo estava lá em cima, distante algumas centenas de metros. E parecia girar em torno do próprio eixo. Enquanto Barney lidava com o volante, Betty procurava o binóculo. Quando levou o visor aos olhos, ela tomou um enorme susto. E se defendeu com palavras: numa atitude apenas instintiva, disparou uma exclamação aguda. Era um alerta. Pudera, o padrão luminoso que há pouco projetara luzes multicoloridas, agora mudara para uma intensa cor branca e firme. Sem o binóculo, a luz era apenas uma luminescência do objeto; mas, com ele, a coisa era outra. Dava para ver claramente uma aeronave estruturada. Parecia ser enorme, mas não dava ainda para calcular o quanto... O engenho estava lá em cima, totalmente estacionário.

— Não sei por que você não está olhando para isso. Pare o carro e olhe! – exclamou Betty, ordenando.

— Quando eu fizer isso, ele já terá ido embora – retrucou Barney, sem convencimento algum na resposta.

— Barney, você tem de parar. Você nunca viu uma coisa dessas em toda a sua vida – insistiu Betty, sem imaginar o que poderia acontecer.

Em razão das negativas de Barney para aceitar o objeto como algo extraterrestre, porque isso lhe causava um verdadeiro temor, Betty, a seu turno, insistia com ele para ver o ufo, porque ela tinha certeza do que vira e precisava ser compartilhada.

Contudo, Barney não era de dar o braço a torcer. A melhor maneira de dissimular o pavor era recusar a causa estranha. E foi isso que ele procurou fazer o tempo todo. Em suma: se para ele não poderia ser..., então era preciso dizer que não era...

Enquanto dirigia, Barney tinha os olhos na estrada. Mas o objeto havia se posicionado de um modo tal, que quando ele olhava à frente, não tinha como desviar sua visão do ufo. A nave estava lá em cima, a não mais que 600 metros de altura, parada no ar e bem à frente do para-brisa.

O carro foi em frente. Barney teve de fazer uma curva à esquerda. E o objeto ficara agora posicionado à sua direita. Na mesma direção do ufo, estava um ponto histórico da região. E havia um empreendimento ali chamado Natureland. O local tem um rosto de pedra, em forma de "cabeça de índio", por isso o lugar é chamado de Indian Head.

Naquele ponto, durante o verão, os nativos montam choupanas típicas e fazem algum comércio. A vista durante o dia é esplêndida. As crianças fazem lá uma verdadeira algazarra. Mas agora, àquela hora da noite, tudo ali eram silêncio e escuridão. Se não fosse o motor do carro e as luzes do ufo, tudo ali seria sepulcral.

A nave estava lá no alto, esperando. Não havia como dissimular. Barney sabia disso. Era hora de enfrentar a situação. Foi então que ele pisou no freio e o carro parou na estrada. Não estava à direita nem à esquerda – mas estava em meio à linha branca divisória. Sua intenção não era ficar ali mais que um minuto. Contrariado consigo mesmo, ele descarregou bem alto:

— Muito bem, me dê aqui o binóculo – embora magoada, Betty passou rapidamente o instrumento.

Ela notara perfeitamente o descontrole do marido.

Barney deixara o motor do carro ligado. Estava pronto para arrancar logo, se preciso fosse. Então abriu a porta do Bel-Air e ficou de pé, ao lado. Colocou os braços em cima da porta, para ter um ponto de apoio, e foi buscar o objeto, mexendo no foco. Nessa altura, o tremor nas mãos era natural. E ficaria ainda mais intenso com a vibração do motor em marcha lenta.

A seu turno, a nave fizera uma manobra rara, ela se inclinou no ar e descreveu um mergulho lento, desceu na direção do carro e se posicionou à altura de duas copas de árvore. Ficou muito próxima, não mais que um pequeno quarteirão. Pairou soberana no alto. Inclinou-se lentamente, descrevendo um ângulo, e mostrou sua forma exuberante, como não tinha mostrado até então: era circular, como uma cintilante e espessa panqueca.

— Está vendo?! Está vendo? – Betty dizia com voz nitidamente emotiva.

Ao ver a crescente reação emocional de Betty, Barney tremeu ainda mais. Afinal, se houvesse alguém ali para enfrentar aquilo, teria de ser ele.

Mais tarde, ele diria que àquela altura estava simplesmente apavorado. Mas, ainda assim, era preciso enfrentar a situação. E ele disparou:

— Não pude ver direito. O carro está sacudindo meu braço.

Após tal afirmação, Barney se afastou do carro, querendo enxergar melhor. A seu turno, a nave também mudou de lugar. O tamanho dela ficara bem nítido, agora. A circunferência daquele espesso disco iluminado era de uns três postes de telefone, plantados ao longo da estrada, o que equivale à distância de três postes de iluminação na cidade.

O objeto pairou acima da estrada, a uma distância de trinta metros de Barney. Ele podia ver nitidamente a dupla fileira de janelas numa parte da estrutura da nave. De dentro dela, emanava uma luz branca intensa. Foi aí que duas projeções laterais, quais tentáculos em forma de barbatanas, tendo em si uma luz vermelha, ampliaram-se para os lados, assumindo no alto uma preparação de pouso. O objeto operava de modo totalmente silencioso.

Quem estivesse dentro da aeronave, certamente teria uma visão quase panorâmica das coisas em terra. O objeto era diferente de qualquer coisa conhecida, não fazia barulho e contrariava nos ares as leis da aerodinâmica. Como aquilo poderia ser um engenho humano, seria difícil dizer.

Então, de modo absolutamente estranho, uma reação tomou conta de Barney. Apesar de seu intenso medo, ele caminhou em direção à nave. Uma atração irresistível o impelia naquela direção. Sem saber como, ele prosseguiu caminhando, atravessou o ermo e chegou a 15 metros da enorme aeronave. Olhou para cima, a nave estava na altura de uma árvore alta. O imenso objeto pairava no ar em absoluto silêncio, todo iluminado com aquela luz branca intensa.

— Nessa posição, o objeto tinha um diâmetro pouco maior que o comprimento de um avião a jato comercial – relataria Barney, posteriormente.

De dentro do carro, Betty não sabia dos acontecimentos. Ela estava prevenida para tirar o carro da estrada, caso visse a luz de algum veículo se aproximando. Para Betty, Barney houvera desaparecido na escuridão e tinha de voltar. Amedrontada, ela esticou a cabeça para fora e gritou forte:

— Barney, seu louco, volte para cá!

Seu tom de repreensão era amoroso. Mas nada aconteceu. Não teve resposta alguma. Ela ainda insistiu:

— Barney, onde está você? Está me ouvindo? Responda!

Mas nada... Apesar do silêncio que reinava no local, Barney nada escutara.

Mais tarde, quando o casal voltou ao local para reconstituir o caso, verificou que naquelas montanhas os sons são absorvidos pela natureza. Do local em que estava Barney teria mesmo muita dificuldade para escutar a voz de Betty, mesmo porque sua atenção estava toda voltada para a nave. As condições do local poderiam justificar a falta de escuta.

Contudo, no momento dos gritos da esposa, Barney deveria estar dentro de um pequeno descampado, ao lado de um velho tabuleiro e de uma macieira retorcida. Estava tão próximo da nave que se colocasse o binóculo na vista entraria com a visão dentro dela. E foi isso que ele fez, colocou o binóculo no rosto e ajustou o foco. Então ficou estático, completamente parado. O que viu, foi de estarrecer.

Caro leitor, façamos aqui uma pausa para refletir um pouco sobre o modo humano de abordar o fenômeno ufo. Salvo exceções, há um padrão de comportamento bem definido, que as próprias testemunhas se encarregaram de relatar.

Enquanto uma luz se apresenta no céu sugerindo ali a existência de um objeto voador não identificado, tal fato é aceito sem dificuldade por qualquer pessoa. Para alguns, o fato pode causar algum receio. Mas para a maioria, o fenômeno é muito simpático, agradável mesmo de ser visto.

Assim como a maioria das pessoas, de início Betty Hill observou o ufo com muita simpatia, mas Barney não. Ele não aceitou a hipótese daquilo ser um objeto extraterrestre. Com seu temperamento grave, manteve-se distante dessa possibilidade enquanto pôde. Sem dúvida, naquele ermo em que estava, considerou o evento perigoso e difícil de lidar. Sua intuição indicava perigo. Foi por essa razão que se manteve o tempo todo com os pés no chão e com cautela na observação do ufo.

É preciso considerar que quando se trata de avaliar o fenômeno, há muita diferença entre o conhecer e o saber. Quem estuda o fenômeno ufo pode dizer que o conhece; e na verdade o conhece porque estudou. Mas somente poderá dizer que sabe, quando realmente o vê, porque quem vê, vive o fenômeno na sua intimidade. Não se trata mais de imaginar, mas de ter a coisa palpável. Então o estudo deixa de ser teoria e passa ser realidade. A visão do objeto arrebata o íntimo do observador. Diante da nave, quem a observa fica surpreendido e estático, assim como Barney. Não esboça reação alguma. Se estiver em um ermo, ao se deparar com o fenômeno, por certo será tomado por uma terrível sensação de medo. O que antes era simpático, então passa a ser repulsivo. O que era agradável de ver passa a ser um incômodo. Foi isso que aconteceu aos Hill.

A história dos ufos tem demonstrado que quando o objeto deixa de ser uma simples luz e passa a ser uma nave estruturada, a vontade humana de ver e admirar o ufo sofre intensa modificação. E a situação se altera ainda mais quando o ser humano chega a ver o alienígena diante de si. Nesse ponto, as coisas mudam por completo.

Quanto mais incomum for a situação e quanto mais exótica for a criatura observada, tanto mais os padrões humanos de análise ficarão obsoletos. Nada mais se encaixa nos padrões preestabelecidos na cultura humana. E o homem que não viu o fenômeno, se sente impossibilitado de aceitá-lo como verdadeiro. Os fatos não se encaixam nos valores da ciência e da religião dominante. Em razão disso, o tema assume um caráter de ficção-científica. E a testemunha é tida como portadora de uma ilusão, de uma insanidade ou de uma impostura. Esse o rótulo estampado pelos céticos nas testemunhas do fenômeno ufo.

Não obstante isso, os avistamentos do casal Hill não se alteraram, porque os fatos são os fatos, eles não deixam de acontecer porque simplesmente alguém ficou incomodado ou não acreditou neles, antes disso, com os fatos, os céticos ficam na obrigação de estudá-los. Fazendo isso, já estarão se preparando para entender o fenômeno incomum.

Sozinho, naquele lugar ermo, ao levar o binóculo aos olhos, Barney ajustou o foco e entrou com sua visão dentro da nave. A hipótese de o objeto ser um veículo teleguiado à distância, poderia agora ser totalmente descartada. É que dentro da nave, atrás das janelas, Barney distinguiu claramente ao menos seis tripulantes. Eram seres vivos. Para ele, não havia dúvida disso.

A forma das criaturas era a de gente não humana. E sua movimentação na nave demostrava inteligência e improviso. Enquanto a espaçonave operava no ar inclinando-se, Barney, no local em que estava, pôde observar melhor o interior da nave. De modo apenas incomum, os alienígenas pareciam buscar apoio nas janelas transparentes. E dava para notar que todos eles usavam um tipo de uniforme. Da janela, o grupo inteiro olhava para Barney. E ele olhava para o grupo.

Com o binóculo colado ao rosto, notou que as criaturas se afastaram da janela, como se tivessem recebido uma ordem sem palavras e sem gestos. Atrás da janela, permaneceu apenas aquele que parecia ser o líder da tripulação. Ao se afastarem, os operadores tomaram posição num painel de controle, alguns metros atrás da extensa janela. Seus membros atuavam nitidamente mexendo no painel. Com essa operação, a nave desceu ainda mais. Num movimento vagaroso, baixava apenas alguns metros, pouco a pouco. A seu turno, as barbatanas laterais com luzes vermelhas se estenderam ainda mais. Da parte inferior do objeto, um acessório foi baixado, lentamente. Barney considerou esse apêndice como uma rampa de acesso ou algum tipo de escada existente no ufo.

Foi aí que ele voltou a focalizar o rosto da criatura na janela. Aquele que parecia ser o líder estava lá olhando tudo. Nesse instante, algo aconteceu. A memória de Barney ficou repentinamente confusa. Por algum motivo inexplicável, sentiu-se prestes a ser capturado. Quis tirar os olhos da criatura, afastando as lentes do rosto, mas não conseguiu. Quando o foco das lentes se tornou mais nítido, os olhos da criatura bateram nos seus, encarando-o de perto. Era uma situação de olhos nos olhos. E eram olhos jamais vistos por Barney. Com toda sua energia, ele arrancou o binóculo do rosto e aos gritos de pavor correu em direção ao carro.

Betty percebeu a chegada do marido, escutando sua corrida no asfalto duro da estrada. Deslizou rapidamente no banco inteiriço do Bel-Air, saindo do lugar de motorista para o de passageiro. Barney entrou no carro em disparada. Num repente atirou o binóculo no banco traseiro, quase acertando Betty, que a essa altura se endireitava para ocupar seu acento. Barney engatou a primeira e arrancou com tudo na estrada. Não pensava em outra coisa, senão fugir dali de imediato.

A essa altura, Barney estava fora de si. Um estado de histeria tomou conta dele por inteiro.

— Querem nos capturar! - gritava desvairado. — Betty, olhe para cima e veja onde estão!

Num Chevrolet de capota dura como aquele, não dava para olhar na vertical. Seria preciso colocar a cabeça para fora da janela. Betty desceu o vidro e rapidamente olhou para cima. O objeto não estava mais à vista. Não dava para vê-lo em parte alguma. Mas Barney continuava a gritar como desesperado, dizendo que tinha certeza de a nave estar em cima deles.

Mais tarde, Betty consideraria estranho o fato de ela olhar para cima e não ver as estrelas no céu. Pouco antes, elas estavam lá, bem visíveis. Mas naquela hora, as estrelas não podiam ser vistas. Tudo se apagara no céu. Esse fato deu origem a suspeita de que a nave houvera produzido algum tipo de camuflagem.

Em casos semelhantes, investigados por especialistas, constatou-se que as naves, durante o processo de teleplastia, produzem uma névoa cinzenta, uma nuvem opaca que encobre o céu e bloqueia a visão de tudo acima. Essa interpretação seria bem aceita pelo casal.

Quando Betty olhou de novo para cima, tudo era escuridão:

— Não há estrela, nem Lua nem nada no céu – disse.

Então ela voltou os olhos para o vidro traseiro. Nessa janela pôde ver as estrelas, mas a nave não estava. O ufo tinha sumido.

Foi então que algo de mais grave aconteceu. De repente, um som extraordinário tomou conta do ambiente. Era um som estranho, uma sonoridade eletrônica de *bips* vibrando na parte traseira do automóvel, bem na direção do porta-malas. Eram ressonâncias raras, em que o carro parecia vibrar com elas, formavam uma série de sons inabituais, denotando certo ritmo e harmonia, tal como: *bip, bip — bip, bip, bip*.

— Que barulho é esse? – indagou Barney apressadamente.

— Não sei – respondeu Betty, de imediato.

De modo instantâneo, uma perturbação do equilíbrio se fez presente. Barney e Betty Hill começaram a sentir uma espécie de tontura. Tomou conta do casal uma estranha sensação de formigamento no corpo.

Foi aí que uma espécie de névoa, um fluido raro envolveu tudo, produzindo neles um estado alterado de consciência. Tudo ficou extremamente vago. O tempo passou... E passou ainda mais.

Sem saber exatamente quanto tempo durara esse estado alterado, depois de um lapso de tempo esquecido, uma segunda série de *bips* foi ouvida pelo casal.

Aquela estranha sonoridade anterior, de repente voltara. Parecia apenas que um lapso de tempo se passara entre a primeira e a segunda série de *bips*.

O casal tinha a sensação de que algo faltava na lembrança deles. Tudo estava vago. E eles não faziam ideia do que poderia ser. Uma espécie de amnésia se instalara neles, como um sonho passageiro que não se consegue lembrar. Algo de importante apenas parecia ter acontecido.

Caro leitor, mesmo antes das sessões hipnóticas feitas pelo doutor Simon, o casal não tinha dúvida de ter visto o que foi relatado aqui. Ambos estavam perfeitamente conscientes. Antes dos *bips*, o estado deles era de total lucidez.

Quando o médico psiquiatra entrou em ação, as regressões hipnóticas revelaram que o casal dissera a verdade. Nas regressões, nada veio à tona que pudesse invalidar a história relatada por eles em estado consciente. O médico então concentrou sua pesquisa nos acontecimentos durante o lapso de tempo perdido, entre a primeira e a segunda série de bips. Embora o vazamento da amnésia trouxesse à tona acontecimentos ainda mais intrigantes, o médico nada encontrou de incorreto, nenhuma incoerência e nenhuma doença o psiquiatra diagnosticou. A real experiência do casal não pôde ser invalidada pela ciência médica. No final do tratamento, o médico apenas formulou uma teoria, sem concluir a questão de modo definitivo.

Quando o segundo conjunto de *bips* soou, a consciência do casal foi retornando aos poucos. O carro ainda transitava na estrada, mas o motorista dirigia por reflexo. Condutor e passageiro estavam em perfeito silêncio: Barney de um lado, Betty de outro. A agitação anterior que os fizera procurar a nave nos céus como dois desesperados, havia cessado por completo. Eles estavam calmos, como que imersos em um estado de relaxamento sonambúlico. Enquanto o carro seguia lento na estrada, os ocupantes olhavam a paisagem, procurando alguma identificação para saber onde estavam. Um cartaz logo surgiu em frente. Era a localidade de Ashland. Eles estavam distantes nada menos que 50 quilômetros ao sul de Indian Head, local em que os *bips* houveram soado pela primeira vez.

Num primeiro momento de lucidez, Betty indagou a Barney:

— Agora você acredita em discos voadores?

— Não seja ridícula: é claro que não! – exclamou Barney, ainda entorpecido.

Nessa hora de aparente sonolência, eles não puderam se lembrar de muita coisa. A lembrança total do incidente, antes de soar a primeira série de *bips*, somente voltaria aos poucos.

As sessões de hipnose feitas depois pelo doutor Simon, para surpresa do médico, resgataram lembranças do casal quando dentro da nave, demonstrando que o ser alienígena os havia sugestionado a esquecer de todos os acontecimentos. Isso viria fortalecer ainda mais o motivo da amnésia e os fatos relatados pelo casal.

Em estado parcial de consciência, Betty se recordava de ter visto na estrada uma placa: Concord – 30 km. Essa placa permaneceria neles como um símbolo de retorno à normalidade. A esta altura, eles estavam na rodovia Federal 93. Barney se recordou de que sua mente começara a clarear nesse local.

Na medida em que a viagem para casa prosseguiu, o casal combinou entre si de não comentar o caso com outros. As coisas estavam estranhas. E eles queriam estar precavidos, porque algo daquela experiência ainda restava obscuro.

Barney comentou com Betty:

— Eu mesmo acho difícil de acreditar nisso..., que dirá então os outros...

Quando eles estavam chegando perto de Portsmouth, os primeiros raios de sol acenderam os céus, denunciando o nascimento de uma manhã clara. A cidade ainda dormia, mas o cantar matinal dos pássaros já principiara.

Ao estacionar o veículo em casa, Barney notou que seu relógio parara de funcionar; e, de modo estranho, o de Betty também: ambos estavam parados. O relógio da cozinha marcava alguns minutos além das 5 da manhã.

Eles nada tinham percebido quanto ao atraso de horário. A previsão na estrada de chegar a casa antes das 3 da manhã havia falhado. Somente as investigações posteriores revelariam que havia um significativo período de tempo morto: duas horas.

O que teria acontecido nesse intervalo de duas horas e naquele percurso de 50 quilômetros era algo que precisaria ser investigado com critério científico, para dirimir as aflições do casal.

Barney descarregou o carro de modo pensativo. Betty estava com o olhar longe, procurando na memória lembranças da noite passada. Seus olhos fitavam os céus em busca de algo indefinido. Ao retirar o binóculo do carro, Barney notou algo estranho: a tira de couro estava partida ao meio. Afinal, ele usara o binóculo e nada notara. E era estranho que uma tira partida lhe sugerisse um enigma.

Na tarde daquele mesmo dia, após descansar um pouco, Barney notou que estava sentindo uma dor inexplicável na parte de trás do pescoço. Tempos depois, no final da terapia com o doutor Simon, juntando as peças do quebra-cabeça, Barney se recordaria de que quando os olhos da criatura se fixaram nele, houve ali uma penetração indelével em seus sentidos, como a transmitir-lhe uma gravação de procedimento que não poderia ser apagada. A criatura tentava dominá-lo com a força dos olhos e do pensamento. Disso adveio nele uma sensação de captura. E foi isso que o fez reagir de modo brusco. Um impulso violento de seus braços rompeu a tira do binóculo e ele correu de volta para o carro, para junto de Betty – queria fugir. Por vários dias o ponto dolorido na nuca ainda permaneceu. E a causa dessa dor ele só saberia com as regressões hipnóticas feitas pelo médico.

Após Barney descarregar o carro, estando dentro de casa para uma xícara de café, ambos disseram sentir no corpo uma estranha sensação pegajosa. Aquilo parecia algum tipo de sujeira, mas não era a da viagem. Barney foi de imediato ao banheiro examinar seu baixo ventre. Um incômodo na região genital o compelia fazer isso. Examinou bem os órgãos, mas nada encontrou de errado. Dois anos depois do fato, Barney ainda se preocupava com o incômodo.

Durante as sessões de hipnoterapia e hipnoanálise, ele descreveria em detalhes a Simon os acontecimentos que o fizeram sentir-se sujo e pegajoso.

Ele contaria ao médico que dentro da nave fora deitado sobre uma mesa simples, apropriada para exames. Dava para ficar inteiramente apoiado nela, mas os seus pés ficaram ligeiramente para fora. Sua roupa e os sapatos foram retirados. A seu turno, as criaturas se comunicaram entre elas produzindo uma espécie de murmúrio. Disseram a Barney para ficar com os olhos fechados, para não se preocupar, pois tudo terminaria rápido.

— Pude senti-los examinando-me com as mãos... Examinaram as minhas costas, apalpando a pele em toda sua extensão e as vértebras da minha coluna dorsal. Senti algo tocar a base da coluna espinhal, como se um único dedo fosse espetado – contou Barney na regressão.

Logo em seguida, as criaturas viraram o seu corpo. Seus ouvidos foram examinados. Sua boca também o foi, e com muito interesse. Nesse ponto, alguns seres adentraram ao recinto, parecendo acotovelarem-se para ver o paciente.

Conforme corroboraram os relatos de Betty, em estado hipnótico, ela informaria que as criaturas ficaram surpresas com a dentadura de Barney, não sabiam o que era aquilo e o porquê dele usar dentes postiços e ela não.

Com essa informação, ficara claro que as criaturas não conheciam alimentação sólida, mesmo porque a boca delas era diferente da humana, não apresentando dentição.

Os exames em Barney prosseguiram. Em seu braço esquerdo, ele sentiu um arranhão leve. Embora houvesse algumas criaturas na sala, somente uma delas parecia mover-se ao redor de seu corpo durante os procedimentos.

Num certo ponto dos exames, alguém colocou em seu órgão genital um instrumento circular. Daí veio uma sensação de frio em sua virilha. Deitado na mesa, ele achou que um recipiente em forma de xícara fora colocado por uma das criaturas ao redor de seu órgão viril. Em seguida, os exames foram concluídos.

Quando já em casa, cansados da insólita viagem, após um banho refrescante e um leve desjejum, os Hill foram até a janela e fitaram os céus longamente. Ao entrarem no quarto para descansar, olharam ao derredor e sentiram-se magnetizados, como se uma estranha presença estivesse ali junto a eles. Não era um acompanhamento, mas o vivo arroubo de estarem imersos em algo que iria mexer com suas vidas por anos a fio.

Eram cerca de três horas da tarde quando o casal acordou. A impressão de que havia uma estranha presença em torno deles ainda persistia. Mas algumas lembranças da viagem tinham voltado, estimulando a conversa sobre a noite anterior.

Barney afastou de seus pensamentos as criaturas que vira dentro da nave, não queria se deter nelas. Em sua memória, relâmpagos de lucidez mostravam que durante a noite, após escutar a primeira série de bips, certo bloqueio na estrada teria causado alguma coisa importante. Mas a lembrança dessa barreira na estrada era ainda vaga para ele.

Somente durante as sessões de hipnose, quando a amnésia começou a ser vazada, Barney se recordaria bem dos acontecimentos. Após entrar no carro e arrancar para fugir do ufo, ele ainda percorreria um bom número de quilômetros até ouvir a primeira série de *bips*. Essa radiação sonora produzira nele certa alteração em seu estado de lucidez. Notou que não estava mais na Rodovia 3 – saíra dela. E havia um bloqueio na estrada.

— O que é aquilo? – perguntou a si mesmo. – Talvez seja um acidente – ele mesmo considerou.

Um grupo de homens que não eram seres humanos estava parado na estrada, sinalizando para ele parar. Havia uma luz forte iluminando tudo, tão brilhante que parecia dia claro. Diante daquela barreira, não havia o que fazer, senão parar o carro e esperar.

Ao parar o veículo, as criaturas se aproximaram. Barney ficou imóvel – teve receio de esboçar reação e ser machucado. Quando as criaturas chegaram, notou que estava tão fraco que nem sequer conseguia sair do carro. Os alienígenas o ajudaram.

Barney teve a sensação de estar sendo arrastado. Sentiu-se como que sonhando sem estar dormindo, mas seus olhos estavam firmemente fechados. Experimentava então um estado de desassociação, como se estivesse lá e ao mesmo tempo não estivesse. E parecia estar recebendo ordens dele mesmo, para não abrir os olhos.

Nesse estado, teve a impressão de estar subindo uma leve inclinação. Lembrou-se de que os homens da estrada o tinham capturado. Arrastaram-no rampa acima e adentraram ao ufo estacionado na beira da estrada, perto de algumas árvores altas.

Depois de devolvido, quando já em casa, Barney observou que seus sapatos novos, de película brilhante, estavam severamente arranhados; e que suas meias e sua calça estavam cheias de carrapichos do mato, oriundos de local que ele estava certo de não ter entrado.

Mais tarde, ouvindo as fitas gravadas durante a regressão, Barney diria ao médico:

— As sensações de estar sonhando sem estar dormindo, de estar e não estar presente e de dissociado de mim mesmo quando levado à nave, foram sensações semelhantes a estas de hipnose, que tenho tido com o doutor agora.

Esta consideração fez os especialistas cogitarem a hipótese de os alienígenas terem provocado o estado de amnésia vivido pelo casal.

Betty, a seu turno, depois do incidente não pôde se calar. Lembrou-se de que alguns anos antes, sua irmã houvera tido uma experiência com ufo. Fora apenas um avistamento distante, sem outras consequências, mas o suficiente para Janet Miller se inteirar bem do assunto ufo.

Betty pegou o telefone e ligou para a irmã. Esta lhe sugeriu pegar uma bússola comum e passar o instrumento na lataria do carro. Se o ufo tivesse produzido alguma radiação, seria provável que a emanação tivesse se impregnado na lataria. Afinal, o receio de Janet era de que Betty e o marido tivessem sido expostos à radiação. Isso poderia causar mal à saúde. Betty, por sua vez, ficara convicta de que o teste deveria ser feito.

Ao contragosto de Barney, ela procurou a velha bússola usada na viagem. Pegou-a. E foi ao carro fazer o teste. Passou o instrumento ao redor da lataria. Quase nada aconteceu, houve apenas uma oscilação pequena do ponteiro. Mas quando ela colocou a bússola no porta-malas do carro, no local onde houvera escutado a primeira série de *bips* antes da inconsciência, o ponteiro oscilou de imediato, acusando irregularidade.

Betty ficou apreensiva e examinou aquilo com mais cuidado. Observou que na chapa do porta-malas havia rodelas brilhantes, espalhadas na superfície. As manchas descreviam um círculo perfeito, do tamanho da moeda de um dólar. Eram marcas bem polidas, diferentes da lataria, já um tanto opaca. Para confirmar, ela colocou a bússola bem em cima das rodelas brilhantes. Foi aí que a agulha do instrumento perdeu totalmente o controle. A área estava magnetizada. A oscilação fora enorme.

Betty então correu para dentro. E disse ao marido que a bússola girava como louca, quando em cima das marcas polidas. Barney achou que aquilo poderia ser um exagero. E não estava disposto a sair lá fora, porque àquela altura a chuva caía forte.

Em meio a esse momento de agitação, um casal que morava de aluguel no segundo andar da casa, desceu e ficou sabendo da história do ufo. Fora mesmo uma situação inevitável. E, com isso, o ufo deixara de ser um particular acontecimento de família.

Barney e o casal de inquilinos saíram e constataram a imantação no carro. O movimento descontrolado da bússola era fato real.

Enquanto isso, Betty voltou a telefonar à irmã. Nesse dia, Janet estava recebendo a visita de um antigo chefe de polícia de New Hampshire, que conhecendo a onda de ufos aconselhou os Hill a comunicarem tudo à Base de Pease, em Portsmouth, uma instalação do Comando Aéreo Estratégico da Força Aérea.

Betty ligou então para a Polícia da Aeronáutica, buscando amparo para o seu insólito caso. Após as informações dadas por telefone a um oficial de plantão, no dia seguinte o major Paul W. Henderson, do 100º Esquadrão de Bombeiros da Base de Pease, ligou para os Hill e disse ter passado a noite toda estudando o relatório. Procurou certificar-se de mais detalhes e finalizou seu trabalho, aprontando o relatório.

Coube ao comando da Base de Pease encaminhar oficialmente o Caso Hill para o Projeto Livro Azul, nome da unidade da

Força Aérea em Wright-Patterson Field, no estado de Ohio, órgão responsável por investigar casos de ufos nos Estados Unidos.

O *Caso Hill* foi registrado como: *Relatório de Informações N.º 100-1-61*. E os desdobramentos que vieram a seguir fizeram dele o mais bem documentado caso de abdução em toda a história dos ufos.

22

DESFAZENDO A AMNÉSIA

Na América do Norte, as tribos descendentes dos índios moicanos, na região centro-leste daquele continente, representam bem os restos de uma raça antiquíssima, que em Eras remotas atravessou o Estreito de Bering para se estabelecer na extensa faixa de terra entre o Canadá e os Estados Unidos, em especial na região dos Grandes Lagos.

Não se sabe quem guiou esses homens nessa travessia extraordinária. Apenas ficou a tradição de que os médiuns vermelhos da antiguidade eram muito poderosos e que receberam orientação espiritual em todas as grandes decisões envolvendo as nações indígenas.

Essa raça antiga de homens selvagens, responsável pela formação das primeiras tribos na região do Niagara Falls, passou de uma para outra geração a mensagem da Grã-Tartaruga.

Conta a lenda que essa entidade enigmática, que desce do alto e jamais mente em suas comunicações, em meados do século XVIII, durante a guerra de sete anos (1756-63) entre ingleses e franceses para expansão territorial de seus países na América, deixou uma mensagem aos índios que evitaria muitas mortes.

A comunicação dizia para os chefes das seis tribos vermelhas, habitantes no Salto de Santa Maria, irem até o Forte do Niágara e firmarem a paz com o homem branco.

Embora essa mensagem não constitua prova da existência de objetos voadores e de almas do outro mundo, o fato é que os índios daqueles ermos montanhosos, onde em 1961 se daria o incidente em Indian Head, vivido pelo casal Hill, contam casos incomuns de seus ancestrais, pouco antes da independência americana.

Num lance apenas passageiro, ressaltamos que o Caso Hill, exceto o local,nos demais acontecimentos nada tem a ver com as lendas e superstições dos peles-vermelhas que habitam as Montanhas Brancas desde épocas recuadas. O estudo e registro do sequestro do casal foram feitos de modo científico, quer pelos órgãos responsáveis das Forças Armadas dos Estados Unidos quer pelo médico psiquiatra do casal, o Dr. Benjamin Simon.

Todavia, quando focamos a visão em certos detalhes, ou seja, nas lendas contadas pelos nativos, acabamos enxergando as coisas por um ângulo diferente. Assim, a história toma novos rumos e curiosamente parece se juntar a algo maior. Aos poucos, um quebra-cabeça de maiores proporções começa a ser montado. Então, outro desenho se forma no cenário mental até definir contornos em que o passado e o presente se juntam, compondo um todo unificado, sugerindo lances planejados por alguma inteligência de saber superior ao do homem. A lenda da Grã-Tartaruga é um desses casos, no qual vamos nos debruçar neste lance apenas como curiosidade paralela ao Caso Hill.

Quando o casal Hill observou a nave alienígena pairar no alto, depois de uma manobra rara o objeto se inclinou no ar, fez um mergulho lento e desceu em direção ao carro, até estacionar a altura de duas copas de árvore. A forma exuberante da nave ficou tão nítida que permitiu tanto a Betty quanto a Barney descrevê-la em detalhes. Contudo, acostumados a terem panquecas à mesa, prato comum no mundo civilizado, em especial nos Estados Unidos, para o casal aquela nave circular parecia *"uma espessa panqueca cintilante"*, assim fora definida por eles.

A seu turno, na época em que vamos retornar, os índios do Niagara Falls viram algo parecido àquilo nos céus. E não é demais admitir que a cultura rudimentar dos índios apenas por comparação poderia chamar a tal coisa de – Grande Tartaruga.

Todos sabem que uma tartaruga tem forma arredondada, que é achatada na parte debaixo e abaulada na de cima, local onde forma uma espécie de cúpula. Seu formato sugere um objeto discoide, com anéis e uma elevação em forma de sino. Os índios nada sabem de "panquecas", mas conhecem tartarugas e, em razão do formato delas, um ufo poderia muito bem ser descrito por eles como uma Grã-Tartaruga – assim chamaram a coisa.

O objeto que os visitava mostrava-se como algo brilhante vindo do céu. Produzia sons, deslocava-se para longe, voltava depois e falava com voz indefinida dando conselhos.

De início, os índios enfrentaram aquilo com receio. Mas após o medo inicial, a Tartaruga se tornou uma aliada dos povos indígenas, ajudando-os nas horas mais difíceis, quando tiveram de definir-se entre ficar de um lado ou de outro em meio à guerra entre ingleses e franceses.

Junto ao fenômeno da Grã-Tartaruga, na tribo ocorriam também manifestações de Espíritos, conforme os médiuns vermelhos descreviam. Nas horas de maior aflição, além da evocação de Espíritos a Grã-Tartaruga também podia ser evocada, mas para dar conselhos, pois tinha fama de nunca mentir. Todavia, para evocá-la, os peles-vermelhas faziam preparativos especiais.

Certa feita, diante do perigo de guerra com os soldados ingleses, fora preciso falar com a Grã-Tartaruga. Então, por instruções especiais de outras esferas, os pajés das seis nações indígenas se reuniram para construir uma tenda diferente, através da qual os chefes falariam com a Grande Entidade.

A estranha tenda tinha o diâmetro de uma mesa redonda, mas a sua altura era a de uma árvore. Se um homem da cidade a visse, diria que era um grande cone de madeira revestido de pele, plantado em meio ao acampamento tribal, como se fosse um enorme bocal de sopro.

Para fazer essa barraca esquisita, os índios pegaram árvores finas e retas nas Montanhas Brancas, fincaram os troncos no chão e revestiram-nos com pele de alce. Com isso, a construção em forma de cone ficou forte e rígida. Havia somente uma pequena abertura na entrada, em que um homem poderia passar apenas abaixado e por onde pendia uma cortina de pele de rena.

Era preciso falar com a Tartaruga e saber os seus conselhos, mas somente um religioso poderia entendê-la. Por isso, um dos pajés, o médium vermelho mais sensível dentre eles, fora escolhido pelos Espíritos como sacerdote responsável pela interpretação do comunicado. Para evocá-la, todos fizeram intensa mentalização. Logo em seguida, o feiticeiro maior iniciou o ritual, fumando e dançando em completa nudez.

Em meio à cerimônia, num repente de transe intenso o feiticeiro se aproximou da estranha tenda, engatinhando. Ao colocar o rosto para dentro, rompendo a cortina de pele de rena, a sólida construção foi sacudida de cima a baixo, semelhante a uma árvore quando recebe uma súbita lufada de vento. Mas não havia vento algum nem nada visível que pudesse balançar a barraca.

Nesse instante, ouviu-se no ambiente os sussurros de vozes numerosas; algumas davam gritos selvagens; outras ladravam como cães; e outras uivavam como lobos. O funesto concerto misturava lamentos da alma e soluços de desespero, angústia interior e dor física aguda, expressando sentimentos de morte. Para o sacerdote da tribo não havia dúvida, os ancestrais estavam ali, os Espíritos estavam se manifestando para informar que uma guerra com o homem branco estava prestes a começar e traria muito sofrimento às nações índias.

Embora essas manifestações fossem muito respeitadas, os chefes não tinham certeza de que a paz deveria ser feita. Eles desconfiavam dos Espíritos comunicantes, porque em ocasiões passadas algumas previsões não tinham vingado, por isso havia desconfiança. Somente os conselhos da Grã-Tartaruga, a entidade que nunca mente, poderiam ser considerados. E por isso os rituais continuaram, evocando a presença dela.

Após aquele concerto de horríveis lamentos, fez-se um silêncio mortal. A ocasião era grave. E horas se passaram com os índios em completo silêncio e meditação. Até que algo de novo aconteceu. Alguma coisa de outra dimensão parecia ter chegado ao acampamento. Uma nuvem cinzenta de repente cobriu o céu. E um brilho ao longe se fez presente, vindo da ponta estendida da montanha que fica do outro lado do lago. A claridade se aproximou devagar, como um pássaro das alturas balançando levemente, num bailado de movimento lento até pairar bem alto, por sobre a tenda construída, e serenar de vez.

De sua boca invisível uma voz saiu. Os povos índios ouviram atentos. A estranha tenda indígena tinha se transformado em uma imensa "garganta invisível". E uma voz suave e lenta falou por ela. A voz pronunciou palavras que ninguém entendia. Apenas o pajé da tribo era intuído na mente para interpretar aquelas palavras enigmáticas. Mas aos índios aquelas palavras eram semelhantes ao chamado de um cãozinho da montanha. Os peles-vermelhas ficaram felizes e todos bateram palmas reconhecendo a presença ali da Grã-Tartaruga.

Uma multidão de índios olhava para o céu e escutava a suave voz da Grande Entidade. Então, após uma saudação inicial, o sacerdote da tribo se dirigiu ao povo, anunciando a presença inequívoca da Grã-Tartaruga. Disse que ela responderia todas as perguntas que lhe fossem feitas.

A preocupação dos chefes indígenas foi logo externada:

— Os chefes brancos estão ou não se preparando para guerrear? Qual a quantidade de uniformes vermelhos existente no Forte do Niágara? – queriam saber os índios.

Então, após ouvir atentamente as perguntas, a Grã-Tartaruga voltou a ser uma intensa luz e partiu para bem longe.

No instante em que ela sumiu, a estranha tenda passou a sacudir-se como antes. Ela balançava como árvore fortemente agitada. Se não estivesse tão sólida, por certo desabaria com tanto tremor. Conforme o pajé, a oscilação da tenda fora causada pelos Espíritos quando a luminosidade da Tartaruga se foi.

Para responder as perguntas dos chefes, a Grande Entidade tivera de partir. E após faiscar repentinamente os olhos, ela alçou seu corpo no ar, virou o rosto e subiu rapidamente em direção às nuvens até se perder na imensidão dos céus.

Diferente da primeira espera, na qual fora feito um silêncio sepulcral, desta feita os índios estavam alegres e esperançosos. Trouxeram para o acampamento grande quantidade de tabaco para dar em oferenda. Os Espíritos dos selvagens costumam pedir tabaco aos índios. E eles imaginam que a Grã-Tartaruga também gosta de tabaco, assim como aqueles. A volta da Tartaruga seria comemorada com oferendas. Enquanto isso, no acampamento seguiu-se um ritual com muita dança e fumaça.

Um quarto de hora já se passara quando a Tartaruga foi vista de novo, voando ao longe, aproximando-se aos poucos. E como da ocasião anterior, ela voltou a pairar por sobre a estranha tenda. O povo se juntou novamente para escutar a voz enigmática da Grande Entidade. O mesmo som se fez bem alto. E a mesma voz suave voltou a falar. Pronunciou palavras indecifráveis para os índios. No término da mensagem, o sensitivo vermelho tratou de traduzi-la ao povo.

Ele explicou que durante a ausência a Grã-Tartaruga transpôs o lago Huron, fez a volta e foi até o Forte do Niágara, para dali seguir a Montreal. No Forte, ela não vira muitos soldados.

Mas, descendo o rio São Lourenço até a cidade de Montreal, ao longo do percurso do rio inúmeras embarcações foram vistas cheias de soldados. Ela disse que os soldados são tão numerosos como as folhas das árvores. E que estão navegando para combater. A melhor maneira de terminar o que se avizinha é os chefes irem até o Forte do Niágara e fumarem o cachimbo da paz com Sir William Johnson.

Um dos chefes presentes, perguntou então à Tartaruga:

— Se formos lá, ele nos receberá como amigos?

— Sim! - respondeu a voz através da 'garganta invisível' da enigmática tenda. — O grande chefe branco ficará tão contente que encherá canoas de presentes. Dará cobertores, roupas, panelas, pipas de rum e tantas outras coisas que os barcos voltarão cheios até a boca. Todos os que forem até lá voltarão para suas tendas em segurança, satisfeitos com as negociações.

Dito isso, assim como da vez anterior a voz da Grã-Tartaruga silenciou e ela se foi, desaparecendo nos céus. O alarido de contentamento foi geral. A estranha tenda voltou a estremecer como antes. Em seguida, os chefes das nações índias rumaram para o Forte do Niágara. Tudo o que fora dito pela enigmática voz seria ali realizado. Cumprira-se assim o que dissera a Grã-Tartaruga — a entidade que nunca mente.

No decorrer dos tempos, com a interferência do homem branco na vida dos índios, essa lenda foi motivo de muitas outras e gerou a maior parte das superstições verificadas na região do Niagara Falls. Não há nada remanescente que possa provar a sua veracidade, mas as lendas ficaram entre os povos indígenas.

Essas lendas que ali permanecem fizeram John Fuller registrar em *A Viagem*, na ocasião em que o veículo dos Hill se aproximou da famosa silhueta do Cannon Mountain, que:

— Alguns nativos do norte de New Hampshire preferem jamais dirigir por essas estradas à noite, em razão das superstições e dos costumes desde há muito arraigados.

Caro leitor, se por um momento refletirmos sobre a possibilidade de uma simples tartaruga fazer tudo aquilo que ocorreu entre os índios moicanos, naturalmente que não haveria como dar crédito ao caso – tudo não passaria de folclore indígena, de uma lenda. Todavia, se por um instante substituirmos o nome tartaruga para o de Espírito, as coisas ganham outro significado, haja vista os fenômenos físicos verificados em épocas recentes no Espiritismo, mas, ainda assim, as coisas não se resolvem, porque a característica daqueles fenômenos é outra bem diferente da dos Espíritos, como verificado na narrativa.

Os Espíritos dos índios falecidos tinham um *modus operandi*, mas a Grã-Tartaruga tinha outro bem diferente. Se, em um esforço de pensamento, considerarmos aquela Grande Entidade como um objeto aéreo incomum de alta tecnologia em saimento para contato com outra civilização, então alguns fenômenos verificados ali ganham outro significado. Com isso, o que era impossível passa a ser possível e a elucidação do caso mais harmoniosa. Todavia, considerar a teoria dos ufos para elucidar a suposta lenda, é também uma iniciativa incomum.

No caso narrado, apenas mostramos a similaridade entre a "panqueca" – o ufo na linguagem figurada do civilizado casal Hill –, e a "tartaruga" – a Grande Entidade voadora dos índios do Cannon Mountain –, ambos testemunhados na mesma região, em épocas distintas, que parecem certificar a atuação da mesma civilização incomum com seu engenho voador fazendo contato.

O tratamento do casal Hill com o doutor Simon se iniciou em 14 de dezembro de 1963, cerca de dois anos e três meses após o incidente em Indian Head, e se estendeu até 27 de junho de 1964. Todas as sessões foram gravadas em fita magnética. A partir daí, por alguns anos o médico fez relatórios de acompanhamento decorrentes de visitas periódicas e de telefonemas ao casal. Somente no mês de março de 1964 que

Betty Hill teve sua primeira sessão de regressão sob hipnose com o Dr. Simon.

O médico havia separado os acontecimentos em duas fases distintas, segundo ele:

— A primeira, mais simples, ocorrida em Indian Head, quando o casal estivera perfeitamente consciente até ouvir a primeira série de *bips*. A segunda, mais complexa, ocorrida após os *bips* em uma área arborizada, com o carro saindo da Rodovia Federal 3, na qual ocorre um bloqueio na estrada, sobrevêm os acontecimentos insólitos em que o casal é levado ao interior de suposta nave não terrestre para exames.

O médico considerava que a primeira fase poderia ser real, porque havia antecedentes que conectavam o caso a outros verificados nos Estados Unidos e em outros países, ao mesmo tempo em que era corroborado por registros das Forças Armadas. Quanto à segunda fase, não havia antecedentes dignos de confiança nos arquivos militares. Conforme informações, casos assim o Projeto Blue Book, responsável pela investigação oficial dos ufos nos Estados Unidos, colocava em arquivo isolado, tido como de lunáticos, e não os investigava.

Simon conhecia bem tudo isso. Afinal, na época da guerra, ele fora um oficial médico investido na patente de coronel do Exército. Por isso, o médico preferiu partir do pressuposto de que a segunda fase fora irreal. Nas sessões de hipnose e nas análises levadas a efeito em seu consultório, ele tentaria, de todas as maneiras, comprovar essa irrealidade.

Para isso, seria preciso ao psiquiatra trabalhar com os fatos, colher informações objetivas nas sessões e pouco a pouco ir montando o quebra-cabeça. Ele considerava que as teorias médicas associadas à lógica de raciocínio e à prática das sessões de hipnose deveriam prevalecer no final do tratamento e mostrar a verdade ao casal, possibilitando sua recuperação da saúde.

Durante as sessões, Betty reviveu todos os episódios importantes do acontecimento. Vamos observar os principais lances desse caso fantástico.

Naquela insólita noite, enquanto Barney dirigia o carro, Betty de binóculo em punho observava com exclusividade a coisa indefinida nos céus. Ela viu em detalhes o modo esquisito do objeto voar. Declarou que um avião voa em linha reta, mas o objeto não voava assim, por isso era esquisito – ele se virava em torno dele mesmo. Seguia em linha reta por uma curta distância, depois se inclinava para um lado e subia. Sua forma era a de um charuto. Às vezes ficava em linha reta, como um charuto em cima da mesa, e nessa posição ia para frente; outras vezes ficava em pé, como quando espremido num cinzeiro. Depois ia para cima e para baixo, num movimento vertical, como um charuto sendo apagado. Inclinava-se e mudava de direção. Fazia tudo de maneira extremamente precisa. De modo estranho, achatava-se em si mesmo. Saltava, às vezes. E, na medida em que ficava mais perto, mais desses pequenos saltos fazia nos céus. O seu padrão de voo parecia ser esse. Foi assim que ele fez o tempo todo, como notou Betty.

Para comparar o que ele fazia, Betty olhou às estrelas, para ver se alguma delas tinha a mesma aparência. E não tinham. Só ele se apresentava assim. Para Betty, não havia dúvida, ele estava seguindo o carro. Então ela ficou imaginando o porquê disso. Imaginou se os ocupantes seriam tão curiosos em relação a ela, quanto ela em relação a eles. Sentia-se apenas curiosa, nada mais que isso. Não imaginava o que poderia acontecer nem tinha medo daquilo. Quando o objeto se aproximou mais, deu para ver que tinha luzes piscantes. Por um momento, a coisa pairou no alto, sem girar. E pelo binóculo ela percebeu que na parte da frente havia fileiras de janelas. Quando o objeto girava, ela supôs que as janelas produziam o efeito de luzes piscantes. Enquanto observava, o objeto acendeu uma luz vermelha à direita e outra à esquerda. Sem o binóculo, não era possível vê-las. Por isso, Betty insistiu para Barney parar o carro, pegar o binóculo e olhar aquilo. Foi quando ele parou o veículo no meio da estrada vazia e desceu.

Barney, a seu turno, relatou ao médico que após descer do carro fora em busca do objeto, em meio à escuridão da noite. O medo era horripilante, mas sobre ele parecia atuar algum tipo de força atrativa, uma fascinação indefinível. Embora estivesse com medo e quisesse fugir, um tipo de poder o obrigava cada vez mais a chegar perto da nave. Estava atônito. Queria ver aquilo de uma vez por todas para ter certeza. Viu então um objeto incomum. E de modo mais fantástico ainda viu dentro dele seus operadores. As criaturas estavam ali, observando tudo. E aquele que parecia ser o líder, destacava-se em meio aos outros. Assim como Barney através das lentes entrou na nave com os olhos, a seu turno, a criatura fizera o mesmo; ou seja, aproveitando a aproximação visual de Barney, fixou nele os seus olhos. Eram olhos enigmáticos. Enormes. E não estavam ligados a corpo algum. Eles pareciam apenas uma forte projeção do olhar, chegou tão perto dele que pareciam apertar-lhe o íntimo. Eram tão penetrantes que se fixaram em seu cérebro. Barney sentiu-se suspenso no ar, como se estivesse flutuando à toa, embora estivesse em terra. Era uma sensação de haver sido isolado da gravidade, sem movimento para qualquer direção. Mas de repente, sentiu-se flutuando no ar, como se "estivesse por aí...". Nesse estado de consciência alterada, teve a sensação de se aproximar de Betty e de falar com ela. A essa altura, sua consciência estava nitidamente projetada, como em um fenômeno mediúnico de desdobramento. A agradável sensação de leveza que experimentava fê-lo considerar por instantes que "gostaria de ter ido com eles...". Mas, de repente, voltou à consciência normal. E quando aqueles olhos novamente lhe penetraram o íntimo, dizendo: "Não fique com medo". Ele, com a consciência já em estado normal se apavorou ainda mais. A sugestão alienígena provocara nele um efeito contrário. Uma sensação de captura então sobreveio. Por isso ele arrancou o binóculo do rosto e de imediato correu para o carro, onde Betty o esperava. Instantes depois ele estava dentro do carro, apavorado e dirigindo em fuga, até ouvir a primeira série de *bips*. Logo em seguida, surgiu uma barreira na estrada e verificou-se a captura.

Betty, por sua vez, após o carro arrancar com tudo, disse ao Dr. Simon que procurou ver a nave nos céus, mas não conseguiu. Até em seguida ouvir a estranha sonorização: *bip, bip – bip, bip, bip*. Imaginou que fosse algum sinal, tipo código Morse. Ou alguma coisa elétrica. Então colocou a mão na lataria do carro, mas não percebeu aí nenhum choque elétrico. Todavia, estranhamente, o carro todo vibrava. Não havia choque, o som do *bip* era nítido e o carro todo apresentava vibração.

A partir daí, em estado de hipnose, assim como ocorrera antes com Barney, ela também não conseguia ir adiante, em suas lembranças, para relatar os acontecimentos. Ficou confusa, sondou a própria mente, procurando coisas esquecidas. Suas tentativas para avançar na lembrança não pareciam surtir efeito nesse ponto. Sua mente parecia vazia. Mas o médico, experiente nos procedimentos, contornou a dificuldade fazendo perguntas paralelas. Retornou um pouco nos acontecimentos e por outro caminho lhe clareou a memória. Então, quando um novo lampejo se fez presente nela, voltou ao ponto crucial e desbloqueou o caminho. O procedimento surtiu efeito. E o médico seguiu em frente, desfazendo a amnésia.

Façamos aqui uma pausa, caro leitor, para estabelecer um paralelo mediúnico. Podemos interpretar os *bips* como uma indução magnética, semelhante ao médium quando recebe do Espírito comunicante o fluido espiritual para entrar em sintonia; ou seja, a entidade projeta seu magnetismo e com isso o corpo espiritual do médium se desloca do corpo carnal. Nesse ponto, o médium pode sentir uma sensação de "estar por aí...", como se estivesse "flutuando". Em seguida, ocorre o enquadramento perispiritual e o Espírito incorpora. O médium inconsciente perde a lucidez nesse ponto. E o Espírito dá a sua comunicação.

A seu turno, o ET de antimatéria, por assim dizer, procede de modo apenas semelhante. Ele faz a indução magnética com seus meios próprios, reduz as defesas conscientes da pessoa e desloca ligeiramente o corpo espiritual dela, causando um torpor. A pessoa assim turbada, em estado semiconsciente, subjuga-se ao intruso materializado e, indefesa, se sujeita às suas experiências. Embora tal procedimento seja repulsivo, ainda assim os fatos não se alteram e os relatos de abdução podem confirmá-los.

Voltando aos relatos de Betty em estado de hipnose, após ela fazer uma longa pausa, vieram novos argumentos com esforço de lembrança e respiração pesada. Uma crise de choro tomou conta dela. Em seguida vieram soluços rápidos, como se ela estivesse tentando conter-se. Finalmente, novas lembranças lhe chegaram ao consciente.

Soluçando muito, Betty diz ao médico que está com muito medo. Ela está no ponto em que vira os estranhos homens parados na estrada, formando uma barreira. Um pavor enorme lhe toma conta então:

— Nunca antes senti tanto medo na vida – disse ela ao médico, e prosseguiu contando. — Estávamos seguindo na estrada, quando de repente os freios guincharam, o carro fez uma curva brusca e entrou numa estradinha estreita.

Betty disse que gostaria de saber por que Barney entrou nessa estrada, mas ele estava quieto. Ela não falou nada, mas pensou que estivessem ali perdidos. Mais a frente, uma curva fechada apareceu na estradinha. Havia árvores altas do seu lado, na estrada. E lá na frente havia aqueles homens estranhos, parados na pista. Ela pensou que fosse algum carro enguiçado. Barney tinha de parar, é claro. Não havia como prosseguir. Os homens parados começaram a se mover, vindo em direção ao carro. Eles se separaram em dois grupos, vindo um de cada lado do veículo. Aí sim, ela ficou com medo de verdade. Nesse instante, o motor do carro morreu. Barney tentou dar a partida, mas o motor girava e não conseguia pegar.

Ele não conseguiu fazer o carro pegar. E os homens estavam chegando, aproximavam-se cada vez mais. Então ela pensou em fugir deles. Imaginou que poderia correr para o mato e esconder-se ali. Colocou a mão na maçaneta, mas foi um dos homens que abriu a porta para ela sair. Nesse ponto dos relatos, em estado hipnótico provocado pelo Dr. Simon, Betty chora em profusão.

Após descer do carro, em estado de hipnose ela vê a si mesma dormindo, mas andando e sendo conduzida pelas criaturas. Experimentava algo semelhante ao que Barney descrevera antes como "flutuando por aí...", ocasião em que ele encarou aqueles olhos enigmáticos do líder da tripulação.

Betty estava dormindo. Ela tem tal sensação ao caminhar e relata ao médico:

— Estou dormindo e tenho de acordar! Não quero estar dormindo. Eu fico tentando... Tenho de me acordar... Continuo tentando... Então eu acordo! Abro os olhos! E estou caminhando pelo mato. Embora eu esteja dormindo, estou caminhando! E há um homem deste lado, e um homem deste outro... e há dois homens à minha frente. Eu olho para esses homens... E me viro.... Barney está atrás de mim... Há dois homens atrás de mim e depois vem o Barney. Há um homem de cada lado dele. Meus olhos estão abertos... Mas Barney está dormindo. Ele está andando, e está dormindo... – descreveu Betty ao médico.

— Barney, acorde! Por que você não acorda? – insistiu Betty com o marido que caminhava dormindo.

Então o homem ao lado dela puxou conversa:

— O nome dele é Barney? – perguntou.

Betty achou que isso não era da conta deles e não respondeu. Mas o homem insistiu. Em seguida lhe disse para não ficar com medo. Nitidamente, a criatura procurava aplicar-lhe uma sugestão, dizendo:

— Não fique com medo. Você não tem motivo algum para ficar com medo. Só queremos fazer alguns testes. Quando os exames terminarem, vamos levar você e Barney de volta e colocá-los em seu carro. Num instante estarão voltando para casa.

Betty esboçou alguma reação tentando não caminhar. Mas a criatura lhe estimulou a prosseguir. Disse também que eles não tinham muito tempo, por isso precisavam ser rápidos. Ela se sentiu impotente para qualquer reação contrária. E continuou andando.

Barney, a seu turno, continuava caminhando dormindo, ao lado daqueles homens pequenos, como um sonâmbulo. Até que todos chegaram à nave. Ela era grande, estava estacionada no chão, perto das árvores. Então todos subiram a rampa e adentraram ao objeto. Os exames estavam prestes a começar.

Dentro da nave, Barney e Betty foram colocados em salas separadas e bem iluminadas. Betty teve de sentar-se num banco. Ela estava usando um vestido azul, com mangas. As criaturas levantaram as mangas e olharam seus braços. Eles aproximaram dela uma máquina, semelhante a um microscópio com lentes grandes, e pareceram tirar uma fotografia de sua pele. Nesse ponto, ela mostrou ao Dr. Simon o local exato da intervenção.

Na sala de exames estavam dois homens, o examinador e o líder. Os dois olharam para a máquina e conversaram entre si. Então pegaram uma espátula e rasparam ligeiramente o braço dela. A pele pareceu ficar seca, algumas partículas se soltaram e foram colhidas. No banco, em que ela estava sentada, havia um encosto de cabeça, semelhante ao de dentista. Sua cabeça foi colocada repousando no suporte. E seus olhos foram examinados com luz clara. Os dentes e a garganta tiveram o mesmo exame. Em seguida, foram os dois ouvidos. A orelha esquerda foi limpa com uma espécie de cotonete, e o material recolhido foi guardado. Os cabelos foram apalpados e uma mecha deles, cortada. O examinador apalpou suas orelhas, seu pescoço; depois o queixo, os ombros, procurou os ossos ao longo do corpo e tirou os sapatos dela. Examinou os pés e as mãos. Projetou uma luz muito clara, de modo que ela não pôde manter os olhos sempre abertos. O medo aumentou. Ela não tinha interesse em olhar para ninguém, mas abriu os olhos e olhou. O examinador pegou algo e passou por dentro de suas unhas, depois cortou um pedaço delas. Examinou então os pés. Segurou-os firmemente e examinou os dedos e demais detalhes. O examinador se mostrou interessado em examinar o sistema nervoso. Ela percebeu essa intenção:

— Oh, ele está me pedindo para tirar o vestido – diz Betty ao médico e, às vezes, ela faz certas pausas, como se esperasse a ação ser completada para seguir o relato.

O próprio examinador se encarrega de abrir o fecho *éclair* das costas. Logo a seguir, ela não está mais de vestido. Perto do banco em que está sentada, há um tipo de mesa, não é alta. Nessa mesa branca, como de metal, os exames prosseguem. Ela se deita com as costas na mesa. O examinador se aproxima, traz consigo algo que parece ser um grupo de agulhas. Em cada uma delas parece ter uma espécie de fio ligado. Um aparelho dentro da sala mostra imagens na tela. No visor aparecem linhas, como a imagem de uma televisão mal ajustada. Então, alguém traz o aparelho cheio de agulhas. No exame, as agulhas tocam suavemente o corpo de Betty. Ela não registra dor alguma. O mesmo toque é feito em diversas partes do corpo, iniciando na cabeça, vai para as orelhas, ao pescoço e desce mais. Quando chega ao joelho, sua perna salta involuntariamente. O exame chega aos pés. Nesse ponto, ela é colocada de bruços. O mesmo exame com as agulhas é feito em toda a região posterior do corpo.

Betty diz ao Dr. Simon que as criaturas parecem contentes com o que estão fazendo. Colocam-na de barriga para cima. E o examinador traz nas mãos um aparelho com agulha comprida, cerca de dez a 15 centímetros de comprimento. Ela sente medo, pergunta se aquilo irá machucá-la. O examinador responde que só pretende colocá-la em seu umbigo. Ela rejeita e diz que vai doer:

— Está doendo, está doendo, tire isso, tire isso! – grita forte, apavorada com a experiência.

Nesse ponto dos relatos, Betty, muito perturbada, chora, soluça rápido e depois, aos poucos, se acalma. Informa que o líder se aproximou dela, passou uma das mãos sobre os seus olhos e disse que ela não iria sentir mais nada. Então a dor desapareceu, mas ela relata ao Dr. Simon que o local onde a agulha foi enfiada ainda estava dolorido.

O médico então pergunta:

— Eles fizeram algum avanço sexual.

— Não – Betty responde. E confirma mais uma vez: — Não – diante da insistência do Dr. Simon.

Em seguida, ela questiona o líder sobre a agulha em seu umbigo. Teve como resposta que se tratava de um teste de gravidez. Então Betty foi firme com ele e retrucou:

— Não sei o que é isso, mas teste de gravidez não é! – exclamou ela.

O líder não disse mais nada. (Convém ressaltar aqui que alguns anos antes, Betty houvera feito uma operação para não ter mais filhos). Os exames tinham terminado. E nesse ponto, o Dr. Simon adotou uma série de procedimentos para aliviar a paciente e restaurar a normalidade.

— Posso voltar ao carro? – perguntou Betty ao examinador.

E ele respondeu:

— Barney ainda não está pronto.

Barney estava na outra sala, fazendo outros exames, algo diferente dos dela. Nisso, o examinador saiu da sala e Betty ficou falando com o líder. No decorrer da conversa, ela disse que aquilo estava sendo uma experiência inacreditável. E que gostaria de levar uma prova material do acontecimento. A criatura riu e perguntou que prova ela queria levar.

Então, como sobre um compartimento da sala havia um livro, ela pegou esse livro e perguntou se poderia levá-lo. A criatura não fez objeção alguma. Então o livro foi aberto e ela notou que a escrita dele não se assemelhava a nenhuma outra conhecida. Após ela fazer algumas considerações sobre o nosso Sol e os planetas, uma ocasião se fez presente e Betty perguntou de onde eles vinham. O alienígena disse que gostaria de saber dos conhecimentos dela sobre o Universo, para poder falar do assunto. Dito isso, ele atravessou a sala, fez alguma coisa adicional e, de uma abertura surgida no que parecia ser a parede do objeto, surgiu um mapa. Ao mostrar esse mapa para Betty, ela notou nele vários pontos, seguidos de linhas grossas, finas e pontilhados. O líder disse então que as linhas grossas eram rotas regulares e as outras para viagens ocasionais. As linhas pontilhadas eram para expedições. Betty lhe perguntou o seu ponto de origem. Aí ele perguntou onde ela estava no mapa. Betty não soube dizer. Então o líder retrucou:

— Se não sabe onde está, então, não adianta nada eu dizer de onde venho.

Nisso entraram na sala alguns homens. O examinador voltou a inspecionar os dentes de Betty. Puxou-os com força. Não entendeu o porquê de os de Barney sair e os dela não. As criaturas não deram mostras de conhecer dentes postiços e nem sequer alimentos sólidos. Betty explicou a eles a questão alimentar terrestre. Ela falou de legumes, frutas, carnes e leite. Mas tudo isso pareceu ficar muito distante do conhecimento deles. Falou então da velhice, época em que o ser humano pode perder alguns dentes. A velhice também estava fora de entendimento. O ciclo vital das criaturas parecia ser muito diferente do dos seres humanos, e assim também a questão da morte. O tempo terrestre lhes parecia desconhecido. O ano, o dia, as horas, os segundos, tudo parecia ser uma incógnita a eles. Betty tentou explicar tudo isso, mas segundo ela depreendeu, eles nada entenderam de sua explicação. E isso não se dava por falta de inteligência, mas porque suas referências naturais eram outras totalmente desconhecidas, nada parecidas com as da Terra. Betty sugeriu a eles conversarem com outros homens mais instruídos, que ficariam muito felizes com um contato formal e dariam respostas satisfatórias. Ela mesma se dispôs a arrumar esse encontro, e disse:

— Se eu arrumá-lo, como poderei vos encontrar? – perguntou Betty.

— Não se preocupe – respondeu a criatura. – Se resolvermos voltar, seremos capazes de encontrá-la sem dificuldade. Sempre encontramos quem nos interessa.

Betty, intrigada, então perguntou:

— E o que você quer dizer com isso?

— A criatura apenas sorriu.

Nesse instante, Barney estava de volta. Seus olhos ainda estavam fechados. A hora de voltar para o carro havia chegado. Quando estavam próximos de descer a rampa, as criaturas falaram entre elas. E o líder tirou das mãos de Betty o livro que lhe tinha dado há pouco, dizendo que os outros tripulantes fizeram objeção. E que era uma decisão definitiva. Não poderia haver provas da ocorrência. Seria preciso esquecer tudo, para o bem do próprio casal. Betty então retrucou:

— O senhor pode me tirar o livro, mas não vai poder nunca, nunca, nunca fazer eu me esquecer do que houve aqui. Vou me lembrar de tudo, nem que seja a última coisa que eu faça!

A criatura então sorriu e disse:

— Talvez você se lembre, eu não sei. Mas espero que não. Não vai lhe fazer bem algum a recordação. Barney não vai se lembrar de nada. E se você se lembrar de alguma coisa, ele vai se lembrar de maneira diferente da tua. E tudo o que vão conseguir será deixar confuso um ao outro, sem nada resolver. Se você se lembrar..., de todo modo será melhor esquecer.

O casal foi então deixado próximo ao carro. E o líder fez um convite para ambos verem a partida da nave. Betty quis saber se não haveria perigo. O líder falou que não, porque eles estariam longe o suficiente da nave. As criaturas voltaram para o engenho.

Quando Betty entrou no carro, Barney já estava lá dentro. Embora ele estivesse entorpecido, seus olhos agora estavam abertos. Betty pegou a cadelinha no colo. Delsey estava toda tremendo. Num instante a nave partiu, sendo assistida por eles.

De início, a nave começou a cintilar, foi ficando mais brilhante e se tornou uma enorme bola de luz, alaranjada e cintilante. Começou então a rolar em si mesma, como uma bola girando no ar. Subiu e subiu, desceu um pouco, fez um ligeiro mergulho e depois disparou, rumando para mais e mais longe, até desaparecer por completo nos céus.

Barney então deu a partida no carro. Betty estava aliviada e disse a ele, para mostrar que tinha razão:

— Barney, agora experimente dizer que não acredita em discos voadores.

E Barney, ainda atordoado, respondeu simplesmente:

— Não seja ridícula.

Com isso, ela imaginou que ele estivesse brincando. Todavia, o que dissera o alienígena, momentos antes, sobre a confusão de ideias, parecia cumprir-se agora com Barney. Foi então que soou no porta-malas do carro a segunda sonorização, a sequência: *bip, bip — bip, bip, bip*. E o estado consciente do casal começou a voltar aos poucos.

O médico, por sua vez, escutou todos os relatos e questionou tudo no momento certo da hipnoterapia, procurando encontrar a verdade e o procedimento adequado para ajudar o casal.

Nos seis meses de tratamento intensivo que se seguiram, o psiquiatra viu os aspectos gerais do caso, isolou os pormenores e os estudou em detalhes. Fez inúmeras perguntas para avaliar bem todas as situações envolvidas. Formulou para si mesmo as hipóteses prováveis. Tratou de checar cada uma delas, preparando com antecedência novas perguntas para atingir o ponto certo em outras regressões. Tratou cada paciente em separado e aplicou sugestões pós-hipnóticas. Reforçou essas sugestões, assegurando-se sempre de que o conteúdo aflorado em transe não viesse ao consciente do casal em estado de vigília, salvo quando necessário à saúde e por instruções dele próprio.

No final do tratamento, Simon juntou ambos, marido e mulher, para ouvirem as fitas. Repassou-as diversas vezes explorando cada situação em particular. Deu a eles amplo conhecimento da amnésia liberada. Nas hipnoanálises, explorou o conteúdo aflorado, fez novas sondagens e obteve outras elucidações. O médico promoveu interrogatórios precisos, procurando alguma contradição, um engano, uma impostura, uma alucinação, uma mentira ainda que inconsciente, mas nada de significativo encontrou que pudesse desconsiderar os relatos do casal. Tampouco nenhuma doença pôde ser diagnosticada.

No final do tratamento, diante das circunstâncias incomuns do caso, o médico preferiu idealizar a Teoria do Sonho. E ficou com ela, mantendo seu pressuposto inicial de que a "*segunda fase*" da experiência fora "*irreal*". E ofereceu isso ao casal, como resposta às suas inquietações, fazendo boa argumentação técnica.

Embora Simon tivesse checado essa teoria até a exaustão, conforme se observa nos diálogos registrados em fitas (John Fuller se encarregou de reproduzi-los em *A Viagem*), ainda assim a teoria não pôde ser validada de modo científico. Isso ficou claro ao casal. O médico considerou a experiência como irreal, como produto dos sonhos de Betty. E numa carta formal dirigida ao convênio médico-hospitalar que dava cobertura de assistência ao casal, Simon finalizou, dizendo:

— No final do tratamento, ambos foram considerados como recuperados...

Mas o casal, recuperado, considerou a experiência:

— Real!

A teoria do sonho estava baseada no fato de Betty, após o incidente, haver tido sonhos estranhos e recorrentes. Ao mesmo tempo em que sua supervisora do serviço, dizia-lhe que os sonhos poderiam ter sido verdadeiros, fazendo disso, sem intenção, uma sugestão incorporada por Betty.

Do ponto de vista teórico, os sonhos poderiam ser considerados tanto como o resultado de um desbloqueio natural da amnésia implantada pelos alienígenas, quanto como apenas sonhos, os quais Betty teria imaginado serem reais, quando de fato não o eram. Assim os teria repassado ao marido, que os absorvera escutando as conversas da esposa, deixando-se influenciar por eles de modo inconsciente, em razão da personalidade marcante da mulher. Em resumo, foi isso que o médico considerou ao finalizar seu trabalho.

Contudo, em estado hipnótico, provocado pelo médico, marido e mulher rejeitaram tal hipótese, dizendo sempre que aquilo não fora um sonho. Nos interrogatórios, Simon foi insistente. Com Betty, durante o transe, houve momentos assim:

— Todas essas coisas que você diz sentir que aconteceram, não teriam acontecido em seus sonhos? Será que tudo isso não poderia ter apenas estado em seus sonhos? – pergunta o médico, procurando validar sua teoria.

— Não! – exclama Betty em resposta, com absoluta certeza no que diz.

— Por que tem tanta certeza disso? – insiste o médico.

— Por causa das discrepâncias– responde Betty e, a pedido do médico, prossegue realçando as diferenças entre sua experiência e os sonhos.

Mais à frente, o médico procura de novo validar sua teoria, dizendo a ela:

— Poderia ser que toda essa parte extra que você se recorda além do sonho, seja uma parte do sonho da qual você não se lembra. Não pode ser isso?

— Não! Não acredito que seja – responde Betty de modo inabalável, e outras boas explicações se seguiram.

Barney, a seu turno, gostava de pensar na hipótese de tudo aquilo ter sido um sonho. E comentou isso com o médico, que por sua vez explorou o tema. Mas, durante a terapia, Simon obteve de Barney o contrário de sua teoria. Ficou sabendo o motivo de ele achar conveniente a hipótese do sonho e sua real opinião sobre o episódio.

O médico, falando com Barney, retoma o tema que havia sido deixado:

— Você estava me perguntando se tudo não poderia ter sido um sonho – afirma o médico a Barney.

— É verdade. Eu venho me fazendo esse tipo de pergunta.

— Qual a sua opinião? – indaga o médico.

— Para falar a verdade, tentando agora não esconder o meu medo de ser ridicularizado, eu diria que foi algo que aconteceu. Mas eu... eu... eu me pus uma camada protetora em mim mesmo, pois não quero ser ridicularizado — respondeu Barney, justificando o motivo de ele achar confortável a Teoria do Sonho.

E em outra ocasião, Barney voltou a confirmar ao médico que a experiência dentro da nave realmente acontecera.

O médico perguntou a ele:

— Isso é parte de um sonho?

— Sei que não foi um sonho — responde Barney hipnotizado, convicto da realidade dos fatos vividos por ele dentro da nave alienígena.

Na verdade, os relatos de Barney sobre o que acontecera com ele dentro da nave, durante os exames corporais, nada tinham a ver com os sonhos de Betty. A teoria do sonho não se encaixava ali.

Os exames foram diferentes, Betty nada sabia dos de Barney. Não havia como Barney assimilar de Betty algo que ela nada sabia. Somente ele participara dos exames. Embora fossem exames similares, eram bem diferentes, cada qual com sua peculiaridade, realizados em salas separadas. O dele teve característica masculina (recolhimento de sêmen) e o dela, feminina (gravidez, exame pelo umbigo etc.).

Em razão das discrepâncias e das peculiaridades, a teoria do sonho, elaborada pelo médico, não pode ser aceita pelo casal após o tratamento.

Caro leitor, no próximo capítulo vamos ver melhor como a teoria do sonho desmoronou para os Hill e falaremos ainda sobre outros acontecimentos paralelos, que confirmam a existência de entidades de outras dimensões interferindo na vida do casal.

23

E TUDO VOLTOU NOVAMENTE

Após o incidente em Indian Head, coisas estranhas aconteceram ao casal, as quais o Dr. Berthold Eric Schwarz teve oportunidade de investigar os aspectos psiquiátricos e paranormais de cunho ufológico e divulgou ocorrências que tinham quase ficado esquecidas sobre o Caso Hill.

Fala que Barney trabalhava à noite nos correios e dormia durante o dia. Cerca de três meses após o rapto do casal, numa certa tarde Betty chegou a casa e encontrou uma bacia cheia de água congelada. No gelo havia um desenho estranho, enigmático. Não entendendo o porquê daquilo, ela acordou Barney para saber algo mais. Mas Barney também ficou intrigado, pois ele nada sabia daquele gelo e muito menos como aquilo tinha aparecido dentro de casa. A única coisa que fizeram, foi colocar o gelo na água e ficar vigiando para ver se derretia. Nada mais pôde ser feito.

Mas os fatos intrigantes não pararam aí. O jovem Barney Hill Junior, filho de Barney em seu primeiro casamento, cumpria o serviço militar na zona do canal do Panamá. Algumas vezes, enquanto dava serviço de guarda no período noturno, entre duas e quatro da manhã, apresentava-se a ele uma figura estranha. Era um homem alto, trajando calça, camisa e jaqueta branca. Parecia militar da marinha. O sujeito, com um sotaque estranho, dizia chamar-se mister Geist (fantasma em alemão) e queria saber das experiências de seu pai com os alienígenas. A Polícia Especial (PE) não tardou a interrogar Barney Junior, que contou a ela os episódios envolvendo o estranho sujeito.

Embora o estranho homem estivesse trajado de branco, nessa época a atuação do serviço secreto era intensa. E os então chamados "homens de preto" foram associados ao caso pelos investigadores da PE.

O mistério desses homens enigmáticos persistiu. Certa ocasião, Betty escutou alguém chamar à porta. Ela atendeu. Era um homem. O sujeito trajava uniforme verde e se apresentou como sendo da companhia de gás. Queria fazer a leitura do medidor. Uma semana depois, outro homem apareceu, usando o mesmo uniforme verde e disse que vinha fazer a leitura do gás. Na terceira semana aconteceu a mesma coisa. Mas quando Betty recebeu a conta do gás, estava escrito na fatura que "o preço era estimado". Ao contatar a companhia fornecedora, a moça lhe informou que no dia da leitura não havia ninguém em casa. E que por isso o preço cobrado era apenas estimado. Betty então disse a ela dos três homens vestidos de verde, mas a moça lhe informou que o pessoal do gás tinha uniforme azul. E que as três pessoas que ela havia atendido em casa não eram da companhia de gás. A suspeita de que pessoas do governo (homens de preto) estavam espionando, aumentou ainda mais.

Certa ocasião, após um substancial avistamento de ufos numa noite se vigília, Betty começou a sentir-se como se estivesse "carregada de energia". Alguns dias depois, ela teve de fazer uma viagem para participar de um programa. Quando passou pela porta de segurança do aeroporto, o medidor soou o alarme, indicando irregularidade. Ao ser ela inspecionada com o aparelho manual, o pessoal da segurança constatou que o sinalizador soava tanto em sua cabeça quanto em qualquer outra parte de seu corpo. Betty foi revistada e nada foi encontrado que justificasse o barulho do aparelho. Contudo, ela se sentia carregada de energia.

Em uma entrevista dada à revista *Argosy*, em março de 1978, o jornalista perguntou a Betty:

— Se em 1965 o jornal *Boston Herald* não tivesse publicado sua história de sequestro, você teria decidido publicar um livro sobre o incidente?

— Eu acho que não. Penso que a história teria ficado comigo, com Barney e o doutor Simon. Mas a história do *Herald* saiu fora do nosso controle. E não foi feita com a nossa permissão – respondeu Betty.

O jornalista prosseguiu questionando e Betty respondeu a todas as questões elucidando ainda mais o caso. Quis saber ele:

— Quanto tempo depois do sequestro vocês voltaram à estrada, na procura dos ufos ou de outra prova daquela experiência?

— Desde o início começamos a voltar àquela mesma estrada, tentando encontrar alguma explicação para o que tinha acontecido conosco – disse Betty.

— Você de alguma maneira se sente privilegiada por ter visto depois os ufos diversas vezes?

— De maneira nenhuma – respondeu Betty. — Tem muita gente em todo o estado que também teve avistamentos. Eu só me dedico mais à coisa e sei o que devo procurar. Penso que a paciência é a chave da questão. Eu vou a muitos lugares e geralmente faço três vigílias por semana, gastando algumas horas numa tirada dessas.

— Como se explica que não haja mais relatos oficiais de ufos, de pilotos, por exemplo? – insistiu o repórter.

— Se você se decide a contar que viu um ufo, sem dúvida você ficará cansado só de pensar que terá de passar por uma batelada de perguntas, de entrevistas e terá de preencher ao mesmo tempo uma montanha de papéis. Além disso, você se tornará um caso à parte, alguém que pode ser considerado ridículo. E quem é que quer isso? – finalizou Betty.

— Você acha que o governo sabe mais do que deixa transparecer? – perguntou o repórter.

— Eu suponho que o governo sabe muito. Ninguém pode me convencer do contrário.

— Quando Barney estava observando o ufo nos ermos de Indian Head, por que ele sentiu que ia ser capturado?

— O Barney simplesmente recebeu a mensagem. Eu digo 'recebeu a mensagem' querendo dizer que eles se comunicaram com ele de algum modo. Disseram-lhe para ficar ali, olhando. Quando a nave começou a descer, ele tirou o binóculo dos olhos e correu de volta para o carro – explicou Betty.

Quanto ao modo estranho de comunicação dos alienígenas, na primeira entrevista dada a Hans Holzer, este registrou em *Os Ufonautas* o que Betty sentenciou, dizendo:

— Ouvi vozes. E entendi o que disseram em inglês. Eu, decididamente, ouvi vozes; e já que entendo apenas um idioma, se os entendi, era porque falavam em inglês.

Enquanto Betty estava dentro da nave, ela ouvia vozes, nitidamente. E explicou isso a Holzer, em detalhes:

— Os lábios deles se moviam, não eram grotescos, porém eram muito diferentes dos nossos, a ponto de infundirem medo; eram pessoas baixas, com um metro e pouco de altura, sendo diferentes na proporção entre o tórax e o resto do corpo; isto é, o tórax era maior, e os braços mais compridos. Seus rostos eram planos e com olhos muito grandes, quase sem nariz, tinham apenas uma fenda no lugar da boca; e quando Barney estava deitado na mesa, ele pode ver uma membrana atrás dos lábios, que trepidava quando eles se comunicavam. Quando falavam entre si, ouvia-se um som parecido com zumbido de insetos. Talvez isso fosse uma linguagem para eles, mas eu não conseguia ouvir sons de palavras distintas, parecia mais um murmúrio, um zumbido, um resmungo – considerou Betty.

Relatando detalhes do interior do aparelho, Betty informou:

— Não havia pontos de luz, a iluminação era indireta, vinha através das paredes, e tinha uma tonalidade azulada.

Betty afirmou também:

— Não havia a menor dúvida de que se tratava de um aparelho físico e que era frio, também. Estava mais frio dentro do aparelho do que fora dele – completou.

O pesquisador Holzer quis saber se os alienígenas tentaram fazer Betty se esquecer do que se passara a bordo da nave; e se para isso usaram de hipnose, assim como o fizera Simon. Então Betty respondeu, afirmando:

— Sim, de fato, o que eles faziam era muito parecido com a hipnose do doutor Simon.

E Holzer prosseguiu perguntando:

— Betty, você tem certeza de que eles eram de carne e osso? Chegou a tocá-los? – perguntou de modo objetivo.

— Ah, sim, toquei-os! Eles davam a impressão de gente normal; apenas tudo parecia um tanto quanto frio, a meu ver. Quando saí da nave, estava mais quente fora – disse Betty.

Nesse diálogo, aparece de novo a perfeição da forma materializada e a temperatura fria para obter a teleplastia.

De modo apenas semelhante, recordamos que certos médiuns especiais obtêm com muita qualidade a materialização das formas, apresentando-as perfeitamente nítidas, sólidas e tangíveis, como já observamos nas experiências realizadas por Wallace e Crookes no capítulo *Ectoplasmia*. E o fato de o ambiente apresentar temperatura ligeiramente fria também se verifica nas sessões de materialização de Espíritos.

Com efeito, o físico Dr. Carlos de Brito Imbassahy, em seu livro *As Aparições e os Fantasmas*,[1] relata que nos trabalhos de seu grupo, um médium vidente observou:

— Uma aparelhagem sofisticadíssima que estaria sendo montada por uma série de Entidades que pareciam técnicos e engenheiros, não só pela faina, mas pela apresentação e pelo vestuário – registou ele.

---

1 IMBASSAHY, Carlos B.*As Aparições e os Fantasmas*. São Paulo, Mnêmio Túlio, 1995.

E quanto à queda de temperatura, prossegue dizendo:

— Com o decorrer do tempo, começamos a notar que o ambiente se esfriava, mesmo sem a verificação de fenômeno e, já no fim, voltava à temperatura ambiental. Depois tivemos a certeza de que esta seria sempre uma característica preponderante para a realização dos fenômenos – detalhou.

E ainda prossegue explicando:

— Quando todos se relaxavam desde o início, essa temperatura caía tão efetivamente que chegava a provocar reações de frio, a ponto de exigir coberta, mesmo em dias quentes – relata nos possibilitando um paralelo com a possível teleplastia verificada no Caso Hill.

Compreende-se que a queda da temperatura é uma condição provocada pelas inteligências extrafísicas, com o fim de se obter satisfatoriamente os efeitos físicos desejados. Tal como os Espíritos, assim também ocorre com os ETs de antimatéria, por assim denominá-los, segundo o mentor espiritual.

Voltando ao jornalista da *Argosy*, ele indagou a Betty:

— Qual sua opinião sobre a série de sonhos que você teve depois do encontro alienígena?

— Acho que foi uma forma natural de começar a lembrar do que o líder havia me instruído para esquecer – disse Betty. — Foi algo semelhante ao que aconteceu quando o doutor Simon nos fazia esquecer em cada sessão realizada, como dispositivo de segurança, para que não houvesse confabulação entre nós. O doutor Simon considerou que por volta de 10 dias (após a regressão) começaríamos a lembrar de tudo naturalmente. Então ele insistia que o visitássemos a cada sete dias. E se não houvesse tempo para uma sessão completa, ao menos um reforço da hipnose deveria ser feito. Uma coisa curiosa é que nos meus sonhos eu usava objetos do dia a dia para descrever os acontecimentos; por exemplo, nos meus sonhos eu me via subindo uma escada, mas durante a hipnose recordei-me de estar subindo uma rampa para entrar na nave.

Na revista britânica *Magonia*, janeiro de 1990, o crítico de fenômenos ufológicos, Martin Kottmeyer, fazendeiro de

Carlyle, no Illinois, Estados Unidos, criticou severamente o jornalista Bequette por ter publicado que o piloto Kenneth Arnold, a 24 de junho de 1947, vira discos voadores, quando na verdade estava dizendo apenas que os objetos se moviam como discos ou pires deslizando na superfície da água.

Segundo Kottmeyer, o público se deixa influenciar facilmente com aquilo que lhe chama a atenção. A pessoa é sugestionada pela notícia nos meios de comunicação e incorpora em si os valores culturais, segundo sua disposição íntima. Para ele, a maior parte dos casos de ufos não passa de um processo cultural assimilado pela pessoa. Com essa teoria, ele tem produzido e divulgado vários trabalhos. Em razão disso, passou a lançar dúvida em todos os casos de ufos.

Foi assim que Barney e Betty Hill entraram no rol de seus estudos. Para Kottmeyer, o casal apenas dissera ao médico o fruto de suas "visões", cenas que tinham assistido em filmes de cinema e televisão. Para ele, os relatos em estado de hipnose eram apenas "lembranças" subsequentes.

Kottmeyer considerou que um admirador de filmes de ficção leva vantagem quando se trata de reconhecer a fonte de certos detalhes embutidos em casos relatados de ufos. Segundo suas palavras, ele se diz um admirador confesso desses filmes. Em razão disso, foi procurar nos filmes do passado algo que tivesse alguma semelhança com o caso dos Hill; algo que o casal pudesse ter assistido e relatado inconscientemente ao médico, durante a regressão hipnótica.

Após exaustiva pesquisa, deparou-se com o filme longa metragem de cinema, *Invaders from Mars* (Invasores de Marte), exibido em 1953. Nesse filme, ele encontrou algo em que poderia fundamentar sua teoria. Na fita, havia uma cena parecida com a que Betty relatara ao médico, dizendo que os seus captores "pareciam mongoloides". Os alienígenas do filme tinham altura de uma criança e fisionomia grotesca, assim como hoje são vistos nos filmes de ficção científica. Mas para Kottmeyer, Betty deveria ter assistido ao filme e gravado tudo na mente, para depois reproduzir nas sessões de hipnose, ao doutor Simon.

Por certo, Kottmeyer não considerou a competência do médico, como também não se deteve ao fato de que Betty Hill era uma profissional dedicada, uma Assistente Social do Estado, acostumada a lidar o dia inteiro com crianças carentes de cuidados especiais, para as quais procurava o tempo todo pais adotivos. Se havia alguma forte razão anterior para ela dizer que os raptores tinham estatura pequena e fisionomia mongoloide, certamente um filme seria fator de menor importância.

Mas Kottmeyer também encontrou na película algo sobre um "mapa cósmico". E associou isso àquele que Betty desenhara durante o tratamento. Contudo, não considerou o fato de as pessoas frequentarem o planetário. E o próprio casal Hill estivera num planetário muitas vezes, tanto como espectadores quanto como para falar com Walter Webb, professor de Astronomia e diretor do planetário de Hayden, que estava encarregado pela NICAP de relatar o incidente em Indian Head. Também neste caso, o filme de Kottmeyer seria fator de menor importância.

Mas sua procura não parou aí. Ele foi atrás de outros filmes. Encontrou *Mundos que se chocam*, de 1945. E com ele tentou justificar a questão da amnésia em casos de abdução. Assim prosseguiu, enumerando uma quantidade enorme de filmes. Até que conseguiu achar um que para ele fundamentava melhor sua teoria de filmes.

Fixou-se em *The Outer Limits* (Os Limites Externos), uma série de televisão muito assistida pelo público norte-americano. Nessa série, apontou o episódio *The Bellero Shield* (O Escudo Bellero), para justificar os "estranhos olhos" que Barney vira quando parou o carro na estrada, além da semelhança dos alienígenas que quase não tinham orelhas e nariz. Mas depois descobriu que o filme havia passado em 1964, três anos após a abdução do casal, fato que seria absurdo sustentar. Todavia, ainda insistiu alegando que o filme passara na televisão 12 dias antes de Barney ser hipnotizado. Para ele, o *Bellero* justificava os relatos ao Dr. Simon. Contudo, a verdade é que a nave e os olhos da criatura que Barney vira com o binóculo, não datavam de 12 dias antes, em 1964, mas de 19 de setembro de 1961. Ele tinha essa recordação desde o começo. E na tarde do dia seguinte ao da captura, quando acordou após descansar, lembrou-se das ocorrências antes dos *bips*, procurou afastar da mente a sensação de uma estranha presença e a recordação das criaturas na nave. Também neste caso, o filme de Kottmeyer não teria valor algum.

Quem examina o trabalho cuidadoso e investigativo do médico nos relatos feitos por John Fuller, em *A Viagem*, e as declarações posteriores do casal, dificilmente pode considerar a hipótese de Kottmeyer como algo além de uma bem elaborada especulação cultural cinematográfica. Além do que, os filmes de cinema e televisão não provocam fenômenos físicos, como aqueles verificados inúmeras vezes com os Hill. Havia as manchas por sobre o porta-malas do carro (onde os *bips* tinham soado), o movimento da bússola (quando colocada nas manchas do capô), a parada dos relógios após o incidente, o aparecimento dos brincos de Betty e ainda outros fenômenos físicos. É preciso notar que os fatos são os fatos, ocorreram durante o incidente e eles continuaram depois, durante a vida do casal, independente de qualquer filme.

O incidente em Indian Head fora algo tão fora do comum que Kottmeyer preferiu transferir ao casal suas ideias sobre o poder cultural dos filmes, do que acreditar naquilo que dissera os Hill. Para ele, seria impossível conceber como verdadeiro algo tão extraordinário.

Barney, nos poucos anos em que ainda viveu, e Betty Hill, durante sua longa vida,[2] ambos tiveram de lidar com situações assim. Suportaram descrenças e acusações que lhes afetavam o estado emocional e a saúde como um todo. Esse foi o preço que pagaram de dar ao público uma experiência tão incomum.

---

[2] Enquanto eu escrevia estas páginas, ocorreu a desencarnação de Betty Hill, a 17 de outubro de 2004, aos 85 anos. O capítulo *Realidades Fantásticas, mas Diferentes*, traz algumas informações do acontecimento. Registro aqui as minhas homenagens.

O médico, a seu turno, aceitou a hipótese de os Hill terem passado por uma experiência com um fenômeno aéreo fora do comum. Aceitou que ambos tiveram uma visão insólita, que provocou neles uma intensa experiência emocional. Mas achava que o sequestro era improvável.

Em razão disso, envidou todos os esforços à procura da verdade. Estudou o caso a fundo. Debruçou-se nas regressões hipnóticas e nas hipnoanálises, as quais apontavam apenas para o evento de abdução. Aos poucos foi eliminando uma teoria após outra. Até que se deparou finalmente com duas alternativas:

— A primeira delas seria considerar a experiência dos Hill como totalmente verdadeira. A segunda, seria ter tudo como apenas um sonho de Betty; em que ela acreditou no sonho, incorporou as percepções ilusórias e transferiu tudo ao marido, cuja personalidade estivera profundamente afetada pela visão do ufo na estrada e aceitara tal indução inconscientemente.

Se o médico, o casal e a sociedade optassem pela primeira hipótese, considerando os fatos como verdadeiros, isso exigiria uma total reavaliação dos conceitos religiosos, filosóficos, literários, políticos, econômicos e científicos. Todas as pessoas e todos os países do globo teriam de modificar-se. O modo de pensar e as relações internacionais teriam de ser modificadas. O mundo civilizado teria de sofrer uma reviravolta completa.

Caro leitor, aqui seria o caso de uma reflexão:

— O casal estaria preparado para tanta mudança? E o médico, estaria? E o mundo hoje, já está?

A resposta parece apenas lógica: somente uma casuística ufológica em massa ou um contato oficial testemunhado amplamente causariam tanta alteração nas pessoas e no mundo.

Em razão de o homem não estar ainda preparado, os seres inteligentes de outros mundos somente poderiam sugerir a sua própria existência, veladamente, sem contato oficial algum, apenas dando enigmas para reflexão, assim como o do Caso Hill.

Essa seria a maneira inteligente de lidar com seres em estágio de desenvolvimento menor, como é o caso da humanidade frente a qualquer civilização que possa vir à Terra com sua ciência e tecnologia para nos contatar.

De modo ponderado, o médico dos Hill se definiu pela segunda hipótese – a Teoria do Sonho. E falou isso de modo claro ao casal. Mas concluiu dizendo que para o relato deles não existia uma resposta médica final.

No fundo mesmo, ele sabia que se tudo tivesse sido um sonho, não haveria como explicar de modo convincente os exames diferentes um do outro e a interrupção de duas horas na viagem. Eles somente dormiram após a chegada em casa. E o médico concordaria depois com o título e subtítulo do livro: *A Viagem Interrompida: duas longas horas a bordo de um disco voador.*

O jornalista da *Argosy* prosseguiu perguntando a Betty:

— Qual é a sua opinião sobre o mapa estelar que você descreveu sob hipnose e depois desenhou?

— Acho que tanto quanto possam imaginar as duas estrelas grandes, conectadas por linhas grossas e múltiplas no meu mapa, eram Zeta Reticulum I e II. Mas essas estrelas não podem ser vistas das White Mountains do estado de New Hampshire. Na verdade, para vê-las, é preciso estar ao sul da Cidade do México. Sendo assim, obviamente ele não foi feito por mim olhando o céu e desenhando o mapa! – disse Betty ao jornalista.

Um dos vários aspectos que deram credibilidade aos relatos de abdução de Betty foi o fato de ela ter desenhado um mapa estelar. As aparições de ufos nos Estados Unidos eram constantes. Todos procuravam saber de onde as luzes avistadas poderiam vir. Com o mapa desenhado por Betty, os investigadores acreditavam que poderiam chegar à conclusão do local de onde as criaturas vinham. E assim o mistério poderia começar a ser desfeito.

Coube a uma professora americana de ensino fundamental, estudiosa de Astronomia, chamada Marjorie Fish, construir um modelo para resolver o enigma. Fundamentada no *Catálogo de Estrelas Próximas*, editado em 1969, que trazia as mais recentes descobertas da Astronomia, Marjorie colocou num espaço tridimensional todas as estrelas até à distância de um raio de 33 anos-luz do Sol. Observando o mapa desenhado por Betty, ela conseguiu identificar a maior parte das estrelas, as quais estavam próximas ao distrito espacial do Sistema Zeta Reticulum.

Isso causou uma verdadeira polêmica. A razão de tanto comentário era simples: alguns astrônomos de grande reputação examinaram o trabalho de Marjorie e deram seu aval a ele, confirmando a exatidão. E o mais intrigante foi que várias estrelas desenhadas por Betty não eram conhecidas da Astronomia até a publicação do catálogo, em 1969. No ano de 1964, quando Betty desenhara o mapa, era impossível para ela saber da existência dessas estrelas e a localização delas no céu. Com o arranjo espacial de Marjorie, muitos especialistas ficaram convencidos de que os alienígenas eram oriundos de algum local próximo ao Reticulum.

Falando sobre a partida da nave, após ela e o marido terem sido devolvidos em terra, Betty disse ao jornalista da *Argosy*:

— Quando a nave decolou, ela estava rodeada por um halo de luz; isto é, nós podíamos ver a silhueta da nave, dentro da luz. Era como uma forma em redoma, de cor vermelho alaranjado. E assim que a nave decolou, a luz desapareceu, apagou!

O jornalista da *Argosy* prosseguiu perguntando a Betty:

— Essa experiência com o ufo e a tripulação dele, mudou de alguma maneira a sua vida?

— Exceto a publicidade estouvada da revista *Look* e tudo o mais do gênero, desde o início e até dois anos atrás quando me aposentei, eu diria que mudou pouco. Eu continuei com o meu trabalho de Assistente Social do Estado e andei muito ocupada com isso. Mas agora, naturalmente, estou mais disponível para a imprensa, para receber relatos de ufos e fazer palestras. Vocês sabem, eu nunca antes recebi um centavo pelas conferências, mas agora estou aposentada. E achei que já era tempo de receber alguma remuneração pelo trabalho ufológico que faço; afinal, para ir aos locais, tem que se gastar um pouco – afirmou Betty.

— Se você tivesse a oportunidade de ver esses alienígenas de novo e também de ter a chance de entrar na nave, você teria medo? O que você faria?

— Eu não faria nada disso. E acho que ninguém com um pouco de juízo o faria também. Absolutamente, não! – sem dúvida, os próprios acontecimentos a fizeram pensar assim.

Em setembro de 1962, um ano após o incidente em Indian Head, antes mesmo de ter iniciado as sessões de hipnoterapia com o doutor Simon, o casal Hill tinha contado informalmente sua história a um grupo de estudantes em Quincy, estado de Massachusetts. Uma fita havia sido gravada por uma pessoa do grupo, sem que o casal tivesse conhecimento disso.

Aproveitando-se dessa gravação sem autorização do casal, no outono de 1965 um jornalista do *Boston Herald* publicou uma série de artigos contando o acontecimento.

A publicidade do caso caiu sobre o casal como uma verdadeira bomba. O assunto saiu completamente fora do controle deles, dando-lhes uma imagem pública muito fora da realidade. Era preciso mudar a imagem, mostrando melhor os acontecimentos.

Como decorrência das publicações do jornal, o Templo da Igreja Universalista-Unitária, em Dover, estado de New Hampshire, convidou os Hill para fazer uma conferência e mostrar a todos sua versão da história.

O casal considerou que seria uma boa oportunidade para esclarecer o assunto publicamente, mostrando a verdade dos fatos. O conteúdo das sessões de terapia, realizadas com o Dr. Simon, estaria fora das argumentações.

A 8 de novembro de 1965, noite de domingo em que caía uma forte chuva gelada, centenas de pessoas tiveram de voltar da porta do Templo Universalista, dada a superlotação do auditório. Nesse dia, eles fizeram a conferência.

Antes do evento, o casal fora convidado pelo almirante Herbert Knowles, reserva da Marinha, especialista em fenômeno ufo, para um jantar em sua casa. O objetivo fora descontrair o casal, deixando-o à vontade para a conferência de logo mais.

Antecedendo a apresentação dos Hill, o almirante convidou como orador auxiliar da noite, para abrir a sessão e colocar o público dentro da temática, um Oficial de Informações Públicas, lotado na Base da Força Aérea de Pease, a mesma que houvera oficialmente relatado o incidente do casal para o Projeto Blue Book. Ele fez a sua parte de informar o público sobre os ufos, sem desmerecer em nada a experiência do casal.

Em seguida, foi a vez dos Hill.

Da parte do casal, Barney falou primeiro. Ele fez uma apresentação objetiva do que foi o incidente em Indian Head. Por sua exposição, o público ficou sabendo dos acontecimentos não contados pelo jornal de Boston. Barney concluiu sua exposição dizendo:

— A experiência me trouxe um conhecimento muito mais amplo do Universo. Após o incidente, eu e Betty visitamos diversas vezes o planetário de Hayden e assistimos às conferências. Não há dúvida de que quanto mais aprendemos, mais fascinante o Universo se torna para nós. Compramos livros sobre estrelas e planetas. A nossa visão se estendeu como nunca antes. Tornei-me muito mais aberto para a possibilidade de vida em outros mundos, em sistemas solares onde possam ter outros planetas. Baseado na nossa própria experiência, eu tentei explicar a provável existência de uma nave extraterrestre. Cheguei à conclusão de que esta teoria é tão válida quanto qualquer outra. Numa certa época, cheguei a pensar seriamente que aquela nave poderia ser um objeto voador de reconhecimento de alguma nação estrangeira muito avançada. Mas não fui muito longe nessa minha teoria. Porque não posso acreditar que outros seres humanos como nós, ficassem tão interessados por mim e por Betty a ponto de fazerem o tipo de exame físico que nos fizeram, se eles fossem humanos como nós. Afinal, poderiam ter usado sua própria gente para fazer isso. Eu e Betty não gostamos nem um pouco de sermos considerados pessoas extraordinárias, mas se essa for a opinião de alguns, também não podemos nos preocupar em demasia com isso. Se fôssemos pessoas muito extrovertidas, a nossa vida teria mudado muito, mais do que mudou. Eu poderia estar tentando convencer as pessoas dizendo: '*Olhem, acreditem-me, isto aconteceu*'. Mas eu não estou interessado em convencer ninguém contra seu próprio juízo. Desde que esteja falando para alguém interessado em ouvir, fico feliz com isso e não peço a ninguém para concordar comigo. Sei perfeitamente que enquanto não aparecer mais provas deste caso, ele permanecerá polêmico e eu tenho de aceitar isso. Eu estou convencido agora, contrariando as minhas próprias crenças anteriores, de que tivemos uma experiência muito difícil de ser acreditada. A única coisa que posso lhes dizer é que tenho uma forte impressão de que passei por essa experiência; vocês formem a sua própria opinião. Se quiserem acreditar, acreditem. Se não quiserem, não acreditem. Isso também é válido. Mas peço que respeitem o fato, porque eu pensei muito nisso, em razão da minha própria resistência à ideia. E cheguei à conclusão de que há uma possibilidade considerável de tudo isso ter acontecido. Eu gostaria muito mais de ter a certeza absoluta de que nada disso aconteceu. Mas não posso aceitar essa ideia, embora desejasse. Apenas digo que não pode ser excluída a possibilidade de isso ter acontecido, assim como eu fiz quando ouvi a minha própria voz na gravação. O período de lucidez, antes de vir o tempo morto da amnésia, é de perfeita realidade para mim e para Betty. Mas antes da amnésia nos atingir, tive a certeza de ter visto pessoas de alguma espécie a bordo da nave. Naquela ocasião, Betty não as vira. Eu senti aquela estranha forma de comunicação na oportunidade, mas Betty não. Por isso, fica difícil para eu aceitar a explicação da transferência dos sonhos de Betty, embora o problema maior seja de que com qualquer explicação a história é difícil de ser aceita. Quando eu ouvia Betty narrar seus sonhos para Walter Webb ou às suas amigas, eu não gostava de vê-la fazer isso, pois para mim eles pareciam absurdo. Mas agora, depois de ter ouvido as gravações, não tenho mais tanta certeza disso. Quando ouvi a minha própria voz contando os acontecimentos, a mim pareceu não ter diferença alguma entre o que eu dissera e aquilo que na verdade poderia ter acontecido. Certo ou errado, agora cada pedaço da história parecia encaixar-se formando um todo completo, sem nenhum bloqueio. Estou convencido agora de que não tenho mais aquele medo inexplicável, aquele estado de tensão que tinha após o incidente em Indian Head, aquele medo jamais experimentado em toda minha vida. Fico feliz, porque a terapia me aliviou dele por completo até agora. E penso que me ajudou nas próprias convicções sobre a história; embora sejam convicções íntimas e qualquer pessoa possa discordar delas. O que posso assegurar a todos, é que não cheguei a tais convicções facilmente, mas somente o fiz depois de um exame rigoroso, que me custou muitíssimo a aceitar.

A seu turno, Betty iniciou a sua oratória dizendo dos acontecimentos. E sintetizou suas impressões ao finalizar:

— Penso que a coisa mais importante para mim foi ter obtido uma visão mais ampla do mundo em que vivemos. E para onde vamos depois daqui? Eu penso que para estender a visão ao futuro, a pessoa tem de conhecer primeiro o passado. Foi isso que fiz. Tornei-me uma pessoa muito interessada em saber as teorias sobre o passado do homem. Até bem pouco tempo, achávamos que o homem era relativamente recente na Terra. Mas estamos descobrindo agora que ele está aqui há muito tempo, talvez milhões de anos a mais do que pensávamos. Mas, eu continuo pensando o que nos levou de repente a iniciar tanto progresso. Nos últimos 40 anos, mais barreiras foram rompidas do que no curso de toda a história. E nos parece realmente que estamos apenas às portas de uma nova ciência. E vamos seguir avante mais depressa ainda, se o homem não se destruir primeiro. Fui criada dentro de um regime que eu acreditava poder chamar de método científico; ou seja, não se acreditava em nada que não pudesse ser dissecado e examinado. Não acredito em histórias de fantasmas. Antes desta minha experiência, minha postura era de rotular uma pessoa que não pensasse assim como eu, ou que parecesse muito avançada, como meio louca. Mas agora fiquei mais tolerante para com essas ideias, mesmo que pessoalmente não possa aceitá-las. Quando o doutor Simon sugeriu pela primeira vez a possibilidade de eu ter transformado os meus sonhos numa falsa realidade, preenchendo com eles o período de amnésia, eu pensei: 'Bem, isso é maravilhoso'. Eu estava totalmente disposta a aceitar essa ideia. Na verdade, eu queria acreditar nela. Afinal, essa experiência toda não é nada fácil de conviver com ela; ou seja, na realidade, é uma pressão enorme sobre a minha pessoa. Assim, depois da sessão na qual a Teoria do Sonho foi apresentada, voltei para casa e disse a mim mesma: 'Isso é maravilhoso'. Era como pensar que sofrera uma experiência ruim, como um acidente de automóvel, por exemplo, mas depois vem alguém e diz: '*Esqueça Betty, foi só um sonho*'. Você sabe, a gente se sente muito aliviada. Assim podemos negar que tudo tenha ocorrido. Eu passei por um estágio desses. E todas as vezes que pensava nisso, eu dizia para mim mesma: '*Foi só um sonho Betty; vamos esquecer tudo*'. Assim eu podia me libertar daquilo. Seria o fim da experiência. E assim, todas às vezes que eu ia para a cama, dizia a mim mesma: '*Foi só um sonho, Betty*'. Creio que fui capaz de fazer isso por umas duas semanas depois do encerramento da terapia. Mas então, de repente, numa certa manhã, acordei com um pensamento: '*Afinal, a quem estou tentando enganar?*', perguntei a mim mesma. Foi um zum na minha cabeça e tudo voltou novamente. Desde então, não tive mais êxito em tentar convencer-me de que tudo foi um sonho.

Depois desta conferência, os Hill perceberam que a melhor maneira que teriam de dar a público sua experiência seria escrevendo um livro. Em razão disso,eles procuraram John G. Fuller, que a essa altura investigava as aparições de ufos na vizinha cidade de Exeter. Fuller aceitou a tarefa. E o mundo inteiro tomou conhecimento da fantástica abdução do casal.

24

REALIDADES FANTÁSTICAS, MAS DIFERENTES

Quando em junho de 1974 o hipnólogo Hans Holzer esteve fazendo uma visita a Betty Hill, levando consigo a sensitiva Ingrid Beckman, Betty lhe contou um caso de ufo deveras intrigante, ocorrido naquela mesma região.

Nessa época, o incidente em Indian Head já era por demais conhecido. Em sua região, Betty tinha se tornado a confidente de amigas e de várias pessoas que haviam tido alguma experiência com os ufos. Foi assim que certo dia ela recebera a visita de Lyndia Morel. E ficara sabendo do caso intrigante pelo qual passara a jovem, cerca de seis meses antes.

Observando a agitação da moça durante o relato, Betty sugeriu a ela uma consulta com o Dr. Simon, para fazer terapia e aliviar a ansiedade. Acontece que Holzer se antecipou a isso. Ao saber da história, contatou de imediato a família Morel, para ter mais informações do caso. Naquele dia ficou acertado com a família que se Lyndia quisesse, no retorno de Holzer a New Hampshire ela poderia fazer uma regressão hipnótica. O tempo passou e a família pensou bem no assunto.

Cinco meses depois, a 19 de novembro de 1974, Holzer voltou à casa de madeira de Mystery Hill para a sessão espírita solicitada por Betty. Enquanto a médium Ethel Johnson fazia um particular com Betty (nessa ocasião se manifestou o espírito de Barney Hill, como já relatamos), Holzer foi à casa de Lyndia Morel, porque dias antes uma regressão hipnótica tinha sido combinada com ela para ser realizada.

Lyndia era uma mulher muito atraente, com cabelos vermelhos e dona de um lindo rosto. Ela estava vivendo o esplendor de seus 22 anos e já era casada com Robert Morel. Embora jovem, já era mãe de um adorável garotinho de quatro anos. Nessa época, a indústria americana estava a pleno vapor. E tanto Bob quanto Lyndia trabalhavam no período noturno, ambos na mesma cidade, em New Boston, estado de New Hampshire, a 15 quilômetros de casa.

Lyndia não tinha o menor interesse em discos voadores. Para ela, isso era coisa que não contava. Como toda jovem, ela assistia à televisão e ia ao cinema. Mas era apenas diversão, nada mais que isso. O caso de Betty Hill, por sua vez, já era bem conhecido na época, mas apenas um caso para ela. Lyndia não era de se impressionar com literatura nenhuma e o assunto ufo não tinha nada a ver com ela. Até que chegou o dia 2 de novembro de 1973. Ela conta:

— Saí do trabalho às 2h45 da madrugada. Era obrigatório marcar o ponto quando saíssemos. Em seguida, fui até o restaurante de Ben Roy, com uma das moças do serviço, para tomar café. O local ficava a 10 minutos de carro. E ficamos nele uns 45 minutos. Nós duas tínhamos carro. De modo que, depois do café, atravessei a rua para colocar um pouco de gasolina e depois segui sozinha para casa. Fui dirigindo. Passei pela ponte Queens City e desci a Mast Road, através de Penardville, uma pequena cidade perto de Manchester. Foi ali que vi pela primeira vez o ufo. De início pensei que fosse um planeta iluminado pelo brilho dos astros. Ele parecia uma estrela, com a diferença de que era cor laranja e muito brilhante. Fiquei olhando aquilo. A estrada estava escura. E eu continuei a fitá-lo. Vi sair dele chamas vermelhas, azuis e verdes. E fiquei imaginando o que seria aquilo. Reparei então que o planeta, por assim dizer, ia ficando cada vez mais brilhante; parecia um refletor, iluminando para baixo. Nesta altura, eu ainda não pensava que aquilo fosse um ufo. Continuei a dirigir o meu Corvair. Mas quando eu dobrava as curvas, o objeto fazia o mesmo movimento, seguindo-me. Ele ficava do lado direito do meu carro, num ponto acima das árvores. Quando cheguei ao cruzamento da estrada 114 com a 114A, que é bem iluminado, a luz apagou. Como não havia nada para causar aquilo, comecei a pensar como era possível. Naquela hora, eu ainda não estava muito preocupada com o fato. Continuei dirigindo. Após passar a Fazenda Municipal, que era uma região bem iluminada, a luz voltou de novo, como se alguém a tivesse acendido. As janelas do carro estavam fechadas, não ouvi ruído algum. Mas agora eu sabia que aquela luz no céu não era a de um planeta, de um avião ou de um helicóptero. Ela parou bem acima da copa das árvores. Tinha forma arredondada, porém eu não podia distinguir bem o que era exceto sua cor laranja. Mas agora eu sabia que estava sendo seguida. Continuei a dirigir e pensei em parar no posto policial da estrada, por onde deveria passar a caminho de casa. Mas como não tinha me acontecido nada, fiquei com receio de acharem que eu estivesse louca. Então resolvi prosseguir. Enquanto atravessei de carro a cidade, o objeto não estava visível. Minha casa fica perto dali. E resolvi seguir em frente. Quando fiz uma curva fechada à esquerda, para parar logo na esquina da estrada 114, onde há um carrinho de pipocas, o ufo estava ali, parado, me esperando. Ele era enorme. E não deixava dúvidas disso. Estava parado bem acima da torre da igreja. Era do tamanho de um automóvel grande. Olhei para ele. E vi alguém dentro, olhando para mim. Senti-me como uma formiga dentro de uma garrafa. As minhas mãos estavam na direção do carro e, numa delas, o cigarro entre os dedos. Num ato reflexo, eu quis fumar, mas percebi que não conseguia mover a mão. Os olhos da criatura pareciam vir até a mim; e me atravessavam com o olhar. O aparelho parecia uma esfera, não um disco; era mais redondo e tinha uma estrutura como favo de mel. Era transparente, num tom alaranjado. Em cima, mais à esquerda, havia uma parte oval que parecia um painel de controle. Embaixo, era branco. Havia ali um vulto escuro, parado e olhando para mim. Então os seus olhos pareceram se aproximar de mim, bem no meu para-brisa, e no meu íntimo alguém dizia: 'Por favor, não tenha medo'. O meu corpo inteiro ficou como que adormecido, ao mesmo tempo em que ouvia um zunido agudo dentro de mim. O que me lembro, a seguir, é que eu estava a 500 metros depois da estrada 114 e que o meu carro estava muito veloz. Não me lembro de ter guiado naquele trecho. Mas eu estava agora perto de um cemitério e ali não havia luz na rua, nem ninguém por perto. E aquele objeto vinha em minha direção. Então senti que ele estava puxando o meu carro como um imã, querendo me atrair para ele. Fiquei apavorada. A luz ficou tão forte que tive de cobrir os olhos e virar a direção do carro. Queria de todo modo encontrar socorro e subi no gramado da casa mais próxima – era a residência do casal Beaudoin, de Goffstown.

Lyndia estava assustadíssima. Assim que ela parou o carro no quintal da casa, o cão pastor da residência avançou para cima dela. No desespero, a moça conseguiu se livrar do cão e chegou à porta da casa. Em estado de pânico, gritou e bateu tanto na porta que os donos logo atenderam. Dias depois, o casal contou a Lyndia que ela batia na porta e gritava:

— Parem esse ruído, não posso aguentar mais!

E Lyndia explicou depois sobre o barulho:

— Aquele ruído estava em minha cabeça. Os Beaudoin sentiram dor de cabeça durante três dias, assim como eu. O ruído era como a realimentação de um amplificador estereofônico, um zunido muito forte. Nesse meio tempo o ufo ficou ali parado no ar, me observando. E eu pude ouvir o ruído que ele fazia, era terrível. Acordei todos na casa. Quando o senhor Beaudoin abriu a porta, ele me pegou no braço e me puxou com força para dentro. Então eu disse: 'Veja! Não estou embriagada e não tomo drogas. Chame a polícia. Tem um ufo lá fora querendo me pegar'.

Apesar da hora, quase 4 da manhã, os Beaudoin chamaram a polícia. O delegado de Jubinville atendeu a ocorrência, prontamente. Lyndia contou a história, mas estava com muito medo de ir lá fora e mostrar o lugar ao delegado. Até que tomou coragem e concordou.

Se o ufo tivesse desaparecido, é bem possível que tudo ficasse por conta de uma ilusão da moça. Mas não foi isso que aconteceu. As quatro pessoas foram ao local.

Para surpresa geral, o ufo ainda continuava lá, parado sobre os pinheiros. Tanto o casal quanto o delegado o viram. O policial apontou o ufo com o seu farolete e perguntou:

— É disso que você está falando?

Nesse instante, a luz do farolete dele apagou.

— É inacreditável! – exclamou o policial.

Mas então a luz voltou a acender novamente.

O pequeno grupo ficou ali, vendo o ufo fazer evoluções. Nesse momento, passou no local Bob Morel, marido de Lyndia, que assim como ela também trabalhava à noite e estava voltando de carro para casa. Vendo a agitação das pessoas e a esposa que ali estava com estranhos, parou imediatamente o carro e foi ver o que era. Antes mesmo de Lyndia contar tudo a ele, Bob observou a movimentação do ufo, que se afastara indo a posicionar-se no local em que Lyndia o vira pela primeira vez.

— Eu vi a luz. E a vi se deslocar para frente e para atrás. Sei que as estrelas não dançam nos céus – disse Bob, para Holzer.

Nesse momento, o policial ligou para a Estação Rastreadora de New Boston, a uns 12 quilômetros dali, onde a Força Aérea monitorava satélites por meio de radar. Soube-se depois que dois outros policiais também viram o ufo sobrevoar o St. Anselm's College. E um patrulheiro em Weare, vira um ufo pairando sobre ele, quase na mesma hora da de Lyndia.

Não obstante essas ocorrências, o delegado de Goffstown, quando teve de dar o seu depoimento oficial, sabendo dos acontecimentos anteriores em Exeter, onde dois patrulheiros tinham sido menosprezados pela área militar por terem dado testemunho oficial da aparição de um ufo, preferiu dizer apenas que havia visto o planeta Júpiter, embora mudasse de cor e fizesse evoluções no céu.

Nos dias seguintes, Lyndia não foi trabalhar. Ela ficara deveras perturbada com tudo que lhe acontecera. Walter Webb, do planetário de Hayden, o mesmo que investigara o incidente em Indian Head, encarregou-se de verificar o caso Lyndia Morel. Depois de exaustiva investigação, a história foi aceita pelos especialistas. Inclusive o pesquisador John Oswald, que passara o dia todo com Lyndia, informou que dois dias antes, certo Rex Snow havia encontrado dois seres humanoides no quintal da casa dele, retratando-os como "*seres de olhos grandes*".

O retrato falado das criaturas foi mostrado a Lyndia, que os considerou parecidos com a criatura que ela vira:

— Tinha o pescoço e os ombros mais inclinados que os nossos; e os seus olhos eram muito redondos e penetrantes; pareciam dizer apenas: 'Por favor, não tenha medo'. Era a voz de um homem. Tive a impressão de que a minha memória estava sendo retirada de mim e a minha mente passando toda para ele – disse ela ao investigador.

Nos dias que seguiram, a exemplo de Betty Hill, coisas estranhas aconteceram a Lyndia. Para sua surpresa, ela relatou:

— Meus olhos sofriam incômodos, como se eu tivesse olhado o clarão de uma máquina fotográfica e continuasse a ver o seu reflexo. Contudo, antes do incidente, eu sentia uma dor no peito. Tinha até marcado uma consulta com o médico. Mas depois do encontro, a dor desapareceu completamente.

Tal como Betty, com Lyndia também houve certos pressentimentos e alguns sonhos aterradores. Ela contou:

— Tenho a impressão de que quando estou só, não estou realmente só. Fico amedrontada somente de pensar nisso. Quando vou dormir, deixo a luz acesa. E às vezes tenho a impressão de que não estou sozinha no quarto, mas que tem alguém junto a mim, embora nada eu veja de anormal.

Embora com medo dos próprios relatos, Lyndia ainda prosseguiu, dizendo:

— Além disso, no dia seguinte, tive um sonho estranho. Lembro-me apenas que estava encostada em uma parede acolchoada. Havia uma mão que saía da parede e eu a repelia. Eu via apenas essa mão. E ela era diferente. Tinha dedos compridos e vinha em minha direção, porém eu continuava a repeli-la e gritava: 'Deixe-me em paz, deixe-me em paz!'

Conforme planejado anteriormente, Hans Holzer hipnotizou Lyndia Morel e lhe fez várias perguntas, mas tudo o que obteve foi somente aquilo que ela já houvera dito em estado normal de vigília, não acrescentando nada de importante ao caso. Mas a regressão hipnótica deu mais serenidade a ela e veio confirmar a veracidade de sua história.

Observou-se assim que a questão dos olhos que se projetavam de encontro ao observador, não fora uma exclusividade de Barney Hill, o mesmo também ocorreria com Lyndia Morel. E no caso dela, não houve sonho algum de outros com o qual ela pudesse ter sido influenciada. A aparição e as evoluções do ufo tinham sido testemunhadas por várias pessoas.

Sobre a hipótese do sonho, formulada pelo Dr. Simon para o Caso Hill, após ter eliminado todas as outras chances o professor de psicologia da Universidade do Wyoming, Dr. Leo Sprinkle, também acostumado a investigar casos de ufo por hipnose, divergiu frontalmente dele. O doutor Simon afirmara antes:

— Betty Hill, em razão de ter visto o ufo, passou por diversos sonhos terríveis, os quais ela contou à sua amiga, na presença de seu marido; o qual, de algum modo, absorveu as informações contidas nos sonhos de Betty e as apresentou de modo quase idêntico durante as regressões hipnóticas.

Diante dessa afirmação, Sprinkle exclamou:

— Que modo complicado esse de deixar de enfrentar as verdades indesejáveis na profissão!

Nessa época, Sprinkle colaborava com a Comissão Condon na investigação do fenômeno ufo. E repassara para a Comissão o caso do sargento Herbert Schimer, ocorrido a 3 de dezembro de 1967, perto de Ashland, no Alasca, o qual, após avistar um ufo, sentira forte sensação de paralisia seguida de fraqueza e enjoo, até mesmo depois de sua volta ao quartel. O caso interessava à Universidade do Colorado, porque o ufo havia deixado evidências físicas. Mas tanto Sprinkle quanto Schimer perceberam atitudes tendenciosas da Comissão Condon, que procurava classificar as testemunhas como desequilibradas. Daí em diante, a Comissão passou a ficar desacreditada e o doutor Sprinkle não mais colaborou com ela.

Quanto ao Dr. Simon, embora ele tivesse ocupado o posto de coronel do Exército durante a Segunda Grande Guerra, não dava demonstrações de estar ligado à área militar, onde o acobertamento dos fatos era evidente. Mesmo tendo firmado posição na sua hipótese de sonho, ainda assim ele sempre foi respeitado pelo casal Hill. Quando Simon comunicou a Barney sua Teoria do Sonho, Barney lhe respondeu:

— Doutor, gostaria de fazer aqui uma comparação. Digamos que na manhã de ontem eu dirigi de minha casa, em Portsmouth, até Boston, no meu trabalho. Se de algum modo alguém me dissesse que isso não aconteceu, eu acharia indiscreto. Mas se isso me fosse dito alguns meses depois, eu diria: 'não tenho muita certeza de ter dirigido até lá naquele dia', mas iria pegar um calendário e verificar. Depois, então, se a pessoa continuasse a contrariar a minha afirmativa, dizendo que eu não dirigi até lá, eu teria de encerrar a conversa, deixando tudo onde estivesse. Eu chegaria a um ponto em que diria a mim mesmo: 'não posso convencer essa pessoa, nem tampouco ela pode me convencer; por isso não há como continuar; é melhor deixar tudo de lado e ficar como está' – foi isso que fez Barney com a Teoria do Sonho de Simon, colocou-a de lado.

Caro leitor, conforme parecer do mentor espiritual, o casal Hill fez contato com seres inteligentes de outras realidades dimensionais, entidades portadoras de corpos menos materiais que o do homem, oriundas de outras regiões do espaço-tempo. Aquelas criaturas vieram de um mundo sutil e na Terra se materializaram para viabilizar os seus intentos.

Por se tratar de seres oriundos de outra realidade existencial, os contatos não poderiam ser feitos à maneira humana, por isso os alienígenas foram considerados exóticos. E de modo algum foram entendidos.

A decifração desse enigma pode ser mais bem obtida por analogia, estudando-se o *modus operandi* dos Espíritos, porque esses alienígenas são constituídos de matéria sutil, postada numa região extrafísica intermediária entre a matéria física e a perispiritual do homem, ainda totalmente desconhecida da ciência terrestre. Espíritos e ETs menos materiais são realidades fantásticas, mas diferentes.

Betty Hill veio a desencarnar muito depois, aos 85 anos. O seu desenlace ocorreu em uma manhã de domingo, 17 de outubro de 2004, enquanto ela dormia em sua casa, em Portsmouth, estado de New Hampshire, Estados Unidos.

Nos últimos 16 anos de sua vida, Betty lutou bravamente contra um câncer, surgido inicialmente no estômago, até finalmente migrar e instalar-se nos pulmões.

— Foi uma mulher muito corajosa, ao contar ao mundo tudo que lhe acontecera – disse sua sobrinha, Kathleen Florence Miller Marden, algumas horas após a morte de Betty.

Betty foi filha mais velha de uma família com cinco irmãos. Viveu a infância e a juventude em Kingston, numa fazenda de criação de galinhas. Assim que saiu da faculdade, casou-se em primeiras núpcias com Robert Stewart, de Kittery, estado do Maine, com quem teve três filhos. Após o divórcio, casou-se com Barney Hill. Barney desencarnou antes, em 1969, assim como uma filha de Betty, Rose Marie Stewart Norton.

Além da sobrinha Florence, Betty deixou também três irmãs, June Barrett Lazos, Janet Barrett Miller e Norma Barrett Sears; uma filha, Constance Jean Stewart Zukowski; um filho, Kenneth James Stewart; sete netos, bisnetos e outros parentes. Sua morte foi noticiada nos obituários dos jornais *The Boston Globe*, na edição do dia 20 de outubro, e no *The New York Times*, na do dia 23.

O incidente em Indian Head, vivido a 19 de setembro de 1961, deu-lhe notoriedade mundial, mas aquelas duas horas marcaram sua vida com algo que jamais pôde esquecer.

Sua história marcou profundamente a cultura americana, transformando-se num livro memorável, *A Jornada Interrompida*, pela pena refinada de John G. Fuller.

Em 1975 sua história foi levada à televisão, no prestigioso filme *O Incidente Ufo*, encenado pelos atores James Earl Jones e Estelle Parsons.

O povo americano queria saber de todos os detalhes do insólito acontecimento. E Betty teve de participar de inúmeras conferências realizadas nos mais variados auditórios do país, incluindo templos religiosos e até depoimentos a cientistas consultores do Governo americano, como, por exemplo, para o doutor J. Allen Hynek.

Esse cientista, após ocupar a tribuna do Congresso Americano, juntamente com o escritor John Fuller, recebeu ofício das Nações Unidas, em que o secretário Dr. U Thant, convidava ambos a participarem de uma sessão no plenário da ONU para mostrarem aos países filiados os casos ufológicos. Dentre os quais, estava o Caso Hill.

Após o evento, Hynek e Fuller entrevistaram Barney e Betty Hill, colocados em transe hipnótico pelo Dr. Benjamin Simon. Então, ambos tiveram oportunidade de saber mais detalhes do estranho caso de abdução do casal.

— Quando um fenômeno possuir capacidade em potencial para uma possível descoberta científica, nós estaríamos negligenciando as nossas responsabilidades se pelo menos não explorássemos cada face do acontecimento. Ridicularizar não é o mais indicado; ao contrário, revela falta de sabedoria. Os encontros de terceiro grau somente podem ser estudados se pessoas bem formadas, como é o caso dos Hill, relatarem esses encontros, caso contrário eles não existem, porque não podem ser estudados – declarou mais tarde o notável cientista.

A partir daí, Betty não parou mais de ser solicitada por apresentadores de programas de rádio e televisão. Contra sua vontade, tornou-se uma figura pública das mais conhecidas nos Estados Unidos e no resto do mundo.

Eunice Elizabeth Barret Hill (Betty) nasceu a 28 de junho de 1919, em Newton, New Hampshire. Formou-se na Universidade da Nova Inglaterra. Durante anos trabalhou como Assistente Social do Estado, com a missão de facilitar a adoção de crianças abandonadas e de orientar os pais adotivos na criação delas.

Rejeitou o materialismo e usou de seus bens pessoais para fazer contribuições de caridade a diversas instituições. Durante sua vida, ela foi ativista constante na Junta de Diretores da Comissão de Direitos Civis dos Estados Unidos, na NAACP, reivindicando do governo os direitos civis a todos os cidadãos excluídos. Foi fundadora da Ação Comunitária do Condado de Rockingham, participando com afinco, durante muitos anos, do Programa de Erradicação da Pobreza em seu estado.

Em 1995, publicou o livro *A Common Sense Approach to UFOs*, no qual deu mais detalhes sobre a sua abdução e os acontecimentos que seguiram depois em sua vida. No decorrer dos anos, acabou considerando aqueles alienígenas como sendo de uma civilização mais avançada, com cerca de 25.000 anos à frente da terrestre. Considerou que eles não são hostis e que atuam na Terra há muito tempo, ajudando a humanidade a solucionar problemas. Foi uma espiritualista por excelência, presenciou fenômenos físicos raros e participou de algumas sessões espíritas.

Betty Hill foi sepultada em Brewitt Funeral Home, 14 Pine St., cidade de Exeter, estado de New Hampshire, Estados Unidos.

Vale lembrar aqui que quase 10 anos após o desencarne de Alfred Russel Wallace, a revista *Light*, numa edição de 1922, trouxe um artigo em que o diretor David Gaw, após receber uma carta assinada pela senhorita Dorothy Monk, ficara deveras sensibilizado e decidira pesquisar por si mesmo a ocorrência intrigante.

O diretor da *Light* visitou a família dela, em Londres, porque a sensibilidade espiritual ficara evidente em sua carta. Inteirou-se dos fatos, entrevistando oito testemunhas. E voltou de lá com as melhores impressões. As pessoas da casa haviam presenciado uma série de fenômenos físicos, nos momentos que antecederam a desencarnação de uma alma querida, conforme registrou Ernesto Bozzano, em seu *Animismo e Espiritismo*.[1]

A senhorita Monk contou a Gaw os acontecimentos:

— No nosso ambiente familiar fomos testemunhas de um fenômeno extraordinário que aconteceu junto ao leito de morte de minha mãe. Ela desencarnou a 2 de janeiro deste ano, 1922. E o fenômeno nos impressionou fortemente a todos. Após longa enfermidade, minha mãe veio a desencarnar do coração. Em seu último dia de vida, ela se mostrava em penosa agitação. Na medida em que a noite avançava, ela repetia os nomes de seu pai, de sua mãe, de suas duas irmãs e de um irmãozinho meu, que desencarnara antes de eu nascer. Ficamos todos ali a presenciá-la, a noite inteira. Éramos oito: meu pai, meu irmão e minhas cinco irmãs. Ao anoitecer, começamos a divisar 'brilhantes luzes azuladas a vagar pelo quarto', as quais com frequência se aproximavam da enferma. A visão durou apenas alguns segundos. E éramos quase

[1] BOZZANO, Ernesto. *Animismo e Espiritismo*. 2ª ed. Rio de Janeiro, FEB, s.d.

sempre duas a vê-las. Eu observei o fato atentamente. E por três vezes em quatro, verifiquei que quando via uma delas junto de minha mãe, ela se agitava e tentava falar alguma coisa; mas não se achava em condições de fazê-lo. Mais tarde, eu e três de minhas irmãs, ao mesmo tempo, percebemos 'uma luminosidade azul-malva', pairando sobre o corpo da doente. Essa luminosidade pouco a pouco foi intensificando até se transformar em 'uma brilhante luz de cor purpúrea'. E tão densa ficou a luz que quase nos impedia de ver o rosto de minha mãe. Essa luminosidade se difundia por todo o leito, como uma névoa purpurina, mostrando-se mais densa entre as pregas do cobertor. Uma ou duas vezes minha mãe moveu os braços e a luminosidade colorida lhe acompanhou o movimento. Tão maravilhoso nos pareceu o espetáculo que chamamos as duas irmãs que estavam fora do quarto para verificarmos se elas também observariam o fenômeno. Com efeito, assim aconteceu. Elas viram passar entre duas cadeiras 'uma coluna cinzenta', com altura de uns 90 centímetros, que depois deslizou para baixo do leito. Eu me achava sentada naquele ponto, porém nada vi. No momento, estava presente também uma antiga amiga de mamãe, a qual disse que nada vira da névoa purpúrea, tendo concluído daí que os nossos olhos estavam muito cansados da longa vigília e que nós precisávamos de repouso. Então lhe chamamos a atenção para as 'luzes brilhantes e circulares' que estavam pairando sobre os travesseiros. Ela declarou que via as luzes, mas ponderou que, provavelmente, eram reflexos do fogo da lareira ou da chama do gás. Pusemos então um anteparo contra as duas fontes de luz e os círculos brilhantes, mas ainda assim eles permaneceram. Ela então percorreu o quarto, virando contra as paredes todos os quadros e fotografias emolduradas, além de cobrir o espelho. Não houve qualquer alteração – 'as luzes continuaram a brilhar'. Ela colocou finalmente as mãos sobre os círculos luminosos, sem conseguir obscurecê-los em nada. Feita esta última prova, sentou-se e ficou quieta, nada mais pronunciou. Depois, quando já noite, as minhas duas irmãs que antes tinham visto 'a coluna cinzenta', simultaneamente se voltaram para aquele lado e exclamaram que a viam de novo. Ainda desta vez eu nada vi dessa forma cinzenta. Porém elas, sem dúvida, tinham visto, pois suas descrições combinavam em todos os pontos. A irmã que primeiro a observara, agora, segundo ela, via 'uma grande luz azul de forma globular', pousada sobre a cabeça de mamãe, mas nenhuma outra pessoa presente via a tal formação. Acrescentou ela que no interior da luz notava uma vibração intensa; depois anunciou que a luz se tornara vivamente purpúrea; finalmente, informou que se dissipara. Pelas 7 da noite, a enferma, em estado de coma, abriu a boca e, nesse momento, nós observamos 'uma nuvenzinha branca' formar-se sobre a sua cabeça e depois alongar-se pelo leito. Saía da cabeça, porém se condensava mais fortemente do lado oposto da cama, nos pés. Permanecia suspensa no ar, como uma densa nuvem de fumaça branca, parecendo às vezes tão opaca que impedia a nossa visão da cabeceira da cama. Entretanto, sua densidade variava constantemente, chegando a ponto de não vermos nada da nuvenzinha. Junto comigo estavam as minhas cinco irmãs e nós todas contemplávamos o extraordinário fenômeno. Chegaram afinal meu irmão e meu cunhado, os quais, a seu turno, também observaram o que nós estávamos vendo – 'uma luminosidade azulada resplendia no ambiente; e dela, de quanto em vez, se desprendiam outras vivas centelhas de luz azul'. Observamos que a boca de minha mãe aos poucos se abria, lentamente. Por algumas horas não houve alterações notáveis nos fenômenos que presenciávamos, exceto a formação de raios luminosos, conformando 'uma aura amarela em torno de sua cabeça'. Contamos sete desses raios, cujo comprimento variava de 30 a 50 centímetros. Por volta da meia-noite, tudo se dissipou, conquanto a mamãe somente tenha desencarnado pouco depois das 7 da manhã. Às 6h15 da manhã, uma de minhas irmãs, a que repousava no outro quarto, ouviu uma voz que lhe sussurrou: 'Mais uma hora de vida! Só mais uma hora!' Ela se levantou impressionada e foi assistir aos últimos momentos de mamãe. E de fato, o último suspiro foi dado uma hora e dois minutos depois que minha irmã ouvira a voz premonitória. Rezamos. E com lágrimas nos olhos agradecemos a Deus por nos ter permitido observar a partida de uma alma que nos foi tão querida.

Caro leitor, esse é o final de toda criatura viva na Terra. Após a morte, todas retornam ao mundo espiritual que circunda a esfera terrestre. Para ali continuar vivendo e aguardando nova oportunidade de voltar à forma corpórea, seja na Terra ou em qualquer outra esfera do infinito.

Durante o processo de desencarnação, no qual a alma ainda está vinculada ao corpo por laços vitais tênues, Espíritos especialistas ajudam a desfazer as ligações fluídicas, favorecendo a operação do desenlace.

De modo semelhante ao nascimento na Terra, em que uma equipe de enfermagem ampara a criança ao nascer, enquanto os parentes ansiosos aguardam na sala de espera, no mundo espiritual algo parecido também acontece com a alma que ali chega de retorno. Os Espíritos amigos a aguardam na chegada. E não raro, fazem-no ao redor do próprio leito, para, em seguida, conforme o caso, levar o recém-liberto a seu local de destino no mundo espiritual.

As chamadas *"visões coletivas"* verificadas no caso da senhora Monk, são de natureza ectoplásmica; ou seja, os Espíritos que se apresentavam ali, davam demonstrações de estar amparando a alma na desencarnação; eles eram as *"luzes azuladas"*, vagando pelo quarto e aproximando-se de quando em vez da enferma. As *"visões eletivas"*, ora de uma pessoa ora de outra, eram próprias de cada sensitivo, cada qual com sua faculdade de vidência. O corpo espiritual da mulher soltava-se aos poucos e o seu fluido vital correspondente ao corpo físico esvaía-se; ambos produziam emanações variadas – ora *"um globo de luz"* luminoso, ora *"uma coluna cinzenta"*, além de outras *"formações luzentes"* em constante mutação.

Esse é o processo de transposição da alma para o mundo dos Espíritos. Embora geralmente não haja produção de fenômenos físicos, os acontecimentos obedecem a certo padrão. O espírito de Betty Hill se desvencilhou das ligações da carne e aportou ao mundo dos Espíritos amparado por parentes e amigos, independente dos contatos que fez com seres de outras realidades existenciais. Foi aguardar nas colônias espirituais uma nova oportunidade de voltar à matéria corporal e continuar evoluindo, pois progredir é a grande lei, como nos ensina a espiritualidade.

A evolução não cessa nunca. Em todos os mundos ela está presente. Alfred Russel Wallace estava certo em considerar que "*seres espirituais devem ter ajudado o homem na sua constituição corporal e na sua evolução*".

No que respeita ao processo evolutivo da vida, seja ela simples ou evolucionada como a do homem, tal evolução pode ocorrer tanto na Terra como em outros orbes do Universo. O Espírito é um foco inteligente que se manifesta em toda parte. Para isso, plasma em si mesmo, com o pensamento, um corpo espiritual que lhe dá forma de expressão. Esse corpo espiritual é o perispírito. Com ele, o Espírito se irradia pelo físico inteiro. Esse todo fluídico imerso no corpo físico é o que chamamos "*alma*".

O corpo espiritual é um molde construtor de vida. Ele está presente em toda massa viva, seja em que mundo for do Universo. Dentro da vida, irradiado nela, esse motor psíquico constrói as formas físicas, orienta as células, plasma os órgãos, faz funcionar os sistemas e os reconstitui quando afetados por doença. Ele é aquilo que chamamos alma. É o poder que rege a sinfonia da vida e que a arrasta segundo a sua própria constituição. Sem ele, não haveria vida. Contudo, ao mesmo tempo em que ele a faz eclodir na matéria, também é modificado seguidamente por ela. Enquanto nela vive, transforma-se e promove sua evolução. Fora da vida física, na dimensão espiritual, conserva e aprimora os caracteres adquiridos. Quando volta à vida física, por meio do renascimento, reproduz nela o resultado daquela evolução obtida, porque ela se concentrou em si próprio, conformando e aprimorando sua estruturação sutil. Diferente da evolução darwiniana, que é apenas material, esse avançar espiritual da forma corpórea transfere-se, como pretendia Wallace, ao corpo físico do homem. O homem é resultado dessa força que o transcende e o arrasta sempre para melhor.

Foi assim que *"o homem arranjou um cérebro avantajado"*. Essa força biológica invisível, que resume em si o passado e constitui o corpo humano no presente, aprimora-se sem cessar no presente e vai, no futuro, garantir a formação de um corpo ainda mais evoluído. Embora possua em si próprio a capacidade de autotransformação, ainda assim, toda vez que precisa passar de uma espécie de vida para outra superior, recebe o concurso de entidades espirituais mais evoluídas, dos *"ministros de Deus"*, por assim dizer, para auxiliá-lo na conformação de uma nova bioforma corpórea, seja de que mundo for: terrestre, extra ou ultraterrestre.

Wallace visualizou a atuação desses ministros de Deus, quando afirmou: *"Um elemento espiritual desconhecido deve ter agido na elaboração do cérebro humano"*. Como homem de ciência que busca provas, em tudo que ele realizou preocupou-se em lavrar atas, tirar fotografias, usar aparelhos de medição e reunir testemunhas de peso científico para, depois, escrever livros e mostrar o resultado de seu trabalho.

Em *A Defense of Modern Spiritualism* Wallace registrou:

— Por induções fundadas nos fenômenos que observei, cheguei à conclusão de que existem seres inteligentes de diversas categorias, e que estão fora da natureza humana. Ainda que para nós sejam geralmente invisíveis e intangíveis, esses seres podem manipular a matéria e influir sobre a alma humana. Estou seguro de que segui um método estritamente científico para chegar ao estabelecimento destas proposições.

O caminho científico trilhado por Wallace esteve sempre destituído de preconceito e culminou por adentrar na fonte da espiritualidade, que o fez enxergar novos rumos na evolução.

— Pouco a pouco a evidência dos fatos criou um lugar em meu pensamento – disse Wallace.

Depois de tanto pesquisar os fatos espirituais, chegou finalmente o momento de o homem render-se a eles. De que vale o estudo se o estudo não produzir algo de bom ao homem? Se não confirmar ou modificar antigos conceitos? A constatação dos fatos reforma a criatura inteligente e lhe dá aprendizado profundo. Para Wallace, os fatos lhe causaram uma verdadeira revolução intelectual. Aos poucos eles encontraram um lugar em seu cérebro de cientista sequioso da verdade.

O que poderia fazer o cientista depois de comprovar a verdade dos fatos, senão apor a autoridade de seu nome, assinando embaixo o que constatara. Foi isso que fez Wallace em 1866, quando deu a público sua obra *The Scientific Aspect of the Supernatural*. E foi isso que confirmou em 1874, em *A Defense of Modern Spiritualism*, dando à sociedade o seu testemunho dos fatos espíritas e o respaldo a Crookes para publicar, no mesmo ano, o resultado de suas fantásticas sessões de materialização.

Caro leitor, a constatação científica da vida após a morte vem sendo feita desde meados do século XIX, e a da vida em outros mundos desde meados do século XX. Embora haja opositores contestando os fenômenos espirituais da voz direta, da psicografia, das curas, bem como o fenômeno ufo de outras realidades existenciais, cedo ou tarde todos se renderão aos fatos, porque os fatos são os fatos, eles podem variar a frequência, mas jamais deixam de existir para satisfazer a vontade dos incomodados e dos descrentes.

A 7 de novembro de 1913, quando Wallace deixou a vida terrena, o reverendo John Hayes Holmes encerrou o elogio fúnebre dizendo:

— Ele foi o que podemos chamar de Profeta da Ciência, um dos maiores homens de sua época.

De nossa parte, devemos acrescentar que ele não só profetizou a ciência evolucionista da matéria, mas o fez também com a ciência evolutiva do Espírito. De modo completo, Wallace foi o Profeta da Evolução Integral.

25

VIDA EM OUTROS MUNDOS

Ao examinar as obras da Codificação Espírita, observamos inúmeras dissertações informando que muitos mundos espalhados no cosmos possuem habitantes como os da Terra. Depois de Kardec, novas comunicações vieram através de outros médiuns virtuosos, acentuando ainda mais o conteúdo das obras básicas e reforçando o testemunho dos Espíritos de que em outros orbes do Universo existe vida corpórea semelhante à do homem; ou seja, vida extraterrestre.

Embora a existência de vida em outros mundos possa ser deduzida articulando-se a teoria da universalidade astronômica, para ela ser aceita é preciso apresentar provas concretas. Não obstante os esforços levados a efeito nesse sentido, ainda assim as provas não vieram. A vida extraterrestre em outras paragens cósmicas, ainda não foi encontrada.

Após a Segunda Grande Guerra, as espaçonaves lançadas pelo homem cruzaram os espaços siderais à procura dessa vida. Em linhas de máxima, todos os orbes do Sistema Solar já foram visitados em inúmeras vezes por engenhos construídos pelo homem, mas não lograram mostrar a existência de vida inteligente em quaisquer deles.

Quando abrimos o livro *A Gênese*, de Kardec, observamos logo em seu início a orientação dada pelo codificador:

— O Espiritismo, marchando com o progresso, nunca será ultrapassado, porque, se novas descobertas lhe demonstrarem que está errado num certo ponto, ele se modificará nesse ponto; se uma nova verdade se revelar, ele a aceitará.[1]

Portanto, o Espiritismo está em perene evolução, alinhado com as descobertas científicas.

Em razão dos fatos científicos já verificados, dando conta de que as sondas espaciais não encontraram vida inteligente em Vênus, Marte, Júpiter, Saturno e demais planetas do Sistema Solar; e observando o testamento de Kardec quanto à atualização doutrinária frente às descobertas científicas, seria o caso então de fazermos uma pergunta para reflexão:

— Teria o Espiritismo de modificar seu entendimento da vida em outros mundos?

Caro leitor, no decorrer deste livro, por instruções do mentor espiritual nós percorremos extenso caminho que poderia ser qualificado de insólito ou como algo fora dos padrões, para mostrarmos outras realidades corporais no cosmos, outras vidas menos materiais no mundo invisível. Cabe-nos agora mostrar alguns fundamentos para responder a pergunta formulada.

— Quanto ao estado corporal em que se acham os Espíritos nos vários mundos, eles podem estar: *encarnados*, ou seja, *ligados a um corpo*; errantes, isto é, sem corpo material e aguardando nova encarnação para se melhorarem; Espíritos puros, ou seja, perfeitos, não precisando mais de encarnação alguma.[2]

Depreende-se desse comentário de Kardec que o termo "*encarnado*" usado no texto foi explicado logo em seguida

[1] *A Gênese*, Cap. I: 14,55.
[2] *O Livro dos Espíritos*, P. 226.

para definir o estado de o espírito estar *"ligado a um corpo"*, mas não necessariamente de carne (esse é o detalhe), por isso houve a explicação adicional para a palavra *"encarnado"*.

Portanto, o estado encarnado é aquele em que o espírito está *ligado a um corpo*, num mundo qualquer, podendo esse corpo ser *material* (concreto) ou *menos material* (matéria em estado invisível, ultrafísica, em forma de energia, não de massa como na Terra).

O entendimento do que seja o termo *menos material*, usado por Kardec ao longo das obras da codificação espiritista, pode ser alcançado observando as suas próprias palavras:

— Dando-se Júpiter como um orbe muito adiantado em comparação com a Terra, como um planeta onde a vida corpórea não apresenta a materialidade da nossa, (...) não poderíamos existir naquele mundo com o nosso corpo carnal. [3]

Compreende-se assim que a vida em Júpiter não é de matéria concreta (massa terrestre ou extraterrestre), mas sim menos material (plasma de energia, ultraterrestre). Aquela vida não está no Universo tridimensional, mas num Universo paralelo, em outra dimensão do espaço-tempo.

A forma perispiritual, por sua vez, é um estado próprio do Espírito errante, que ainda precisa nascer em forma corpórea. O perispírito é um corpo semimaterial, com o qual o Espírito pode conformar um corpo de carne e osso (material) ou um corpo sutil (menos material). O corpo material vive em mundos do Universo físico (tridimensional), enquanto o corpo menos material vive em mundos do Cosmos extrafísico (em outras dimensões paralelas).

A existência de vida extraterrestre, por assim dizer, física, composta de massa, é informada pelos Espíritos da codificação, mas para planetas distantes, de além do Sistema Solar, onde as condições ambientais possam produzir vida simples e fazê-la evolucionar até o estado inteligente, semelhante ao do homem e até superior ao dele.

---

[3] *A Gênese*, Cap. XIV-8.

Excetuando-se a Terra, nos demais planetas do Sistema Solar a vida corpórea tem constituição menos material, é constituída de energia, está numa vibração além da massa física, por isso é chamada de vida ultraterrestre, pois está além da densidade terrestre que também forma aqueles planetas.

Respondendo à pergunta inicial, consideramos que não é o Espiritismo que deve mudar seu juízo sobre a vida corpórea em outros mundos, mas sim as pessoas que não entenderam o significado do termo "*menos material*" usado pelos Espíritos nas obras da codificação. Elas concluíram de modo errôneo que os engenhos espaciais do homem iriam aportar nos planetas solares e achar seres de corpo denso, quando ali não há esse tipo de vida.

O ensino dado na codificação é de que o Espírito está ali "*encarnado*", isto é, revestido de um corpo, entendido como um aparato de partículas sutis, inapreciável à vista humana, "*corpo menos material*".

De fato, as indagações aos Espíritos esclarecem bem aquilo que chamamos hoje vida extra e ultraterrestre. Kardec perguntou e os Espíritos responderam:

— *São habitados todos os globos que se movem no espaço?*

— Sim. E o homem terreno está longe de ser como supõe, o primeiro em inteligência, bondade e perfeição. Contudo, há homens que se têm na conta de espíritos fortes e imaginam pertencer ao pequeno globo em que se acham o privilégio de conter seres racionais. Orgulho e vaidade! Pensam que somente para eles criou Deus o Universo.[4]

— *É a mesma a constituição física dos diferentes globos?*

— Não; eles não se assemelham de modo algum.[5]

— *O estado físico-moral dos seres vivos é perpetuamente o mesmo em cada globo?*

— Não; os mundos também estão sujeitos à lei do progresso. Todos começaram como o vosso, por um estado inferior e a

[4] *O Livro dos Espíritos*, P. 55.
[5] *O Livro dos Espíritos*, P. 56.

própria Terra sofrerá transformação semelhante. Será um mundo ditoso quando os homens se houverem tornado melhores. Assim, as raças que hoje povoam a Terra desaparecerão um dia e serão substituídas por seres cada vez mais perfeitos. Essas raças transformadas sucederão às atuais, como estas sucederam a outras que eram mais grosseiras.[6]

— *Nos mundos de mais apurada organização, têm os seres vivos necessidade de alimentar-se?*

— Têm, mas seus alimentos estão em relação com a sua natureza. Tais alimentos não seriam bastante substanciosos para os vossos estômagos grosseiros; assim como os deles não poderiam digerir os vossos alimentos.[7]

— *Nos mundos mais adiantados que o nosso, os Espíritos são vistos com mais frequência do que entre nós?*

— Quanto mais o homem se aproxima da natureza espiritual, tanto mais facilmente se põe em comunicação com os Espíritos. A grosseria do vosso envoltório é que dificulta e torna rara a percepção dos seres etéreos.[8]

— *Nos mundos superiores, as plantas são de natureza mais perfeita, como os outros seres?*

— Tudo é mais perfeito. As plantas, porém, são sempre plantas, como os animais são sempre animais e os homens sempre homens.[9]

— *O período de humanização principia na Terra?*

— A Terra não é o ponto de partida da primeira encarnação humana. O período da humanização começa, geralmente, em mundos ainda inferiores à Terra. Isto, entretanto, não constitui regra absoluta, pois pode suceder que um Espírito, desde o seu início humano, esteja apto a viver na Terra. Não é frequente o caso; constitui antes uma exceção.[10]

— *Quais os limites da encarnação?*

— A bem dizer, a encarnação carece de limites precisamente traçados, se tivermos em vista apenas o envoltório

---

[6] *O Livro dos Espíritos*, P. 185.
[7] *O Livro dos Espíritos*, 710.
[8] *O Livro dos Médiuns*, Cap. VI-9.
[9] *O Livro dos Espíritos*, P. 591.
[10] *O Livro dos Espíritos*, P. 607b.

que constitui o corpo do Espírito, dado que a materialidade desse envoltório diminui à proporção que o Espírito se purifica. Em certos mundos mais adiantados do que a Terra, já ele é menos compacto, menos pesado e menos grosseiro e, por conseguinte, menos sujeito a vicissitudes. Em grau mais elevado, é diáfano e quase fluídico. Vai desmaterializando-se de grau em grau e acaba por se confundir com o perispírito. Conforme o mundo em que é levado a viver, o Espírito toma um envoltório adequado à natureza desse mundo. O próprio perispírito passa por transformações sucessivas. Torna-se cada vez mais etéreo até à depuração completa, que é a condição dos puros Espíritos. Se mundos especiais são destinados a Espíritos de grande adiantamento, a estes não lhes ficam presos como os inferiores. O 'estado de desprendimento'[11] em que se encontram lhes permite ir a toda parte onde os chamem as missões que lhes estejam confiadas. Se considerarmos do ponto de vista material a encarnação, tal como se verifica na Terra, podemos dizer que ela se limita aos mundos inferiores. Depende, portanto, de o Espírito libertar-se dela mais rapidamente, trabalhando pela sua purificação. Deve-se também considerar que no estado de desencarnado, isto é, no intervalo das existências corporais, a situação do Espírito guarda relação com a natureza do mundo que o grau de seu adiantamento o vincula. Assim, na erraticidade, ele é mais ou menos ditoso, livre e esclarecido, conforme está mais ou menos desmaterializado.[12]

Evocado um Espírito que desencarnara na Terra há alguns anos, este [emancipado de sua forma corpórea][13] disse haver

[11] Caso de Bernard Palissy, registrado por Kardec, que estava encarnado em Júpiter, num corpo menos material (ultraterrestre), mas apresentava-se na Terra emancipado em Espírito, conforme nos instrui Yehoshua. Ver *Revista Espírita*, abril de 1858.

[12] *O Evangelho Segundo o Espiritismo*, Cap. IV-24.

[13] Estado de emancipação da alma semelhante ao do de Bernard Palissy. No estado emancipado do corpo, o Espírito, em condição superior, pode rapidamente transportar-se a outros mundos e comunicar-se por incorporação mediúnica. Contudo, o alienígena não muito adiantado, apenas posicionado numa dimensão paralela, quando de posse de seu corpo menos material, sem desdobramento, para vir à Terra precisa usar veículo de transporte e para fazer contato físico precisa materializar-se. Em seu estado corpóreo de origem, invisível aos olhos do homem, somente poderia fazer contato por telepatia ou por clarividência mediúnica. Nesse estado encarnado, isto é, vinculado a um corpo, o perispírito do alienígena não poderia

'encarnado', seis meses antes, em um mundo cujo nome nos é desconhecido. Interrogado sobre a idade que tem naquele mundo, respondeu: 'Não posso calcular, porque não contamos o tempo como vós; além disso, o nosso meio de vida não é o mesmo; desenvolvemo-nos muito mais rapidamente; tanto assim que há apenas seis dos vossos meses nele estou, e posso dizer que, quanto à inteligência, tenho 30 anos de idade terrena'.[14]

— *Alguns Espíritos disseram estar habitando o quarto, o quinto céu, etc. Que querem dizer com isso?*

— Perguntando-lhes que céu eles habitam, é que formais a ideia de muitos céus dispostos como os andares de uma casa. Eles, então, respondem de acordo com a vossa linguagem. Mas, por estas palavras (quarto e quinto céus) exprimem diferentes graus de purificação e, por conseguinte, de felicidade.[15]

— *Que confiança se pode depositar nas descrições que os Espíritos fazem dos diferentes mundos?*

— A melhor verificação reside na concordância que haja entre elas.[16] Porém, lembrai-vos de que semelhantes descrições têm por objetivo o vosso melhoramento moral e que, por conseguinte, é sobre o estado moral dos habitantes dos outros mundos que podeis ser mais bem informados e não sobre o estado físico ou geológico de tais esferas. Com os vossos conhecimentos atuais [1861], não poderíeis sequer compreendê-los; esse estudo não serviria muito para o vosso progresso na Terra e teríeis toda a possibilidade de fazê-lo quando ali estiverdes.[17]

Contudo, a vida nos mundos superiores é uma recompensa, visto nos acharmos ali isentos dos males e vicissitudes do

---

incorporar um médium, não haveria enquadramento do corpo espiritual. Esse é o caso dos alienígenas que mais aportam à Terra e provocam fenômenos físicos. O que não exclui a existência de civilizações extraterrestres, cuja densidade da matéria é como a do homem. (Yehoshua).

[14] *O Livro dos Espíritos*, P. 188 notas de rodapé.

[15] *O Livro dos Espíritos*, P. 1016.

[16] Recomendam os Espíritos que haja "*consenso universal*".

[17] *O Livro dos Médiuns*, Cap. XXVI, 296-32a.

homem terreno. Onde os corpos, 'menos materiais', quase 'fluídicos', não estão mais sujeitos às moléstias, às enfermidades, e tampouco têm as mesmas penúrias. Excluídos os Espíritos inferiores, gozam os homens de plena paz, sem outra preocupação além da do adiantamento pelo trabalho intelectual. Reina lá a verdadeira fraternidade, porque não há egoísmo; a verdadeira igualdade, porque não há orgulho; e a verdadeira liberdade, porque não há desordens a reprimir, nem ambiciosos para oprimir o fraco.[18]

Nas esferas superiores, as atribuições de cada um são proporcionais ao progresso individual?

— As missões mais importantes são confiadas somente àqueles a quem Deus julga capaz de cumprir as tarefas sem desfalecer. Enquanto, sob o olhar de Deus, os mais dignos compõem o supremo conselho, os chefes superiores são chamados à direção dos turbilhões planetários e outros ao governo de mundos especiais. Vem depois pela ordem de adiantamento e subordinação hierárquica, as atribuições mais restritas dos prepostos ao progresso dos povos, à proteção das famílias e indivíduos, ao impulso de cada ramo de progresso, às diversas operações da natureza até aos mais ínfimos pormenores da Criação. Nesse vasto e harmônico conjunto há ocupações para todas as capacidades, aptidões e esforços; ocupações aceitas com júbilo, solicitadas com ardor, por ser um meio de adiantamento para os Espíritos que aspiram ao progresso.[19]

Em torno dos mundos adiantados abundam Espíritos superiores, como em torno dos atrasados pululam Espíritos inferiores. Cada globo tem de alguma sorte, sua população própria de Espíritos encarnados e desencarnados, alimentada em sua maioria pela encarnação e desencarnação dos mesmos. Esta população é mais estável nos mundos inferiores, pelo apego deles à matéria, e mais flutuante nos superiores. Porém, desses mundos superiores, que são verdadeiros focos de luz e felicidade, saem Espíritos para mundos

[18] *O Céu e o Inferno*, 1ª parte, Cap. III-11.
[19] *O Céu e o Inferno*, 1ª parte, Cap. III-13.

inferiores, a fim de neles semearem os germens do progresso, levar-lhes consolação e esperança, levantar os ânimos abatidos pelas provações da vida. Por vezes também se encarnam para cumprir com mais eficácia a sua missão.[20]

A Humanidade não se limita à Terra; habita inúmeros mundos que no espaço circulam; já habitou os desaparecidos e habitará os que se formarem. Tendo-a criado de toda a eternidade, Deus jamais cessa de criá-la. Muito antes que a Terra existisse e por mais remota que a suponhamos, outros mundos havia, nos quais Espíritos encarnados percorreram as mesmas fases que ora percorrem os de mais recente formação, atingindo seu fim antes que houvéramos saído das mãos do Criador.[21]

As informações dos Espíritos codificadores quanto à vida em outros mundos é bem objetiva. Eles dizem de modo claro que todos os orbes densos do Universo são habitados. E que o homem não é o primeiro em inteligência, em bondade e em perfeição. Dizem também que a constituição física dos diferentes orbes não se assemelha em nada com a da Terra. O estado físico de cada orbe também progride. Os orbes obedecem a um progresso constante de melhoramento. Todos começam num grau inferior, assim como começou a Terra na época pré-histórica. E ela própria ainda sofrerá mudanças para melhoria.

Por sua vez, o grau de elevação moral dos seres inteligentes também prospera. No avançar dos milênios, a Terra se transformará em um mundo ditoso, pela transformação dos homens. Por essa razão, as raças que hoje povoam a Terra desaparecerão um dia e serão substituídas por outras mais perfeitas, assim como já aconteceu no passado pré-histórico do homem. Corpos mais aprimorados surgirão no futuro. A longevidade da vida corporal será estendida. As doenças serão cada vez mais afastadas. A beleza será cada vez mais acentuada, caso o homem não provoque acidentes que prejudiquem a sua

[20] *O Céu e o Inferno*, 1ª parte, Cap. III-17.
[21] *O Céu e o Inferno*, 1ª parte, Cap. VIII-14.

constituição física. A alimentação sofrerá grandes mudanças, porque ela guarda relação com a densidade dos corpos. Quanto mais aprimorado o corpo, menos grosseira a alimentação. Para constatar isso basta olhar para trás, em direção ao homem das cavernas, onde o canibalismo imperava voraz. Os corpos de hoje já estão um pouco mais aprimorados, no sentido material denso.

A transposição do estado corporal do homem para outro mais aprimorado no futuro será realizada pouco a pouco, no curso vagaroso dos milênios. Se lançarmos um olhar criterioso à Terra de um milhão de anos atrás, vamos encontrar nela o espírito humano estagiando numa forma simiesca, no corpo de uma criatura como a do *Homo erectus*, que tudo tinha do símio e quase nada do homem de hoje. Aquela criatura evoluiu. E continuará evoluindo, sem alterar a espécie. Contudo, dia chegará, no futuro distante, em que o orbe terrestre não mais abrigará vida na densidade de hoje, pelo próprio esvaecimento de suas energias internas. Aí, então, como ensinam os Espíritos da codificação, ao dizerem que *"todos os orbes são habitados"*, a Terra também o será, mas por seres encarnados em uma bioforma sutil, menos material que a de hoje. Essa transposição do estado corporal permitirá ao homem fazer o que hoje não pode. Assim como os seres alienígenas que visitam a Terra com os seus ufos, a nova humanidade também poderá fazer o mesmo, poderá explorar outros mundos infinitamente distantes, impossíveis de serem visitados hoje por corpos tão densos como os do homem.

É a grosseria do invólucro corporal que dificulta e torna rara a percepção do homem para divisar os seres de natureza etérea, tanto os encarnados em corpos sutis como os de natureza apenas perispiritual. Nos mundos superiores, tudo é mais rarefeito e aperfeiçoado, embora as plantas sejam sempre plantas e os animais sempre animais. Tudo prospera e evolui para melhor.

A evolução não principia na Terra, nem tampouco nela termina. Há mundos mais atrasados. E uma infinidade de outros muito mais adiantados. Em mundos mais evoluídos, o corpo é menos compacto, menos denso e menos grosseiro. Não está mais sujeito às moléstias e aos sofrimentos. Suas necessidades são outras. Em grau mais elevado, o corpo é sutil e diáfano. Aos poucos vai perdendo a densidade e, de grau em grau, acaba por confundir-se com o perispírito. Nesse estado, não precisa mais estagiar em matéria alguma. E ainda por evolução prossegue até não precisar nem mesmo do perispírito. Assim, o Espírito passa a ser apenas foco inteligente, com capacidade de criar todas as formas com o pensamento, impulsionado pela vontade de realizar.

Em cada mundo onde é chamado a viver, o Espírito toma um corpo adequado à natureza desse mundo. Assim, de modo sucessivo, o Espírito se depura, transforma-se por completo e chega à condição de Espírito puro.

Nesse estado, é chamado pelo Criador a desempenhar outros afazeres. O progresso individual determina suas atribuições. É assim que as missões mais importantes são confiadas aos mais adaptados, aos melhores, àqueles que já não desfalecem mais perante às dificuldades da vida.

Os mais dignos compõem o supremo conselho do Universo. Os mestres superiores comandam os turbilhões planetários. Enquanto outros chefes governam mundos especiais. Descendo a hierarquia de comando vêm ainda outros, destinados a comandar os povos, a dar proteção às famílias e aos indivíduos, a impulsionar o progresso e a operar a natureza em benefício da evolução dos seres vivos. O labor de todos é aproveitado pelo Criador.

Assim vamos encontrar em cada globo, seja ele denso ou das esferas sutis, uma população de seres encarnados e outra de desencarnados, num processo contínuo de expansão, realimentado pela encarnação e desencarnação do Espírito. Assim se faz o progresso de todos os seres. Assim se faz a evolução da inteligência, da moral e do amor em todas as partes do cosmos.

Os mundos e as dimensões da vida se sucedem. O que os antigos chamavam de quarto e quinto céus, na sugestiva linguagem do *Mundo das Branas* poderiam hoje ser chamados de quarta e quinta dimensões do espaço-tempo. São universos paralelos onde vibram outras formas de vida, ainda inconcebíveis aos experimentos científicos. O progresso implica galgar essa escada de Jacob. É avançando nessas outras dimensões que cada vez mais o Espírito se depura, porque em cada uma delas ele toma um corpo diferente, experimenta e ascende cada vez mais.

Caro leitor, por que não admitir essa vida ao menos em teoria? Afinal, assim como a energia imponderável gerou as galáxias, os sois e os planetas físicos, por que uma quintessência de energia refinada, composta de antimatéria, por assim dizer sem melhor expressão, não poderia gerar outras galáxias, outras estrelas e outros planetas de matéria invisível? Se nos mundos da matéria densa a vida eclodiu e nele prosperou até o patamar inteligente, por que naqueles mundos sutis de energia ultrafísica não aconteceria o mesmo? Não é dessa vida de que tratam todas as religiões? Os fenômenos insólitos do mundo invisível somente confirmam esse tipo de vida, por que então se posicionar contra, sem raciocinar tal possibilidade? Com as manifestações insólitas do mundo invisível, o homem se aproxima de outra natureza e descobre a verdade de sua própria existência na Terra, descobre de onde veio e para onde vai, vislumbra novas chances e caminha mais rápido na evolução do Espírito.

A humanidade não se limita ao minúsculo orbe terrestre, mas habita inúmeros mundos do espaço infinito, sejam físicos, ultrafísicos ou espirituais. Seres de mundos muito antigos, milhões e milhões de anos anteriores à formação da Terra, cumpriram esse papel que hoje cabe ao homem desempenhar no planeta humano.

Portanto, não se deve estranhar o chamado objeto voador não identificado. O ufo é um fenômeno de contato de outras civilizações do cosmos. São demonstrações inequívocas da evolução técnica e intelectual de outros seres inteligentes. Alguns deles estão num estágio pouco mais adiantado. Outros, contudo, estão num patamar de progresso difícil sequer de imaginar, dada a distância de milhões de anos à frente do homem. A falta de melhor relação de entendimento tem recomendado à espiritualidade tratar mais da condição moral daqueles seres do que de seu estado físico, porque essa condição é a mais importante para tornar o homem melhor.

A evolução não cessa na Terra, porque *"na casa de Deus há muitas moradas"*, como definem as *Escrituras*. E mesmo naquelas moradas onde as criaturas cometem abusos, praticando atos que o ser de moral elevado não os faria, como, por exemplo, os crimes, as obsessões, as abduções físicas, dos quais também tratamos nesta obra, ainda assim a evolução não cessa para ninguém, mas prossegue obedecendo a leis naturais bem definidas. A livre-escolha de cada um, seja no caminho a seguir seja nos atos que pratica, determina para si mesmo um rumo e uma velocidade de avanço na escalada de progresso, ao mesmo tempo em que prende a criatura às consequências de seus atos, para reparação e aprendizado compulsório.

Em razão disso, quem não avança no progresso, quem deixa de tratar o próximo com amor, quem pratica atos reprováveis em que morada for do cosmos fica submetido irremediavelmente às leis universais de causa e efeito, que tratam de renovar todas as criaturas, sejam elas quais forem e estejam onde estiverem.

Não obstante as provas e expiações pelas quais passam todas as criaturas, ainda que os entraves no caminho formem barreiras difíceis de superar, mesmo assim a evolução não cessa, mas prossegue firme seu rumo, em todas as partes no Universo, porque no comando estão as mãos de Deus, sempre dispostas a levar o homem às celestiais paragens de seu glorioso reino.

— *Marchai resolutos, porque evoluir é a lei!* – assim nos ensina Yehoshua.

APÊNDICE A

ALFRED RUSSEL WALLACE

Alfred Russel Wallace nasceu a 8 de janeiro de 1823, na cidade de Usk, País de Gales, e desencarnou a 7 de novembro de 1913. Foi naturalista, cientista e escritor. Filho de Mary Anne e de Tomas Wallace. Ele teve irmãs e irmãos mais velhos, William, John, Eliza e Frances, e um irmão mais novo, Herbert Edward. Foi educado na School of Hertford. Quando jovem foi a Londres residir com o irmão mais velho, William. Em 1837 tomou conhecimento das ideias de Robert Owen, grande reformador social inglês. Em 1840 começou a estudar história natural. Em 1843 faleceu o pai. No ano seguinte, como professor de mapas, lecionou no Colegiate School of Manchester, e passou a se relacionar com Henry Walter Bates (1825-1892), com quem mais tarde viajaria à Amazônia. Juntamente com Bates, estudou as práticas de Franz Anton Mesmer e participou de sessões; aplicaria mais tarde o mesmerismo e o hipnotismo nos índios da Amazônia. Com a morte do irmão

William, em fevereiro de 1845, vitimado de pneumonia, passou a administrar seus negócios em Neath. No início de 1848, inaugurou um instituto de mecânica e foi curador do Neath Literary and Philosophical Institute. Wallace leu escritores como Humboldt, William H. Edwards e Charles Frederich Martius, cujos relatos de viagens eram famosos. Isso despertou nele grande interesse em viajar e descobrir o segredo da origem das espécies. Chegou à Amazônia em 26 de maio de 1848, ficando até 1852. Escapou de morrer na viagem de retorno à Inglaterra, quando seu navio afundou com quase todo o material recolhido na expedição, ficando perdido no mar por 10 dias, à mercê das ondas, até ser salvo por um veleiro. Em 1853, chegando a Londres, tomou conhecimento das pesquisas de Robert Owen com a médium senhorita Hayden, e da aderência dele às novas ideias espiritualistas. Esteve na Malásia (1854-62) e ali formulou, em 1858, sua Teoria Evolucionista, a qual encaminhou a Charles Darwin. Voltando a Londres, começou a estudar os fenômenos espíritas; três anos depois, em 1865, ficou convencido de que eles eram de fato produzidos por Espíritos; neste mesmo ano, recebeu uma comunicação mediúnica de seu irmão Herbert, desencarnado na cidade de Belém do Pará, no Brasil, em junho de 1851, aos 22 anos, vitimado por febre amarela. Na primavera de 1866, casou-se com Annie Mitten, filha de um botânico, e juntos formaram uma grande coleção de plantas. Seus estudos do fenômeno espiritual prosseguiram e no transcurso de sua vida publicou mais de cem trabalhos espíritas. Testemunhou em tribunal a favor dos médiuns Henry Slade e Monck, acusados de embuste, e mostrou em plenário as sérias pesquisas que fizera com ambos. Leu as principais obras de seu tempo e viajou por toda a Europa. No período de 1886-87 fez um giro de conferências pelos Estados Unidos e Canadá, falando de ciência e de Espiritismo em Nova York, New Haven, Baltimore, Washington, Boston e São Francisco. Nestas três últimas cidades, participou de sessões espíritas. Foi membro da Sociedade Dialética de Londres e presidente da Sociedade

Entomológica de Londres (1870-72). Ostentou os diplomas de doutor em Lei Civil da Universidade de Oxford e de doutor em Leis da Universidade de Dublin. Foi figura necessária nos principais congressos científicos, tendo deixado muitas obras, inclusive as de fenômenos espíritas. Por suas realizações enxergando o passado e antevendo o futuro recebeu o título enobrecedor de Profeta da Ciência. Foi sepultado em Broadstone. Principais trabalhos:

1. *Travels on the Amazon and Rio Negro*. Londres, 1853. Trad. port.: *Viagens pelo Amazonas e Rio Negro*. São Paulo, Companhia Editora Nacional, 1939.
2. *Palm-trees of the Amazon*. Londres. 1853. Também: *Peixes do Rio Negro*. Publ.. Edusp, 212 desenhos. SP. 2002.
3. *On the law that has regulated the introduction of new species*. Em Annals and Magazine of Natural History, set. 1855.
4. *On the tendency of varieties to depart indefinitely from the original type*. Ternate, fev. 1858.
5. *The scientific aspect of the supernatural*. Farrah, Londres, 1866. Trad. port.: *O Aspecto Científico do Sobrenatural*. Niterói, Lachâtre, 2003.
6. *The Malay Archipelago*. Londres, 1869. — Trad. port.: *Viagem ao Arquipélago Malaio*. São Paulo, hemus, s.d.
7. *Contributions to the theory of natural selection*. Londres, 1870. Trad. franc.: Paris, Condolle, 1872. No qual reuniu os trabalhos: *O desenvolvimento das raças humanas segundo a lei de seleção natural* (1864); *Os limites da seleção natural aplicada ao homem* (1869).
8. *A defense of modern spiritualism*. — Londres, 1874. Trad. esp.: *Defensa del espiritismo moderno*. Barcelona, Imprenta de Redondo y Xumetra, 1891.
9. On miracles and modern spiritualism. Burns, Londres, 1875. Trad. franc.: *Les miracles et le spiritualisme moderne*. Paris, Leymarie, 1891.
10. *The geographical distribution of animals*. Londres, 1876.

11. *Tropical nature and other essays*. Ib., 1878.
12. *Island life*. Ib., 1880.
13. *Land nationalization*. Ib., 1882.
14. *Bad times — An essay on the depression of trade*. Ib., 1885.
15. *Romanes versus Darwin: an episode in the history of evolution theory*. Ib., 1886.
16. *Darwinism: an exposition of the theory of natural selection, with some of its applications*. Ib., 1889.
17. *Human selection*. Ib., 1890
18. *Divergent evolution through cumulative segregation*. Ib., 1890.
19. *Etude sur les apparitions*. Ann. des sc. psych. Paris, 1891.
20. *Cartas sobre Materialização de Espíritos*. 1892-93. Em Erny, Alfred. O Psychismo Experimental. RJ, Garnier, s.d.
21. *The problem of utility: are scientific characters always generally useful?* Londres, 1896.
22. *The wonderful century*. Ib., 1898.
23. *Studies scientific and social*. Ib., 1900.
24. *Man's place in the Universe*. Ib., 1903.
25. *Man's place in the nature*. *Ib.*, 1904.
26. *My life*. Ib., 1905.
27. *Is Mars Habitable?* Ib., 1907.
28. *The world of life*. Ib., 1910. Chapman and Hall Ltda.

As obras 5, 8, 9, 19, 20, 24, 25, 26, 28 contêm estudos espiritualistas. Wallace foi um cientista entusiasmado pelas coisas do Espírito, divulgou sua tese de que uma inteligência superior influíra na evolução do homem. Foi um escritor muito prolífero. E *informações espirituais* nos dão conta de que ele ainda continua atuando para mostrar ao homem as verdades da vida sutil, pois constatou no além-vida a validade de suas teorias sobre a *Evolução Integral do Homem*.

APÊNDICE B

JOHN GRANT FULLER

John Grant Fuller nasceu em 30 de novembro de 1913. Era notável escritor de revistas e jornais, além de produtor de filmes e apresentador de documentários para a televisão. Já tinha sido ganhador do prêmio Emmy, o Oscar dos programas de tevê, quando se envolveu casualmente com seu primeiro caso de ufo. Isso aconteceu num programa de televisão. Nos primeiros dias de outubro de 1965, com seu programa no ar, Fuller entrevistou por telefone uma testemunha das aparições de ufos na cidade de Exeter, estado de New Hampshire. E no final de semana publicou o caso na revista *Saturday Review*, onde era colunista regular. Juntando a audiência da televisão e os leitores da revista, a reação do público seria enorme. Em razão dessa repercussão, Fuller decidiu ir a campo e investigar o caso mais a fundo. O resultado desse trabalho foi a matéria intitulada *Outer Space Ghost Story*, publicada no prestigioso semanário *Look Magazine*, edição de

22 de fevereiro de 1966. O mesmo artigo foi republicado pela revista *Reader's Digest*, em seu número de maio. O assunto ganhou tanta notoriedade que Fuller aprofundou ainda mais as investigações. E no mesmo ano publicou seu primeiro best-seller: *Incident at Exeter*. Nesse primeiro livro, Fuller conta as fantásticas aparições de um ufo na cidade de Exeter, na madrugada de 3 de setembro de 1965. Descreve as repercussões e os avistamentos de um recruta da marinha americana e de dois oficiais da polícia em serviço de patrulha, dando conta de um ufo levantar voo, pairar no alto e passar rasante por cima deles, além de sobrevoar o local por várias vezes. Mais tarde, o cineasta Steven Spielberg, colocaria esse episódio no filme, *Contatos Imediatos do Terceiro Grau*. Com a divulgação do caso Exeter, o casal Hill tomou conhecimento da seriedade de Fuller e aproximou-se dele, convidando-o a escrever os fatos de sua fantástica experiência, a qual havia sido distorcida por um jornalista americano. Nesse trabalho, Fuller se mostrou totalmente isento e foi profundo pesquisador do caso. Ao todo, escreveu três livros de ufologia, que se tornaram famosos na história americana dos ufos. *A Viagem Interrompida* foi escrita em 1966. E relatou o fato ocorrido na noite de 19 para 20 de setembro de 1961, quando Barney e Betty Hill foram sequestrados por seres alienígenas na região de Indian Head, durante a volta de uma viagem de férias ao Canadá. Para escrever esse livro, Fuller se entregou por completo. Passou dois meses interrogando os Hill na casa deles. Sondou todos os aspectos do acontecimento e os pormenores de cada situação. Durante duas semanas refez com o casal todo o trajeto da viagem até o Canadá e a sua volta. Parou em cada estágio da viagem, fotografou tudo, colheu informações, averiguou o trajeto em detalhes, estacionou nos pontos indicados, refez todas as fases do avistamento com o máximo rigor, para reconstruir o caso como houvera acontecido. Depois passou cinco semanas no estúdio do doutor Simon, procurando saber dele os mínimos detalhes de seu trabalho. Juntamente com o médico, ouviu 45

horas de gravação das regressões hipnóticas. E com ele selecionou as passagens mais importantes do acontecimento, pedindo todas as explicações necessárias, primeiro para entender o caso em si, e depois para descrever com precisão cada episódio. Em seguida, por algumas semanas, escutou novamente as fitas, juntamente com Barney e Betty, solicitando a eles a interpretação de cada passagem. Nas semanas seguintes, entrevistou os parentes, os amigos mais íntimos e os conhecidos do casal. Com isso formou a ideia precisa, para relatar ao mundo unicamente os fatos do insólito acontecimento. Com o trabalho quase concluído, os Hill revisaram o conteúdo e deram sugestões de melhoria. Finalmente, os originais foram ao doutor Simon, que procedeu a revisão e os acertos segundo sua ótica de médico do casal. O livro, finalmente veio a público. E um apanhado reduzido da história foi publicado na prestigiosa revista *Look Magazine*, em outubro de 1966, num artigo intitulado *Aboard a Flying Saucer*. A matéria teve tanta repercussão que foi lida na tribuna do Congresso americano. O secretário geral da ONU, Dr. U Thant (gestão 1961-71), sabendo disso, convidou Fuller e Hynek para colocá-lo a par dos acontecimentos. No curso desse encontro, ficou acertado de Fuller verificar com o doutor Simon a possibilidade de se fazer uma sessão especial de hipnose, onde Hynek e Fuller estariam presentes para fazer perguntas ao casal e tentar saber algo daquilo que houvera sido tratado na ONU. Parte dessa sessão hipnótica, que teve duração de duas horas e meia, foi reproduzida posteriormente por Hynek em seu livro, *Ufologia: Uma Pesquisa Científica;* e de modo ainda mais extenso por Fuller, na segunda edição de *The Interrupted Journey*, em 1980. Com os dois livros de Ufologia escritos, Fuller se tornou um precioso aliado das agências americanas particulares, que tratavam do assunto ufo. Em fevereiro de 1968, a NICAP solicitou sua ajuda para investigar o *Caso Memorando Low*. Alguns meses antes, um pesquisador que fazia parte da Comissão Condon (instituída pela Universidade do Colorado para desenvolver estudos científicos sobre os ufos que estavam sob a responsabilidade da Força Aérea), encontrou nos arquivos um pró-memória que Robert Low (futuro coordenador da Comissão Condon), escrito em agosto de 1966 e endereçado aos diretores da Universidade do Colorado para convencê-los a aceitar um contrato milionário com a Força Aérea; nesse pró-memória, Low teria dado a entender que a estratégia seria descrever o projeto de modo que, ao público, ele parecesse um estudo totalmente objetivo; mas, para a comunidade científica, o documento apresentasse um caráter não crente, sedimentado apenas no conhecimento científico vigente, onde a expectativa era quase nenhuma de se encontrar um disco voador. Em outras palavras, era uma tentativa científica de revigorar um preconceito anterior que dizia: "*Não pode existir, por isso... não existe.*". O pró-memória de Low chegou ao NICAP, uma agência de investigação particular comandada pelo major Keyhoe, através do decano da Universidade do Arizona, o meteorologista docente James McDonald. Em razão desse vazamento, o físico Edward Condon, diretor do Projeto Colorado, perseguiu os membros contrários e demitiu alguns deles. Solicitado por Keyhoe, Fuller passou uma semana na Universidade do Colorado, para tirar tudo a limpo. A 14 de maio de 1968, Fuller publicou na *Look Magazine* o estrondoso artigo *Flying Saucer Fiasco*, dizendo ao concluir a matéria: "*A esperança que o estabelecimento de uma Comissão de estudos trouxe, acabou. Restou apenas uma farsa de meio milhão dólar*". Importantes publicações científicas, revistas como *Industrial Research*, *Scientific Research* e *Science*, publicaram artigos revitalizando a controvérsia. E mais uma vez a matéria de Fuller foi lida na tribuna do Congresso americano. O deputado Edward Rousch foi contundente ao dizer na tribuna que "*paira graves dúvidas sobre a profundidade científica e a objetividade do projeto*". E conseguiu levar o caso para exame parlamentar abalizado, na Comissão de Ciência e Astronáutica da Câmara, em 29 de julho de 1968. O desenrolar desse assunto deu origem ao terceiro livro de Fuller sobre ufologia: *Aliens in the*

Skies. Fuller foi também um escritor de livros sobre casos inexplicáveis, de fatos que estão além dos limites da ciência. Seu livro mais famoso no Brasil foi *Arigó: O Cirurgião da Faca Enferrujada*. Para escrever essa obra, Fuller esteve no Brasil fazendo ampla pesquisa. Entrevistou toda a família do médium. Esteve no Rio de Janeiro com Irene Granchi, a mais proeminente ufóloga brasileira conhecida no exterior, a qual havia reunido farto material sobre o início da carreira de Arigó. Encontrou-se várias vezes com o professor Hernani G. Andrade, notável cientista espírita, com o produtor de filmes e escritor Jorge Rizzini, com o médico e escritor espírita Dr. Ary Lex, com o psiquista Luiz Rodriguez que desenvolvia estudos sobre o *transe hynometric* (apometria que seria aprimorada pelo doutor Lacerda) e se correspondia com as autoridades americanas que visitavam o médium brasileiro. Encontrou-se também com várias outras personalidades do meio espírita nacional, conversou com médicos brasileiros, com industriais e trabalhadores americanos radicados no Brasil, muitos dos quais já haviam sido tratados e curados por Arigó; tratou longamente com o doutor Henry Puharich, chefe da equipe americana que esteve no Brasil estudando Arigó, e que pretendia levá-lo para estudos nos Estados Unidos, não fosse a morte trágica do médium na rodovia BR-3, a 11 de janeiro de 1971. De todos, obteve informações precisas para escrever o seu monumental livro sobre Arigó. Essa obra de Fuller, profundamente séria, corroborada pelas chapas fotográficas, pelos filmes obtidos e pelo testemunho de pessoas curadas, desde as mais simples até os notáveis cientistas americanos que aqui estiveram estudando o fenômeno, transformou Arigó no sensitivo espírita mais conhecido nos Estados Unidos. Fuller foi um exímio escritor de casos fantásticos. Escreveu também sobre Edgar Cayce, notável clarividente americano, decifrador de sonhos e curador sonambúlico. Em *Edgar Cayce Answers Life's 10 Most Important Questions*, Fuller examina os ensinos mais importantes da vida de Cayce, como por exemplo: Deus existe? Qual a finalidade real da vida? Há vida após a morte? Que religião revela a verdade maior? Após desempenhar na Terra sua brilhante carreira de escritor, John Grant Fuller foi continuá-la na outra dimensão da vida ao desencarnar em 7 de novembro de 1990, numa quarta-feira, aos 76 anos, no hospital Norwalk, estado de Connecticut, Estados Unidos, após longa luta contra um câncer voraz no pulmão. Seus principais trabalhos foram:

1. *Incident at Exeter: The story of ufos over America.* New York, Putnam, 1966.

2. *The Interrupted Journey: Two lost hours aboard a flying saucer.* Souvenir Press, 1966. A 2ª edição da editora, em 1980, traz o *Epilog to New Edition*, escrito pelo autor, anos depois da primeira. A 2ª edição italiana, *Prigionieri di un UFO*, Milano, Armênia, 1997, traz novas atualizações. A edição brasileira de *A Viagem Interrompida*, Rio de Janeiro, Record, s.d., é a tradução da original norte-americana de 1966.

3. *Aliens in the Skies: The scientific rebuttal to the Condon Committee report.* New York, Putnam, 1969. Traz um exame do intrigante Projeto Colorado, que redundou no fechamento do Projeto Blue Book. O que também gerou a publicação na revista *Magazine Look*, maio 1968, com o artigo explosivo: *Flying Saucer Fiasco.*

4. *The Day of St. Anthony's Fire.* Hutchinson, 1968. Traz um estudo sobre o LSD.

5. *The Great Soul Trial.* MacMillan, 1969.

6. *200.000.000 Guinea Pigs: New dangers in everyday foods, drugs, and cosmetics.* New York, Putnam. 1972.

7. *Fever!: The hunt for a new killer virus.* Reader's Digest, 1974.

8. *Arigó: Surgeon of the rusty knife.* Devin-Adair, 1974. Trad. bras., *Arigó: O Cirurgião da Faca Enferrujada.* São Paulo, Nova Época, 1975.

9. *We Almost Lost Detroit.* Reader's Digest, 1975. Traz um estudo sobre o potencial de desastre da energia nuclear.

10. *The Ghost of Flight 401.* New York, Putnam, 1976. Trad. bras., *O Fantasma do Voo 401*, Rio de Janeiro, Record, s.d.

Trata do piloto e do engenheiro de voo do avião Tristar, o primeiro grande jato que caiu na Flórida e matou 101 pessoas, que faziam aparições em voos regulares.

11. *The Poison That Fell from the Sky*. Random House, 1977.
12. *The Airmen who Would not Die*. New York, Putnam, 1979. Trad. bras., *Os Aviadores Recusam Morrer*, Rio de Janeiro, Record, s.d. Trata da tragédia ocorrida em 1930 com o dirigível britânico R-101.
13. *Are the Kids All Right: The rock generation and its hidden death wish*. Times Book, 1981.
14. *Tales of the Uncanny*. Reader's Digest, 1983.
15. *Passport to Anywhere: The story of Lars-Eric Lindblad*. Times Book, 1983. Em parceria com Lars-Eric Lindblad.
16. *The Day we Bombed Utah: Amarica's most lethal secret*. New American, 1985.
17. *Ghost of 29 Megacycles*. New American, 1986.
18. *Tornado Watch Number 211*. William Morrow, 1987.
19. *The Pack*. St. Martin's Press, 1989.
20. *Edgar Cayce Answers Life's 10 Most Important Questions*. Parceria com Charles Thomas Cayce. Warner Books, 1989.
21. *The Forest Holds a Secret Place: A poet's alchemy*. Woodbridge.

Durante parte de sua vida, Fuller foi um cético declarado, tanto na questão alienígena quanto na vida após a morte. Mas teve de render-se aos fatos que pesquisou. O seu programa de televisão que o levou a Exeter seria o início de sua grande transformação. O profundo estudo que fez do caso Hill e as investigações que posteriormente empreendeu modificaram seu entendimento. Ele ficou convicto da existência dos ufos. Mas, assim como outros, não soube dizer com exatidão o que eram os fenômenos. Ele declarou: "*As repartições do governo estão tão confusas como o resto do povo. E ao falar com os coronéis e generais das Forças Armadas e outras autoridades do governo, verifiquei que ninguém sabe o que realmente está se* passando. Não existe uma conspiração, porém o departamento de relações públicas da Força Aérea está perplexo demais para saber como explicar essas coisas. Eles sabem que elas existem, mas não sabem o que elas são". Quanto à vida após a morte e o fenômeno de curas extraordinárias, ao estudar profundamente o caso Arigó, ele escreveu em seu livro: "Nenhum outro 'cirurgião-psíquico' — assim denominado no Brasil ou em qualquer outra parte do mundo — foi tão comprovado e documentado quanto Arigó. Ele foi o único. Cooperou de todos os modos possíveis com a ciência médica, na esperança de que ele mesmo pudesse descobrir qual o estranho mecanismo que criara seus poderes inexplicáveis. Ele desafia a classificação. Tudo quanto realizou foi intensamente real. O como realizou, isso permanece um mistério e um desafio para a ciência." E o chefe da equipe americana de cientistas que estivera no Brasil em 1968, o médico Dr. Henry K. Puharich, procurando saber, entre outras coisas, se haveria alguma conexão entre o fenômeno ufo e as atividades extraordinárias de Arigó, assim ele se expressou no livro de Fuller: "Cabe à humanidade desistir e cessar de perseguir esses mensageiros dos poderes superiores do Universo e por meio deles aprender a verdade". Informações espirituais dão conta de que John Fuller continua trabalhando no outro lado da vida para esclarecer o público sobre as verdades da questão ufológica e da sobrevivência da alma no mundo maior.

Rua dos Ingleses, 150 – Morro dos Ingleses

CEP 01329-000 – São Paulo – SP

Fone: (0xx11) 3207-1353

visite nosso site: www.lumeneditorial.com.br
fale com a Lúmen: atendimento@lumeneditorial.com.br
departamento de vendas: comercial@lumeneditorial.com.br
contato editorial: editorial@lumeneditorial.com.br
siga-nos no twitter: @lumeneditorial